金苑文库

中国特色高水平高职学校建设系列成果

南方谈话文本的哲学意蕴及时代价值

张心亮◎著

全 国 百 佳 图 书 出 版 单 位
APTIME 时代出版传媒股份有限公司
安徽人民出版社

图书在版编目(CIP)数据

南方谈话文本的哲学意蕴及时代价值 / 张心亮著. 合肥:安徽人民出版社,2025. 5. --
ISBN 978-7-212-11848-8

Ⅰ. A849.164

中国国家版本馆 CIP 数据核字第 20252SL192 号

南方谈话文本的哲学意蕴及时代价值

张心亮　著

责任编辑:刘书锋　　　　　　　　　　**责任印制:**董　亮
封面设计:宋文岚

出版发行:安徽人民出版社 http://www.ahpeople.com

地　　址:合肥市政务文化新区翡翠路 1118 号出版传媒广场八楼

邮　　编:230071

电　　话:0551－63533259

印　　制:合肥创新印务有限公司

开本:710mm×1010mm　　　1/16　　　印张:18.5　　　字数:331 千

版次:2025 年 6 月第 1 版　　　2025 年 6 月第 1 次印刷

ISBN 978－7－212－11848－8　　　　　定价:88.00 元

序 言

赵智奎

张心亮博士的新著《南方谈话文本的哲学意蕴及时代价值》即将出版，作为他的导师由衷地感到高兴，谨向他表示祝贺！借此机会也谈谈我的一些感受，权作为该著的序言。

从文本上研究南方谈话，理论界已有一些零散的文章。但是比较系统地研究南方谈话的布局和结构，阐释文本各部分之间联系，梳理和归纳其中的原理、范畴、命题，在此基础上比较全面地进行论证，阐释作者的认知和研究结论，学界目前还不多见。这应该是张心亮这本书的重要贡献。该著展现了作者深入思考的新颖视角与科研能力，特别是决心还将继续深入探索下去，这种精神和学风是难能可贵的。此外，作者对文本六个部分进行列表，以正式文本—讲话时间—讲话地点—参考文献—参考依据的顺序进行对比分析，不仅注明文本的原文字数，而且参考了邓小平在其他不同场合、不同时间讲话的相关论述，甚至还注意到了邓小平语气的变化等，这种细腻的分析和深入的思考，颇有精雕细琢之意，值得赞扬和推崇。

通过张心亮的这部新著作得知，1992年邓小平南方谈话在社会上传播以后，影响极其深远，从而促成和加速了《邓小平文选》第三卷的出版。南方谈话是《邓小平文选》第三卷的最后一篇文章。《邓小平文选》第三卷的出版，是党和国家政治生活中的一件大事。1993年5月起，《邓小平文选》编辑组将收入《邓小平文选》第三卷的全部文稿整理稿，分14批陆续报送邓小平。邓小平对报送的文稿，逐篇审定，就编辑方针、原则、进度、内容等提出指导性意见。正逢1993年盛夏伏暑，邓小平没有去北戴河休假,而是以 89 岁的高龄全身心地投入第三卷的编审工作。他亲自审定每一篇文稿,终于完成了一部具有现实和长远重大战略意义的经典著作,并且郑重地把它作为"政治交代"。按照邓小平的意见,《邓小平文选》第三卷开卷篇为党的十二大的开幕词。开幕词第一次向全世界郑重宣告"走自己的路,建设有中国特色的社会主义"。南方谈话为终卷篇,"编到南方谈话为止",作为邓小平带有总结性的理论思考,是全书的纲领和总结。张心亮博士还告诉读者与南方谈话相关的一件很重要的事情,就是 1992 年 7 月,邓小平与前来探望自己的弟弟邓肯谈到了南方谈话。邓小平坚定地表示:"南方谈话定了调,这个调没有错。十二亿人民有了明确的方向、道路和方法……我们做了应该做的事,做了好事。"上述重要信息,无论对专业理论工作者还是普通读者,都弥足珍贵。

该著阐释了文本的历史背景和生成逻辑,解读了文本的哲学意蕴,比较深入地论证了南方谈话揭示的中国特色社会主义理论体系基石,总结了南方谈话在马克思主义中国化历史中的地位。书中提出了一些带有启示性和创新性的观点,这对于马克思主义中国化学科建设和学界深入研究邓小平理论,均有较大的启发和帮助。此外,作者关于南方谈话与社会主义运动的关系及意义的思考和阐发,也是该著的一个亮点。当然,该著也还有再提升的空间,例如,对南方谈话时代价值的评论,还可以紧密联系中国式现代化建设展开,这也正是在文本的第六部分结尾,邓小平对全党和全国人民的殷切期望。总之,我仔细阅读该著,收获良多,也相信读者见仁见智,能够从中汲取邓小平理论的伟大力量。

我同意作者在该著"后记"中的总结性感言:"历史终将滚滚向前,一切历史中的人物和事件终将随风而逝,但伟大的历史人物和重要的历史文献将永远照亮历史星河。邓小平就是这样一位伟人,其伟人的故事、伟人的语言和伟人的精神永远被人铭记。南方谈话作为邓小平标志性的理论贡献,在改革开放的历史长河中永远闪耀着理论的光辉。"这一感言也说到了我心坎儿上,使我想起在 2004 年 8 月纪念邓小平 100 周年诞辰时,我曾在自己的专著《邓小平理论前沿问题研究》"结束语"中写了四个"如果没有邓小平理论",认为有必要重新提出来与作者共勉,表达我们共同的心声：

"如果没有邓小平理论，我们至今可能还要在如何认识社会主义和怎样建设社会主义的问题上徘徊和摸索，甚至在这些重大理论问题上仍然争论不休。正是邓小平提出的社会主义初级阶段理论、社会主义本质理论、社会主义市场经济理论、社会主义改革开放理论，从根本上解决了什么是社会主义和怎样建设社会主义的问题。"

"如果没有邓小平理论，我国的改革开放可能会走许多弯路，甚至走向邪路。中国在改革开放的历史进程中，能够始终遵循邓小平理论的基本原理和谆谆告诫，则是一大幸事。邓小平始终告诫我们党'要两手抓，两手都要硬'；'社会主义的最大优越性就是共同富裕，这是体现社会主义本质的东西。如果搞两极分化，情况就不同了，民族矛盾、区域间矛盾、阶级矛盾都会发展，相应地中央和地方的矛盾也会发展，就可能出乱子。世界和平与发展这两大问题，至今一个也没有解决。社会主义中国应该用实践向世界表明，中国反对霸权主义、强权政治，永不称霸。中国是维护世界和平的坚定力量。这些告诫应始终成为我们的座右铭、警示录。"

"如果没有邓小平理论，世界社会主义运动的失误和低潮可能会每况愈下，甚至滑向更深的低谷。20 世纪 90 年代以来，世界社会主义运动陷入低潮。正是邓小平力挽狂澜，指出了前进的方向。而中国特色社会主义建设的实践，给世界社会主义运动注入了新的活力，特别是占世界人口五分之一的中国，其社会主义建设的巨大成就，是对世界社会主义的重大贡献，也是对世界和平的重大贡献。邓小平坚信社会主义和共产主义，坚信马克思主义，给世界人民以巨大的鼓舞。"

"如果没有邓小平理论，我们党不可能有对毛泽东思想的真正继承、丰富和发展，甚至不可能根据新形势发展的需要，提出'三个代表'重要思想。邓小平理论上承毛泽东思想，下启'三个代表'重要思想，在马克思主义中国化的历史进程中，占有极其重要的地位。正是邓小平提出完整、准确地理解和把握毛泽东思想体系，也正是邓小平开辟了马克思主义中国化及其理论创新的道路，使得我们党产生了'三个代表'重要思想的伟大成果。"

　　上述四个"如果没有邓小平理论"的观点,至今我仍然坚持。邓小平理论是马克思主义中国化时代化的重要里程碑,是我们心中永恒的丰碑。张心亮博士的著作给了我许多新的启发和思考,使我更加坚定继续深入学习运用邓小平理论,完整、准确地理解邓小平理论的科学内涵、核心要义,我将始终在深入研究马克思主义中国化时代化的道路上辛勤耕耘。

　　最后,我也衷心地祝福张心亮博士在马克思主义中国化学科领域再接再厉,百尺竿头更进一步,特别是在邓小平理论的研究上,取得更新的成果。同时,在习近平新时代中国特色社会主义思想对邓小平理论的继承和发展等方面发力,不断取得新的成就!

　　是为序。

赵智奎

2025 年 3 月 8 日

于中国社会科学院马克思主义研究院

自 序

    本书是在我的博士论文基础上修订后的成果。感谢导师赵智奎先生对我的谆谆教诲,在我人至中年博士如期毕业之后,他继续鼓励我尽早将论文修改成书并出版。本书凝结了先生对弟子的关心与帮助,在此致以深深谢意。本书依据《邓小平文选》第三卷的最后一篇文本进行深入研究,认为南方谈话是邓小平理论的精华,语言精练朴实又蕴意深邃,是马克思主义中国化时代化史上一篇具有长久指导意义的文献,在其发表 30 多年之后再去审视,仍能从中得到很多深刻启迪。这也是写作本书的初衷,以期对当代中国特色社会主义理论研究做出自己的点滴贡献。

    以发表 30 年之后观之,南方谈话理应成为表征邓小平和邓小平理论的一个专有词条,而被世人永久记之。南方谈话的产生有着深刻的历史背景和现实需要。国际动荡局势的影响和国内政治经济形势使邓小平深刻认识到思想解放的重要性和紧迫性,深刻认识到进一步推动改革的重要性和紧迫性。世界社会主义运动陷入低潮及国内复杂多变的形势是邓小平南方谈话强调基本路线一百年不动摇的现实基础;上海谈话是南方谈话的序曲和先声;解放思想、实事求是是贯穿南方谈话文本的思想路线;建设有中国特色社会主义是贯穿南方谈话文本的逻辑主线;邓小平个人的独特品质是南方谈话产生的必要条件。

    对文本的溯源和分析是一项很有意义、很有价值的活动,其不单是对文本生成逻辑的必然性进行分析,而且对其内在逻辑关系的研究也非常有帮助。南方谈话文本是将大量原始记录按照一定逻辑关系汇总整理,经过邓小平审定而成的,与邓小平发表谈话的思想逻辑有着内在的一致性。更重要的是,文本向我们展示了邓小平理论核心部分的形成和发展过程。从文本逻辑关系看,六个部分具有紧密的内在逻辑关系,即基本路线论、发展阶段论、四项原则论、社会主义本质论、思想路线论、曲折发展论等内部之间的有机关系,为我们构建了一个走中国特色社会主义道路的基本框架。

南方谈话内容都是从大局讲的,具有普遍的哲学理论意义,蕴含着很多哲学道理。本书从文本中摘取一部分范畴、命题和原理进行了时代性的解读和分析,印证着改革开放40多年来,南方谈话一直发挥着理论指导的作用。从范畴角度上讲,改革、发展、稳定是社会和谐稳定发展必须始终坚持协调处理的几对关系,制度与体制蕴含着政治体制改革中坚持与变革的辩证法,速度与效益则体现了社会发展速度与社会效益之间的辩证关系,民主与法制凸显出社会主义的本质要求,机遇与挑战反映了社会主义发展的外部环境和主动作为。本书论述了计划和市场都是经济手段,在整个改革开放过程中都要反对腐败,形式主义也是官僚主义,中国是维护世界和平的坚定力量等几个命题,从哲学角度论述了在坚持中国特色社会主义道路中必须重视的几个问题。本书也尝试对"科学技术是第一生产力""实践是检验真理的唯一标准"及"实事求是是马克思主义的精髓"进行原理性的解读。

南方谈话是邓小平理论的核心组成部分。南方谈话创造性地提出了社会主义市场经济理论和社会主义本质理论,重申并强调了社会主义初级阶段理论和改革开放理论,而这四者统一于中国特色社会主义理论体系中,成为国家长期坚持的四块理论基石。本书着重从四块理论基石的阐明和拓展方面展开论述,并强调贯穿其中的党的建设和始终坚持的四项基本原则。党的十九大之后,广东深圳、上海浦东新区、浙江等地区的飞速发展和新的历史定位,进一步印证了南方谈话的永久魅力。

南方谈话对中国的影响具有划时代的意义。南方谈话给新时代的社会主义现代化建设以重要的启示,要求必须坚定不移推进马克思主义中国化时代化的理论创新以指导新的实践,必须坚定不移继续推动改革开放,必须坚定不移走共同富裕的中国特色社会主义道路,必须坚定不移推进马克思主义先进性政党建设。南方谈话发表于世界社会主义运动处于低潮的历史时期,它深刻影响了中国此后几十年的稳定持续发展,因而具有重要的世界历史意义。南方谈话提振了世界上一些发展中国家追求适合本国国情发展道路的信心,其指引的中国改革开放 40 多年的辉煌发展实践为世界其他发展中国家提供了有益借鉴。

张心亮

2025 年 5 月

目　录

绪　论

时光流逝,岁月如梭。33 年前——1992 年的 1 月 17 日晚上,农历是腊月十三,一位伟大而又普通的共产党员,身处耄耋之年,在家人的陪同下坐上专列向南方驶去。沿着这趟列车的运行轨迹,这位伟大而又普通的老人邓小平,通过一系列谈话、讲话,革新了人们的思想,拨正了中国改革开放伟大航船的方向,因此改变了中国人民的命运,也改变了中国的命运,改变了世界发展的格局。

南方谈话,是邓小平"在历史的关键时期、关键时刻、关键地点,向全党和全国人民提交的一份政治宣言、一个政治交代、一幅中国特色社会主义的新画卷"①。南方谈话中讲:"不坚持社会主义,不改革开放,不发展经济,不改善人民生活,只能是死路一条。"②这些话掷地有声、斩钉截铁,既是邓小平对世界大势的深刻把握和思考,也是对社会主义和改革的定向。南方谈话是邓小平老人家号召全党和全国人民深化改革的再动员,既有强烈的针对性,对当时经济发展缓慢、人们思想混乱、改革步伐蹒跚甚至停滞的形势的拨云见日,同时,又是对改革开放 10 多年的科学总结,对未来发展做出的预见性和规律性的理论指导和目标指向,是邓小平理论精髓的集中体现。

---

① 陈开枝:《1992·邓小平南方之行》,中国文史出版社 2004 年版,第 135 页。
② 《邓小平文选》第三卷,人民出版社 1993 年版,第 370 页。

第一节　选题缘起与研究意义

　　南方谈话内容博大精深,在总结理论和实践的基础上规划中国未来发展的方向,被学界普遍认为是中国特色社会主义理论体系的开篇之作和奠基之作。在迈向中国式现代化强国建设的历史征程中,回顾邓小平当年南方谈话的经典文献,我们更能感受到南方谈话所蕴含的巨大的精神力量和理论力量。回顾和总结 30 多年来学界对南方谈话的研究,深入探讨南方谈话文本的发生逻辑和内在逻辑,分析其哲学意蕴,阐释其新时代价值,对于进一步发展中国特色社会主义,发展当代中国马克思主义、21 世纪马克思主义,更好地带领全体人民以中国式现代化全面推进强国建设、民族复兴伟业,有着重要的指导意义和现实意义。

　　历史需要回眸,很多历史事件在经历过一些时间之后往往才能够看得更清、理解更深。同样,回眸历史需要距离。一个人、一本书、一篇文章,要经过历史的检验、考验后方才看得出其真正价值。[①] 邓小平说过,如果没有毛泽东,中国人民至少还要在黑暗中摸索更长的时间。同样,我们认为,如果没有邓小平,中国特色社会主义道路还不知道要艰难地探索多少年,要走多少曲折的道路,中国特色社会主义建设史、改革开放史恐怕就要重写。2012 年 12 月初,习近平总书记首次离京视察便到了深圳,重走了邓小平当年走过的路,并指出,"改革开放是我们党的历史上一次伟大觉醒",邓小平同志"指导我们党作出改革开放的决策是英明的、正确的","不愧为中国改革开放的总设计师,不愧为中国特色社会主义道路的开创者"。[②] 历史已经证明并将继续证明,"改革开放是决定当代中国命运的关键一招,

---

[①]　参见余玮:《邓小平——现代化中国的擘画者》,天地出版社 2021 年版,第 426 页。
[②]　中共中央文献研究室编:《习近平关于全面深化改革论述摘编》,中央文献出版社 2014 年版,第 2 页。

也是决定实现'两个一百年'奋斗目标、实现中华民族伟大复兴的关键一招"①。

进入新时代,在百年未有之大变局的形势下,中国共产党领导全体人民沿着邓小平既定的改革开放的道路披荆斩棘,奋勇前进,取得了令世界瞩目的伟大历史成就,中国日益走近世界舞台中央,发挥着越来越重要的作用。

习近平总书记讲,"历史是最好的教科书"②。回顾历史,尤其是回顾和研究党的理论建设史上这篇不朽的历史文献——南方谈话,汲取其中理论的滋养以更好地指导当下,是理论研究者的责任。改革开放不止步,南方谈话精神就在前景光明的中国特色社会主义事业中永远闪耀着真理的光芒。时间过去30多年,我们重新研读这篇文献,仍感觉到其深刻的理论意义和现实意义。

一、理论意义

第一,有助于推动和深化中国特色社会主义理论体系的研究。任何一种思想的研究,必须有深厚的文献学基础。南方谈话是中国特色社会主义理论体系中重要的奠基性文献。南方谈话的发表和党的十四大的胜利召开,标志着中国改革开放和现代化建设进入一个新的快速发展的时期。南方谈话指明了中国未来的前进方向,从整体上规划了中国未来的发展道路、发展模式,从理论上指出了加快改革开放和经济发展的一系列方式、方法,具有鲜明的指向性和目的性。南方谈话发表30多年来,中国取得了令世界刮目相看的伟大成就,中国特色社会主义市场经济制度更加完善,中国特色社会主义发展道路更加宽广。历史走进新时代,南方谈话仍发挥着理论指导作用。

第二,有助于推动和深化对马克思主义中国化时代化的研究。南方谈话是马克思主义中国化时代化历史进程中一个极为重要的里程碑。要站在党的百年征程的历史进程中去研究南方谈话在推动马克思主义中国化时代化过程中的历史意义和新时代价值。南方谈话是邓小平理论的核心组成部分,研究南方谈话,也有助于

---

① 中共中央文献研究室编:《十八大以来重要文献选编》(上),中央文献出版社2014年版,第494页。
② 习近平:《论中国共产党历史》,中央文献出版社2021年版,第15页。

进一步深化对邓小平理论的研究。通过研究作为马克思主义中国化主要组成部分的邓小平理论,也有助于进一步深化对当代中国马克思主义、21世纪马克思主义的研究。在研究的过程中,不仅要注重对邓小平著作文本的研究,也要重视对党的代表大会、中央全会和重要时期的历史文献的研究,只有把两者更好地结合起来,才能够真正体现马克思主义中国化发展史。

二、实践意义

第一,有助于进一步解放思想、实事求是、与时俱进,助推中国式现代化建设的伟大实践。在第二个百年奋斗目标的征途上,更需要进一步继承和发扬南方谈话蕴含的理论指引作用。重温南方谈话,立足当下的现实实践,至今仍有振聋发聩的感受。南方谈话,通篇充满着解放思想、实事求是的精神,这对新时代继续全面深化改革,推进中国特色社会主义"战略布局",实现第二个百年奋斗目标,有着重要的实践意义。

第二,有助于实现人们对邓小平的历史功绩及邓小平理论的历史地位的正确认识。习近平总书记指出,在全党开展党史学习教育,就是要让大家做到"学史明理、学史增信、学史崇德、学史力行"①。邓小平南方谈话就是党的历史关键时期的一篇重要的历史文献,深入学习挖掘其内含的指导思想和方法论,对于进一步深入学习"四史",增强"四个意识"、坚定"四个自信"、做到"两个维护",实现中华民族伟大复兴的中国梦有着较强的现实指导意义。

---

① 习近平:《在党史学习教育动员大会上的讲话》,人民出版社2021年版,第11页。

第二节　国内外研究现状述评

党的重要的历史关头和重大历史节点召开的重要会议或者发表的重要文献，总会引起国内外的强烈反响。邓小平的南方谈话也是这样。在改革开放的历史航船驶入迷雾区域，尚不能找到明确的航向的时候，邓小平的南方谈话犹如茫茫大海中耀眼的灯塔，给在大海中徘徊的中国航船指明了正确的航道。其自然引起的，是国内外研究者的极大兴趣和持续研究。

一、国内研究现状

邓小平南方谈话一经发表，就立即引起党中央和理论界的高度关注，党中央及时下发文件组织学习宣传，舆论及时跟进报道。此后，学界从多角度对南方谈话进行了解读和阐释。从发表的文献和著述来看，30 多年来，国内学界对邓小平南方谈话的研究和阐释多以谈话发表 5 年、10 年为节点，进行集中研究，研究文章主要集中在南方谈话发表 10 周年、20 周年和 30 周年的时间节点上，理论界不断深化对南方谈话的理解和认识，产生出了一大批研究文章和著作。以下从南方谈话的研究论著和文献方面进行梳理和评述。

（一）关于南方谈话的研究论著

邓小平南方谈话，其丰富的理论观点集中体现了邓小平理论的精髓。南方谈话是在特殊的历史时刻，影响中国改革开放重大历史命运的一篇理论文献。不少亲历者以及学术界对南方谈话的产生始末以及影响进行了深入研究，产生了一批论著。较早的有中共深圳市委宣传部编的《一九九二春邓小平与深圳》（1992），余习广、李良栋等编著的《大潮新起：邓小平南巡前前后后》（1992），常人编的《邓小平在深圳》（1992），元上、汉竹的《邓小平南巡后的中国》（1992），傅青元、景天魁主编的《改革开放新阶段——对邓小平南巡谈话的哲学思考》（1992），陈开枝的

《1992·邓小平南方之行》(2004),童怀平、李成关的《邓小平八次南巡纪实》(2002),田炳信的《决断——邓小平的最后一次南行》(2009),等等。南方谈话发表20周年之际,出现不少回忆性研究论著,如牛正武的《南行纪:1992年邓小平南方谈话全纪录》(2012),吴松营的《邓小平南方谈话真情实录——记录人的记述》(2012),宫力、周敬青、张曙的《邓小平在重大历史关头——纪念邓小平南方谈话20周年》(2012),毕京京主编的《东方风来20年 邓小平南方谈话的理论贡献》(2012),南方日报社编的《风起南方:邓小平南方谈话20周年名人谈》(2012),以及陈雷编的《邓小平南方谈话前后》(2014),等等。在研究论文集方面,也产生了以南方谈话10周年和20周年为时间节点的论文集,对南方谈话的理论价值及当代影响进行了多维度阐释和研究,如中国社会科学院赵智奎主编的《马克思主义中国化研究报告NO.3——南方谈话与中国特色社会主义新发展》(2012)、中共中央文献研究室邓小平研究组编的《从邓小平南方谈话到江泽民"七一"讲话——纪念南方谈话10周年理论研讨会论文集》(2002)等论文集出现,这些论著从不同角度论述了南方谈话的经过、内容及理论价值、历史意义等,在研究深度和广度上都有一定拓展。另外,龙平平主编的《邓小平研究述评(上下册)》(2003),中共中央文献研究室第三编研部、中共四川省委宣传部编的《邓小平研究述评:2003—2014(上、下)》(2014),以及中央文献出版社2015年出版的学术论文集①中也有一些关于南方谈话的研究和述评。当然,一直以来研究邓小平生平及理论的论著更是卷帙浩繁,其中,南方谈话总是浓墨重彩的一笔。

(二)研究的内容和角度

1.南方谈话的时代背景

南方谈话是在世界社会主义运动进入低潮,资本主义国家对中国不断进行围猎和抨击的外部环境下,以及国内改革开放陷入低迷,经济发展速度缓慢,国人对改革中的一些现象姓"资"姓"社"分不清,进而质疑改革开放的背景下产生的。龙

① 参见全国纪念邓小平同志诞辰110周年学术研讨会组委会编:《邓小平与中国道路:全国纪念邓小平同志诞辰110周年学术研讨会论文集》(上、下),中央文献出版社2015年版。

平平认为,南方谈话是邓小平正确判断冷战结束后的国际形势,针对国内经济发展缓慢,甚至出现滑坡,改革开放 14 年后需要进一步明确发展方向的关键时期做出的关键抉择,为党的十四大胜利召开奠定了基础。① 丁晋清认为,邓小平南方谈话是在对东欧剧变、世界社会主义运动的反思中得来的,具有政治上的针对性和理论上的深刻性、创造性。② 汪希、刘锋通过对 20 世纪八九十年代中国社会发展考察,认为南方谈话是在国内"左"的思潮干扰,东欧剧变的震撼,人们对改革的合法性产生怀疑,对中国发展走向和社会主义前途产生迷茫的环境中,邓小平为寻找中国出路而倒逼出来的必然产物。③

2. 南方谈话的文本内容

国内学界从南方谈话的文本中,结合现实,摘取某一方面讲话内容进行了多角度、多方位的解读和阐释。但从较早的时间来看,这是邓小平借着南方视察的机会向世人表明其对改革开放的态度和看法。从某种意义上讲,正是邓小平对国家发展方向的定调和定向的南方谈话,才促成了党的十四大的主题,才进一步稳定了改革开放的基本路线不动摇,才有了进一步的对内改革和对外开放,才保证了几十年来经济的高速发展,才有了改革开放 40 多年来取得的令世人瞩目的辉煌成就。

金民卿认为,南方谈话在"中国特色社会主义发展史上具有重要的标志性意义,标志着邓小平理论的体系化系统化"④,同时提出改革开放 20 年后,如何解决邓小平预想到的贫富差距分化和更好提高民生幸福指数的问题。龙平平认为,邓小平在文本中给中国确定了有中国特色的社会主义基本发展思路,共同富裕是中国特色社会主义基本原则的核心内容。⑤ 王东根据内容归纳了 10 条论据来论证南方谈话是邓小平 1989 年至 1992 年 3 年反思的思想升华,是党的十一届三中全

---

① 参见龙平平:《南方谈话:关键时期的关键抉择》,《邓小平研究》2019 年第 6 期,第 1—9 页。

② 参见丁晋清:《邓小平南方谈话:世界社会主义运动的反思》,《理论学刊》2002 年第 2 期,第 5—8 页。

③ 参见汪希、刘锋:《邓小平发表"南方谈话"的必然动因——基于 20 世纪八九十年代社会发展的考察》,《毛泽东思想研究》2017 年第 5 期,第 54—56 页。

④ 金民卿:《邓小平"南方谈话"的重要价值和当代思考》,《马克思主义研究》2012 年第 2 期,第 18—27 页。

⑤ 参见龙平平:《论邓小平确定的中国特色社会主义基本思路和基本原则》,《东岳论丛》2014 年第 6 期,第 16—22 页。

会以来三个"五年"的最后总结,是对中国和苏联社会主义发展路线之争的科学判断。走出一条反"左"防右的新路,坚持警惕右,主要是防"左"的思想路线,是在对改革开放前沿的三四个城市视察后经过反复推敲形成的结果,谈话高屋建瓴,是改革开放初期15年的科学总结,提出了20世纪90年代改革开放现代化全面发展的总体构想。① 秦宣认为,南方谈话总结改革开放十几年的历史经验,廓清了人们对"什么是社会主义"的一些模糊认识,提出了一系列重要论断。② 严书翰认为,南方谈话回答了改革开放实践提出的一系列重大问题,给予了共产党人以坚定的社会主义信念,③对改革发展实践中有关党的基本路线、改革的性质、改革的动力、两手抓、党的组织路线等重大问题做出了准确的回答④。萧冬连认为,党的十四大正是因为南方谈话中关于计划和市场的关系,经充分讨论后确定了"社会主义经济体制改革的目标是建立社会主义市场经济体制"⑤。杨继顺谈道,南方谈话阐述了社会主义的本质,加速了社会主义现代化建设步伐,把中国的改革开放全面推向了一个崭新的发展阶段。⑥ 在邓小平的遗产继承方面,石仲泉认为,南方谈话为处于迷茫时期的改革开放确定了正确的发展方向,是发展社会主义市场经济的定海神针和带有政治交代意义的重要文献,是马克思主义发展到新阶段的重要标志。习近平的"四个全面"战略布局将邓小平关于建设小康社会的历史嘱托、民主和法制思想真正全面落到实处,并做出许多创新性发展。⑦

3.南方谈话的历史意义

邓小平的南方谈话在马克思主义中国化时代化史上具有重要里程碑意义,学

---

① 参见王东:《邓小平南方谈话的十个特点新论》,《新视野》2001年第4期,第13—15页。
② 参见秦宣:《邓小平南方谈话对四个基本问题的探索和回答》,《科学社会主义》2012年第1期,第19—23页。
③ 参见严书翰:《邓小平南方谈话的魅力》,《科学社会主义》2012年第1期,第15—18页。
④ 参见严书翰:《南方谈话对改革发展实践提出重大问题的回答和启示》,《红旗文稿》2012年第7期,第14—16页。
⑤ 萧冬连:《中国改革是如何越过市场化临界点的》,《中共党史研究》2018年第10期,第25—38页。
⑥ 参见杨继顺:《南方谈话对新时代坚持和发展中国特色社会主义的启示》,《中学政治教学参考》2020年第5期,第1页。
⑦ 参见石仲泉:《邓小平的两大历史遗产与习近平的新发展》,《中国浦东干部学院学报》2017年第2期,第5—17页。

者对此进行了多维度的解读。

侯且岸指出,南方谈话具有思想史意义,邓小平思想的批判性、实用性和进取性改变了人们的政治观念乃至生活观念,促进了人的现代化发展。① 汤水清认为,南方谈话是历史紧要关头解放思想、重启改革进程的宣言书,是在经济发展模式上从探索向确立市场经济的标志,是中国从传统社会向现代社会转变的催化剂。只有从改革开放史、经济发展史和社会发展史上来考量南方谈话在当代中国社会变迁中的巨大作用,才更能深刻理解南方谈话的历史地位和历史意义。② 邱乘光认为,南方谈话是邓小平理论的代表作和成熟作,是邓小平理论进一步完善和成为科学体系的重要标志,在中国特色社会主义理论体系形成和发展史上具有极为重要的意义。③ 赵凌云认为,南方谈话打破了中国改革、开放与发展的徘徊局面,推进了此后中国经济改革、开放与发展的进程,开创了中国经济改革、开放与发展的一个新阶段,是"对中国社会主义改革开放实践的系统理论总结和提升,提出了系统的经济改革理论,是对马克思主义经济理论的重大发展"。④ 黄远固认为,南方谈话对当今改革有三点启示,即改革必须解放思想、凝聚共识;既要全面深化,又要突出重点;必须加强领导,防止折腾。⑤ 匡洪治指出,南方谈话在世界共产主义运动遇到重大挫折,中国改革面临向何处去的重大历史关头,起到了指明方向的关键作用,坚定了人们的信心和决心,开启了中国改革开放的崭新篇章,从根本上改变了中国改革开放的历史进程。⑥ 马福运对马克思主义经典文本的概念、特点及功能进行分析,他认为,南方谈话是邓小平立足时代的高度,"深刻回答长期束缚人们思想的许多重大认识问题,极大地推动了中国特色社会主义事业的发展,是对马克思

---

① 参见侯且岸:《论邓小平"南方谈话"的思想史意义》,《中国特色社会主义研究》2012年第1期,第11—13页。

② 参见汤水清:《"南方谈话"与当代中国的社会变迁》,《江西社会科学》2012年第3期,第11—15页。

③ 参见邱乘光:《南方谈话:邓小平理论形成科学体系的重要标志——纪念邓小平南方谈话20周年》,《学习论坛》2012年第4期,第15—19页。

④ 参见赵凌云:《"南方谈话"在中国改革开放与思想解放进程中的历史地位》,《中南财经政法大学学报》2002年第2期,第3—11页。

⑤ 参见黄远固:《南方谈话对当今改革的三点启示》,《学习论坛》2014年第9期,第13—15页。

⑥ 参见匡洪治:《自信与开拓——邓小平理论探析》,人民出版社2017年版,第176页。

主义的坚持、创新和发展",是马克思主义发展史上又一篇经典文献。①

4.南方谈话的价值

作为邓小平晚年思想以及邓小平理论核心内容的集中体现,南方谈话凸显了其在党的历史文献中的重要价值地位。

贺新元认为,南方谈话凸显了指明中国特色社会主义道路前进方向的历史价值和"为中国特色社会主义新发展提供思想引擎"的当代价值,以及不能使党在坚持基本路线的过程中不知不觉发生动摇甚至变质的警示价值。② 肖枫认为,邓小平南方谈话始终以苏联解体、东欧剧变为背景,体现了与苏共灭亡道路不同的战略抉择,即坚持中国特色社会主义道路,坚持改革开放,坚持发展是硬道理的理念。③张志芳从价值目标、价值定位、价值践行、价值标准、价值选择等方面论述了南方谈话的基本价值取向,指出其价值内涵对加强社会主义核心价值体系建设、培育正确价值观有重要启迪意义。④ 陈锡喜认为,南方谈话在理论上是"明确建设有中国特色社会主义理论主题的点睛之笔,其主要观点奠定了建设有中国特色社会主义理论内容的基本框架",具有重要的理论价值。⑤ 岳鹏、屠火明认为,南方谈话深化了人们对改革开放的信心和对中国特色社会主义的认识,鼓舞了人们对"中国经验"的总结以及对中国特色社会主义道路的拓展。⑥ 唐旺虎在百年未有之大变局的背景下论证了南方谈话的当代价值,从时代主题、改革开放、先富共富、人才强国和反

---

① 参见马福运:《马克思主义经典文本:概念、特点及功能分析》,《马克思主义理论学科研究》2019 年第 2 期,第 43—54 页。

② 参见贺新元:《邓小平南方谈话价值刍议——纪念邓小平南方谈话 20 周年》,《新视野》2012 年第 5 期,第 4—7 页。

③ 参见肖枫:《"南方谈话"与中国的战略性抉择——纪念邓小平"南方谈话"发表 20 周年》,《当代世界与社会主义》2012 年第 1 期,第 12—17 页。

④ 参见张志芳:《邓小平"南方谈话"的价值内涵与深刻启迪》,《马克思主义研究》2012 年第 2 期,第 28—32 页。

⑤ 参见陈锡喜:《南方谈话在中国特色社会主义理论体系形成中的理论价值》,《思想理论教育》2012 年第 4 期,第 25—31 页。

⑥ 参见岳鹏、屠火明:《邓小平"南方谈话"的历史意蕴》,《毛泽东思想研究》2013 年第 1 期,第 102—106 页。

腐败五个方面进行了当代阐释。① 邓小平是自觉运用辩证唯物主义原理的大家，没有深奥难懂的语言，而是通过一些讲话和谈话娓娓道来，阐述朴素而又深刻的哲学道理。不少学者认为，南方谈话是邓小平运用辩证法的典范，通篇体现了唯物辩证法。聂立清重点论述了邓小平南方谈话的哲学意蕴，南方谈话体现了世界物质第一性的原理，体现了辩证唯物主义普遍联系性原理，体现了马克思主义生产力和生产关系、经济基础和上层建筑的辩证统一关系，体现了马克思主义事物永恒发展性的原理。② 王东认为，邓小平南方谈话从"理论思维的最深层次，根本突破了支撑传统计划经济的苏联僵化模式的三个僵化公式，形成了社会主义本质观，实现了社会主义观念上的根本转变与根本创新"③。胡振平认为，邓小平南方谈话通篇充满着实践辩证法，在人民群众能动地改造社会实践中，"解放思想、实事求是"是人民群众在建设有中国特色社会主义的根本原则。④ 从以上研究者的论述中可以看出，南方谈话是邓小平自觉运用辩证唯物主义和历史唯物主义并形成自己的语言表达方式和叙述方式的典范之作。

5. 南方谈话与北方谈话的比较和联系

1978 年 9 月 13 日至 20 日，邓小平从朝鲜访问回国后在东北三省和天津地区视察，发表了一系列重要讲话，后来被称为北方谈话。北方谈话从侧面支持了真理标准问题讨论，具有深刻的前瞻性和战略性，举起了"解放思想、实事求是"的理论旗帜，促成了党的十一届三中全会的胜利召开，是邓小平理论形成的奠基之作。⑤ 学界将北方谈话和南方谈话进行比较研究，凸显了两次谈话在不同时期的重要地

① 参见唐旺虎:《邓小平"南方谈话"的当代价值——基于百年未有之大变局的思考》,《重庆社会科学》2021 年第 1 期,第 38—48 页。
② 参见聂立清:《论邓小平南方谈话的哲学意蕴》,《河南师范大学学报》2014 年第 5 期,第 34—38 页。
③ 王东:《社会主义本质观的三大理论创新——从晚年列宁遗嘱到晚年邓小平南方谈话》,《马克思主义哲学论丛》2014 年第 3 辑。
④ 参见胡振平:《实践辩证法的胜利——从邓小平"南方谈话"到江泽民"三个代表"重要思想》,转引自中共中央文献研究室邓小平研究组编:《从邓小平南方谈话到江泽民"七一"讲话——纪念南方谈话 10 周年理论研讨会论文集》,中央文献出版社 2002 年版,第 84—96 页。
⑤ 参见刘东升:《重大历史转折关头的"北方谈话"——纪念改革开放 40 周年》,《理论研究》2018 年第 5 期,第 12—15 页。

位和意义。娄胜华认为,北方谈话和南方谈话都是邓小平创造性理论活动的经典之作,虽然两者在形成背景、创新内容和功能作用上存在不少共性,在阶段性、层次性、系统性和成熟度上又有明显差异,但彰显了邓小平理论形成和发展中的连续性和统一性的特征,也共同反映出邓小平鲜明的个性特征和人格力量。① 唐立平、高照立认为,从北方谈话到南方谈话,是邓小平理论实事求是的理论精髓由初步形成到日臻成熟的时期,在这一过程中始终坚持一切从实际出发,坚持彻底的辩证法和坚持群众路线的基本方法。② 有研究者认为,两个谈话引领了当代中国的两次思想大解放,都是邓小平理论形成与发展的重要阶段性成果,共同回答了邓小平理论首要的基本理论问题——"什么是社会主义,怎样建设社会主义",而南方谈话则是邓小平理论的集大成之作。③

6. 香港关于南方谈话的评论和研究

1992 年,邓小平南方谈话发表不久,香港媒体就发表了一些评论和研究,对南方谈话持肯定态度。李玉认为,邓小平坚持的路线是社会主义性质的,在中国共产党领导下,大胆利用资本主义生产方式,坚持社会主义分配方式,超越了马克思主义经典作家对社会主义本质的认识,摒弃"斯大林模式",强调走共同富裕道路。④李谷城对邓小平要深圳造"社会主义的香港"进行了评述,认为深圳要尽量吸收香港的优点,尽快发展有中国特色的社会主义,并对《深圳特区报》的 8 篇重要评论进行了评述。⑤

二、国外研究现状

邓小平在南方视察活动期间,尽管只有少量信息透露出去,却引起国外媒体的

---

① 参见娄胜华:《连续性与统一性:"南方谈话"与"北方谈话"比较研究》,《当代中国史研究》2004 年第 2 期,第 74—79 页。
② 参见唐立平、高照立:《从"北方谈话"到"南方谈话"——论邓小平理论精髓"实事求是"思想的形成与发展》,《邓小平研究》2018 年第 1 期,第 111—118 页。
③ 参见中共辽宁省委党史研究室党史资政课题组:《邓小平北方谈话与南方谈话之比较》,《党史纵横》2004 年第 8 期,第 16—22 页。
④ 参见李玉:《邓小平路线姓社不姓资》,见冷溶主编《海外邓小平研究》,山西经济出版社 1993 年版,第 116—123 页。
⑤ 参见李谷城:《深圳造"社会主义的香港"评议》,见冷溶主编《海外邓小平研究》,山西经济出版社 1993 年版,第 124—130 页。

高度关注,并进行了多方报道。南方谈话文本正式发表之后,国外学术界开启对南方谈话的研究历程。国外学术界对南方谈话的关注和研究是伴随着南方谈话对国内经济发展的影响程度不断加深而变化的。30 多年来,国外研究南方谈话大致经历了以下两个时期。

(一)南方谈话发表之初的几年

南方谈话发表之后,在国际上也产生了一些影响。美国一些学者对南方谈话进行了初步的研究和评价。1993 年 9 月,《中国季刊》发表了诺顿(Barry Naughton)(《经济学家邓小平》)、沈大伟(《政治家邓小平》)、白鲁恂(《概要介绍:邓小平与中国的政治文化》)、亚胡达(Michael Yahuda)(《国务活动家邓小平》)等人的文章,对南方谈话的产生背景、主要内容和蕴含精神以及影响做了初步的研究,然而,由于对材料的掌握不够,其研究和理解并不准确。随着《邓小平文选》第三卷的出版和发行,国外学者能够比较全面地了解南方谈话的内容,因此,在研究邓小平生平思想的过程中,有学者将其当作新时期中国改革开放史上的一个重要事件进行研究和评述,也有学者把南方谈话作为邓小平政治生涯当中的一个重要的事件来解读。1993 年年初,美国哈佛大学的裴宜理(Elizabeth J. Perry)教授发表论文《中国 1992》指出,"邓小平在这次视察中宣布继续深化改革开放……这一年的发展尤其是党的十四大的召开证实了这种预测"①。美国学者梅瀚澜(H. Lyman Miller)在《坚持邓路线》、日本学者小竹一彰在《中共十四大的政治意义》等文章中,都论述了邓小平南方谈话与中共十四大的关系,认为南方谈话为中共十四大的召开奠定了继续深化改革开放的基调。1993 年,英国外交官伊文思(Richard Mark Evans)在《邓小平与现代中国的诞生》,以及日本学者矢吹晋在专著《邓小平》等著作里,都对南方谈话的主要内容和产生背景做了介绍。俄罗斯学者 B. 波尔加科夫(В. богаков)谈到,邓小平的谈话"彻底为中共十四大提出'社会主义市场经济'概

---

① Elizabeth J. Perry, "China in 1992: An Experiment in Neo-Authoritarianism", Asian Survey, Vol. 33, No. 1, Jan. 1993.

念和正式承认市场杠杆在社会资源配置中的主导作用作了准备"①。1994年,日本学者渡边利夫和小岛朋之在其合著《毛泽东与邓小平》中评析了南方谈话的有关背景、意义和作用。1993年8月,有中国华人学者背景的美国科尔比学院助理教授赵穗生,经过对当时报刊所披露的资料进行研究,详细分析了南方谈话产生的背景,论述了南方谈话的内容以及影响,形成专题研究论文《邓小平南方视察:后天安门时期中国的精英政治》,成为20世纪90年代有着较大影响的专题研究论文之一。

(二)21世纪以来的研究

随着国内越来越多的关于南方谈话的论著的出现,国外研究者有了更多研究依据。随着中国国家经济实力快速增长,国力日益强盛,国外研究者越来越注意到南方谈话对整个中国社会的深远影响,其研究视野、研究角度得到了扩展。布朗(Kerry Brown)认为,南方谈话发生在中国经济低迷和政治不稳定的时候,是邓小平职业生涯中最后一次重大的政治活动,振兴了中国改革开放的第二阶段,是邓小平对中国发展的最后一次重大贡献。② 从现有的资料看,国外学术界关于南方谈话的专门论著是2001年新加坡国立大学东亚研究所所长黄朝翰、郑永年主编的《南巡遗产和邓后时代的中国发展》论文集,该论文集认为南方谈话对中国整体发展的影响深远,几乎是全方位的影响。③ 郑永年认为,南方谈话使整个社会秩序转变为以利益为基础,市场化的社会秩序,官方意识形态将被弱化。④

此后的研究中,虽然没有国外学者专门研究南方谈话的论著出现,但他们都在

---

① [俄]B.波尔加科夫:《邓小平与中国改革政策》,马贵凡摘译,《国外中共党史研究动态》1995年第3期。转引自王爱云:《20年来国外学术界对"南方谈话"的研究》,《当代中国史研究》2012年第3期,第109—117页。

② Brown K. (2008). Berkshire Encyclopedia of China:Deng Xiaoping's Southern Tour(comprehensive index starts in volume 5):2667.

③ 参见王爱云:《20年来国外学术界对"南方谈话"的研究》,《当代中国史研究》2012年第3期,第109—117页。

④ Zheng Yongnian:"Ideological Decline,the Rise of an Interest-based Social Order,and the Demise of Communism in China",John Wong and Zheng Yongnian eds,The Nanxun Legacy and China's Development in the Post-Deng Era,pp.173—195.

研究邓小平生平思想、当代中国改革开放历史、中国政治经济改革史的过程中,把南方谈话作为重要的研究内容进行评述,足可见南方谈话的历史地位和作用。美国学者库恩(Robert Lawrence Kuhn)在其专著中专列一章即第十一章"邓小平的南方之旅"①,结合陈开枝和陈锦华的回忆,②全方位叙述和评价了南方谈话产生的过程和意义,高度评价了邓小平在推动中国进一步改革开放、加速国内经济发展方面起到的决定性的作用。

国外研究论著中较有代表性的有英国中国问题专家基廷斯(John Gittings)所著的《中国变脸:从毛到市场》③,美国中国问题专家傅士卓(Joseph Fewsmith)的专著《天安门以来的中国:转型期的政治》④,美国库恩的著作《中国领袖在想什么:中国改革30年内幕》⑤,以及美国哈佛大学费正清东亚研究中心傅高义的著作《邓小平时代》⑥。这几本著作都以较多的笔墨对南方谈话的背景、内容及影响做了深入的研究。尤其是傅高义(Ezra Feivel Vogel)在其著作《邓小平时代》第22章,专门以"终曲:南方之行1992"为标题,对南方谈话产生的国内、国际背景,当时行走日程和谈话主要内容进行详细的整理和介绍,成为国外学术界对南方谈话研究最为全面和权威的著作。傅高义认为,邓小平于1989年退休后,"他和同事们找到了一条富民强国的道路……在邓小平领导下出现的这种结构性转变,确实可以称为自两千多年前汉帝国形成以来,中国最根本的变化"⑦。基辛格(Henry Alfred Kissinger)对南方谈话给予了高度评价,认为"邓小平南方视察几乎产生了神话般的意

① [美]罗伯特·劳伦斯·库恩:《中国30年:人类社会的一次伟大变迁》,吕鹏等译,上海人民出版社2008年版,第105—116页。

② 陈开枝,1992年年初,邓小平南方视察时,担任广东省委副秘书长。陈锦华,时任国家经济体制改革委员会主任,在江泽民要求下组织五个省改委主任对下一步的改革以及计划与市场的关系进行了探讨,形成的报告对以江泽民同志为主要代表的中国共产党人提出社会主义市场经济体制有重要促进作用。

③ John Gittings:Changing Face of China: From Mao to Market,Oxford University Press,2006,pp. 250—257.

④ Joseph Fewsmith:China Since Tiananmen: The Politics of Transition,Cambridge University,2001,pp. 44—74.

⑤ Robert Lawrence Kuhn:How China's Leaders Think: The Inside Story of China's Past,Current and Future Leaders. John Wiley & Sons,2009.

⑥ 参见[美]傅高义:《邓小平时代》,冯克利译,生活·读书·新知三联书店2013年版。

⑦ [美]傅高义:《邓小平时代》,冯克利译,生活·读书·新知三联书店2013年版,第641页。

义,他的讲话成了中国后来 20 年政治经济政策的蓝本"①。德国著名中国问题专家赛茨(Konrad Seitz)在其专著《中国——一个世界强国的复兴》中对邓小平做出了高度的评价,他认为每当改革遇到阻挠时,邓小平"都在紧要关头挺身而出,指明道路。当时如果没有邓小平的话,改革是进行不下去的"②。赛茨认为邓小平最关键的对改革的干预就是南方谈话,"不仅挽救了改革,而且推动了它的加速发展"③。

总体来看,几十年来,国外学者把南方谈话和邓小平放在一起研究,主要围绕产生背景、谈话的过程和内容、对后世的意义和影响等方面来研究和阐述。随着中国改革开放不断深入,取得越来越多的辉煌成就,研究者越来越深刻地感觉到南方谈话的历史价值和深远影响力,甚至今仍在发挥着理论的指导意义。当然,国外研究者毕竟带有一定的意识形态偏见和立场,对南方谈话的认识和评价也不一定客观,但给我们提供了他们研究中国共产党领导人的不同的视角,也促进了国际学术交流,拓宽了研究视野;同时,对我们正确地认识和评价中国特色社会主义理论和实践,正确认识中国的现代化建设的未来,还是有很大帮助的。国外研究者对南方谈话的研究,也给笔者研究南方谈话文本提供了另一种视角和借鉴。

三、简要评述

总体上讲,南方谈话是邓小平理论的集大成,是马克思主义中国化时代化发展史上一篇极为重要的理论文献。在理论界对邓小平及邓小平理论的研究中,很少有其他文献能比南方谈话更受重视和关注。在党的十四大报告、邓小平同志追悼会上、党的十五大报告中,在纪念邓小平同志 100 周年诞辰大会和 110 周年诞辰座谈会上的讲话中,都有对南方谈话的引述和评价,这在党的理论文献中是不多见的。习近平总书记在纪念邓小平 120 周年诞辰的讲话中,也把南方谈话中的核心

---

① [美]亨利·艾尔弗雷德·基辛格:《论中国》,中信出版社 2012 年版,第 433 页。
② [德]康拉德·赛茨:《中国——一个世界强国的复兴》,许文敏、李卡宁译,国际文化出版公司 2007 年版,第 156 页。
③ [德]康拉德·赛茨:《中国——一个世界强国的复兴》,许文敏、李卡宁译,国际文化出版公司 2007 年版,第 156 页。

观点做了总结。30 多年来,学界对南方谈话要点中的一项或多项进行分析和研究,联系国内外现实进行阐述,进一步丰富、深化了邓小平理论的研究。作为改革开放的第二次宣言书和中国特色社会主义理论体系的开篇,南方谈话中的许多观点至今仍在发挥着理论指导的光芒。据不完全统计,自 1992 年南方谈话发表以来,理论界针对南方谈话的研究文献有 3000 多篇,研究邓小平理论的著作更是多达百部。

但从整体上看,学术界对南方谈话文本的产生背景及从文本本身研究其整体性价值的文献不多见,对南方谈话产生的起因以及对整个时代的影响研究还不够深入。2004 年,尹广泰的专著《邓小平晚年思想研究》使用了较大的篇幅和笔墨对南方谈话中的社会主义现代化建设基本规律、社会主义发展动力、社会主义的本质、社会主义的制度建设、社会主义的前途命运等重要理论和思想进行了阐述。① 目前可查看的文献中,以南方谈话为篇名研究的著作有周锟的《“南方谈话”从何处来——追寻邓小平的思想轨迹》(2020),该专著视角新颖,以马克思主义唯物史观为指导,结合细致的历史考察资料,研究了南方谈话产生的相关历史细节和史实,探索了邓小平的思想发展历程以及南方谈话的历史影响。② 周进的著作《邓小平南方谈话与中国特色社会主义》(2023),运用较权威的历史史料,论述了邓小平南方谈话的背景、展开情况及其重要的历史作用,分析了这一重大历史事件的背景以及重大影响。③ 2022 年 1 月,刘金田的专著《邓小平在 1992》④出版,该著作以1992 年横断面的时间节点为主,依据大量一手文献资料,对邓小平当年的活动做了全景式的展现,展示了邓小平在时代发展的关键时刻展示出的一代伟人力挽狂澜的形象。

本书力求站在世界社会主义运动史和马克思主义中国化史的历史高度,重新回顾和研究邓小平南方谈话的文本意义,重新审视南方谈话发表的重要意义和时

① 参见尹广泰:《邓小平晚年思想研究》,四川人民出版社 2014 年版。
② 参见周锟:《“南方谈话”从何处来:追寻邓小平的思想轨迹》,四川人民出版社 2020 年版,第 6 页。
③ 参见周进:《邓小平南方谈话与中国特色社会主义》,北京人民出版社 2023 年版。
④ 参见刘金田:《邓小平在 1992》,江苏人民出版社 2022 年版。

代价值。本书采取文本学研究的方法,从哲学思辨的角度,对南方谈话产生的背景、文本形成过程和传播、南方谈话的哲学意蕴与时代价值等方面进行文本解读和当代审视,为学界进一步研究南方谈话提供一定的研究视角和学术资料。

第三节　研究方法与研究重点

南方谈话发表 30 多年来,一直得到理论界和研究者的重视和关注,研究成果非常之多。本书首先回顾 1992 年前后国际、国内形势,再深入分析邓小平南方谈话产生的历史必然性,通过认真梳理邓小平南方视察期间在各地谈话的国内外报道,结合《邓小平年谱》《邓小平思想年谱》以及《邓小平文选》等文献中关于南方谈话的历史记录,来分析南方谈话的新闻版本和正式文本之间的区别和联系,并进行文本比较研究,以求真实还原南方谈话文本产生的过程和传播的过程。本书从文本研究角度,对南方谈话文本蕴含的哲学意蕴进行深入分析和阐述。本书的主要研究方法如下。

一、逻辑和历史相统一的方法

"历史从哪里开始,思想进程也应当从哪里开始,而思想进程的进一步发展不过是历史过程在抽象的、理论上前后一贯的形式上的反映。"[①]理论逻辑与历史逻辑相统一,就是主观认识要结合历史事实进行辩证分析和判断,得出两者相统一的正确的结论。只有把研究的问题放在一定的史实中去考察,按照逻辑和历史相统一的辩证思维的原则和方法,才能对问题形成相对正确的认识,得出正确的结论。本书在对邓小平南方谈话文本进行历史梳理和考察时,既尊重历史发展的基本事实,又通过对前后时期文本的梳理总结,全景式地反映出邓小平南方谈话产生的历

---

① 《马克思恩格斯选集》第二卷,人民出版社 2012 年版,第 14 页。

史背景、产生过程和传播过程,从而更能清晰地了解和认识南方谈话的历史意义和时代价值。另外,从整体上对南方谈话文本体现的哲学意蕴和时代价值进行分析,也要遵循辩证逻辑的思路,以便从中更好地理解南方谈话产生的历史必然性。

二、文本研究法

文本研究法是对历史文献、文章等一手资料进行研究,找到依据并进行逻辑归纳。文本研究中必须坚持的方向,是在中国特色社会主义的具体实践中,科学地诠释马克思主义文本以解决中国特色社会主义的具体实践问题。本书围绕邓小平南方谈话文本,在重点研读《邓小平文选》(三卷本)、《邓小平年谱》(五卷本)、《邓小平文集》等相关历史文献以及党中央十一届三中全会以来的文献选编的基础上,了解南方谈话前后邓小平的思想认识过程,探究邓小平生平和思想发展轨迹,以求更好地把握南方谈话文本的理论观点、精神实质,更好地理解文本,阐释文本内容的哲学意蕴与时代价值。

三、比较分析法

本书研究采用的比较分析,重点是把邓小平南方谈话产生过程中新闻报道和正式文本进行对比,把邓小平讲的原话与正式文本对比,以期分析南方谈话产生的历史必然性以及文本的内在逻辑,探求文本显示的巨大张力和影响力,从而更深入地理解、把握和研究文本。在研究南方谈话的产生背景中,对中外背景,尤其是对中国形势和东欧剧变的形势的对比研究,为本书提供了必要的视角。

四、研究重点

从本书研究逻辑理路来看,回顾南方谈话文本产生的历史背景和生成逻辑是研究文本的基础,以此来分析文本内在逻辑关系是文本分析的重点。南方谈话是一篇充满哲学意蕴的文献,本书把文本中体现出来的一些重要范畴、命题和原理,结合现实进行分析,体现哲学原理指导现实实践的过程。南方谈话文本内在地体现着中国特色社会主义理论体系的四大理论基石的相关内容,对此,本书专列一章结合时代的发展加以阐述和论证。本书站在中国共产党百余年党史和世界社会主义运动史的高度,重点论述南方谈话的新时代价值,及其对新时代中国特色社会主义建设的指导意义。

第四节　南方谈话何以成为南方谈话?

历史地看,邓小平南方谈话作为表征邓小平理论核心部分的一篇文献,被历届中央领导人及理论研究者反复引用和研究。但在研究中,对邓小平的这次谈话,研究者的一些表述可谓多种多样,诸如"南方讲话""南巡谈话""南巡讲话"等,还有将邓小平去南方称为"南方视察""南巡之行""南巡"等不同的称谓。南方谈话已经发表30多年,是时候给邓小平这篇谈话一个清晰的简短表述和明确定位了。笔者认为,应该把邓小平的这篇讲话固定地称之为——南方谈话——而且不加双引号,它理应成为表征邓小平理论体系的一个重要的固定词条。主要理由有以下几点:

一、南方谈话已经成为邓小平的经典

经历了30多年的时空转换,邓小平的这篇讲话仍然发挥着理论指导意义,已经成为人们心中对1992年那个春天永久的记忆,谈及南方谈话,人们自然就想到了邓小平,想到了1992年。当然,邓小平晚年时期常常到南方过春节,也发表过一些谈话,比如重要的有1991年年初上海谈话,之前的1978年9月13日至20日被称为北方谈话的谈话,但总体上讲,1992年的谈话分量最重。南方谈话是标志着邓小平理论成熟的一个极其重要的谈话,是邓小平晚年的政治交代。邓小平本人在和弟弟邓垦的谈话中讲,把南方谈话作为"一个阶段性的成果",是"定了调"的[①]。

---

① 参见周锟:《"南方谈话"从何处来:追寻邓小平的思想轨迹》,四川人民出版社2020年版,第64页。转引自《党的文献》2014年增刊,第148页。

二、党的官方文献中的固定表述

在中央的历届文献中,邓小平的这篇讲话大都被表述为南方谈话,而且没有加双引号,这是权威的表述语言。尤其在后来的文献中,比如在纪念邓小平 100 周年、110 周年诞辰的时候,胡锦涛同志和习近平总书记的讲话中,都高度评价了南方谈话对中国特色社会主义理论的重要指导意义,引用的就是南方谈话(没有加双引号)中的相关语言表述。① 《马克思主义大辞典》把"邓小平南方谈话"作为一个专门的词条,不仅把邓小平 1992 年南方视察中的一系列谈话确定为南方谈话,而且在其词条解释中没有加双引号。② 2021 年版的《中国共产党简史》中,用的也是不加引号的南方谈话。③

三、南方谈话是《邓小平文选》的精华部分

纵观《邓小平文选》三卷本,全部 222 篇文献中,除极少量的题词、批语外,绝大部分是讲话和谈话,而谈话又占多数,因此,反映邓小平理论的著作主要是由邓小平在不同会议上的讲话和各种场合的谈话组成的。从文本字数来看,南方谈话是邓小平所有讲话文本中字数最多的,时间跨度也最长;从文本主要内容来看,南方谈话内容极为丰富,涵盖了邓小平理论的绝大部分。把南方谈话作为一个特定的称谓固定下来,也是符合实际的,是表征邓小平理论体系的一个主要文本展示

① 南方谈话作为一个固定词组,见诸中央权威的文件中。著者经过翻阅资料,略做如下统计:《江泽民文选》第一卷,人民出版社 2006 年版,第 634 页;《江泽民文选》第二卷,人民出版社 2006 年版,第 4、第 10、第 291 页;《胡锦涛文选》第一卷,人民出版社 2016 年版,第 313 页;《胡锦涛文选》第二卷,人民出版社 2016 年版,第 266 页;《习近平谈治国理政》第一卷,外文出版社 2018 年版,第 71 页;中共中央文献研究室编:《十三大以来重要文献选编》(下),人民出版社 1993 年版,第 2055 页;中共中央文献研究室编:《十四大以来重要文献选编》(下),中央文献出版社 2011 年版,第 134、第 361、第 370 页;中共中央文献研究室编:《十五大以来重要文献选编》(上),中央文献出版社 2011 年版,第 4、第 9、第 296 页;中共中央文献研究室编:《十五大以来重要文献选编》(中),中央文献出版社 2001 年版,第 385 页;中共中央文献研究室编:《十六大以来重要文献选编》(上),中央文献出版社 2011 年版,第 4、第 612 页;中共中央文献研究室编:《十六大以来重要文献选编》(中),中央文献出版社 2011 年版,第 613、第 1008 页;中共中央文献研究室编:《十六大以来重要文献选编》(下),中央文献出版社 2011 年版,第 907 页;中共中央文献研究室编:《十八大以来重要文献选编》(上),中央文献出版社 2014 年版,第 494 页;中共中央文献研究室编:《十八大以来重要文献选编》(中),中央文献出版社 2016 年版,第 40、第 44 页;中共中央文献研究室编:《十九大以来重要文献选编》(上),中央文献出版社 2019 年版,第 671 页。

② 参见徐光春主编:《马克思主义大辞典》,崇文书局 2017 年版,第 1347 页。

③ 参见本书编写组:《中国共产党简史》,人民出版社、中共党史出版社 2021 年版,第 278—282 页。

形式。

四、回应了社会上的一些不实言辞

把南方谈话作为一个表征邓小平理论体系的固定词语，也是回应了社会上一些别有用心的人认为邓小平没有理论、只有一些零散的讲话，故意歪曲、贬低邓小平的历史功绩的错误言论和肤浅的认识。邓小平在成为党的实际领导核心时已经74岁高龄，从文献中看出，谈话、讲话是邓小平理论的主要外在表达形式。88岁的耄耋老人，在发表南方谈话时，才思依然敏捷，思路非常清晰，逻辑非常严谨，观点犀利惊人，令世人敬佩，其中的理论精髓也是邓小平同志一生的思考和总结。南方谈话就是一篇体现邓小平理论核心思想、闪耀着马克思主义唯物辩证法的文献，在马克思主义中国化理论建设史上具有重要的历史地位。综上所述，把邓小平的这篇谈话文本简称为南方谈话，并且作为一个固定的特指，具有重要的历史意义。

第一章

南方谈话文本的历史背景和生成逻辑

英国著名外交家理查德·伊文思（Richard Evans）在《邓小平传》中发出提问：
"如果没有邓小平,中国将会怎样?"①伊文思自己做了回答。他认为,在当时的中
国社会,"无论在声望、经验还是在能力方面,没有任何人能与邓小平相比"②。也
正因为如此,邓小平发表南方谈话之后能够产生巨大的影响力和感染力,直接推动
了中国新一轮改革开放的兴起,1992 年被称为新的改革元年。30 多年过去,我们
再回首当时场景,回味这篇著名文本的时候,仍然不禁会问,南方谈话何以产生如
此大的影响力? 这就有必要再次回到历史场域本身,去探寻那个年代这篇谈话产
生的历史背景。

第一节　国际局势风云变幻

20 世纪 80 年代末 90 年代初,国际上一些东欧社会主义国家的社会制度发生
剧变,在戈尔巴乔夫的"改革新思维"的推动下,世界上第一个能够与美国进行抗
衡的社会主义国家——苏联解体,冷战结束。世界社会主义运动遭受严重挫折,被
迫走向低潮。社会主义向何处去,是每一个社会主义国家都在思考的问题。这种
结果给当时的中国高层以极大的震撼,如何避免苏东局势在中国的重演是高层极
为重视的焦点问题。

一、世界局势剧变,社会主义向何处去

东欧剧变后,苏联作为世界上曾经的社会主义超级大国不复存在,这给刚刚从
困境中走出不久的中国带来极大的震撼。同时,美国成为世界唯一超级大国,加紧
了对其他社会主义国家,特别是当时世界上人口最多、最大的社会主义国家——中
国的各种形式的颠覆和渗透,推行"和平演变"策略。一时间,社会主义"失败论"、

---

① ［英］理查德·伊文思:《邓小平传》,田山译,国际文化出版公司 2014 年版,第 409 页
② ［英］理查德·伊文思:《邓小平传》,田山译,国际文化出版公司 2014 年版,第 409 页。

马克思主义"过时论"甚嚣尘上。但在邓小平看来,东欧剧变的发生是迟早的事。在东欧剧变发生前后,邓小平就开始了对中国发展的思考:中国将向何处去？中国的改革开放还要不要继续进行？

1991 年 8 月 20 日,苏联"八一九"事件发生的第二天,邓小平在同江泽民等国家领导人的谈话中就旗帜鲜明地指出,国内局势稳定就是因为我们坚持了社会主义,坚持了改革开放。他指出,"改革开放是决定中国命运的一招",强调"这方面道理也要讲够"。① 在这次讲话中,他强调改革开放 10 多年中国经济实现的飞跃；强调总结经验的重要性和经济发展的台阶论；强调不能丢老祖宗,要弄清楚新的条件下什么叫社会主义,怎样建设社会主义；强调人才的重要性,等等。② 这些都是他长时间思考国内、国际局势,以及反思东欧剧变后对国家发展方面发表的重要论断,这些论断都在 1992 年年初的南方谈话中得到进一步的阐述和发展。1991 年 10 月 5 日,邓小平在与朝鲜劳动党中央总书记金日成谈话中,认为东欧剧变"从反面上教育了我们,坏事变成了好事",强调要"善于把坏事变成好事",善于及时总结经验教训,"永远丢不得"马克思主义这个祖宗。③ 这就从历史唯物主义的角度阐明了中国将继续沿着马克思主义的道路奋勇前进。

东欧剧变给中国带来的经验教训主要有:一是经济和政治改革不能同时进行,更不能用政治改革促进经济改革；二是政治改革绝不能走西方民主化道路,必须强化执政党自身建设,巩固党的领导地位,并不断提高党的执政能力。④ 东欧剧变带来的世界格局的大转折变化,某种程度上成为我们继续发展的重大历史机遇。其间,中美关系的缓和也为中国进一步改革开放、发展经济提供了有利的外部环境。

邓小平以非凡的世界眼光和宏观的辩证视野敏锐地看到了这个战略机遇。他在南方谈话中曾专门提到东欧剧变对中国的影响,认为"垮起来容易,建设就很

---

① 参见《邓小平文选》第三卷,人民出版社 1993 年版,第 368 页。
② 参见《邓小平文选》第三卷,人民出版社 1993 年版,第 368—369 页。
③ 参见中共中央文献研究室编:《邓小平年谱》第五卷,中央文献出版社 2020 年版,第 630 页。
④ 参见郑永年:《中国的当下与未来:读懂我们的现实处境与 30 年大趋势》,中信出版社 2019 年版,第 216 页。

难"①,"苏联、东欧的变化,说明我们只能走社会主义道路。中国不能倒。中国倒了就是一片灾难"②。这要求中国必须坚持四项基本原则,坚持走中国特色社会主义道路,不断发展经济,提高人民生活水平,建设强大的国家。在邓小平看来,中国的改革要把经济改革和政治改革区分开来,把工作的重点转移到经济改革和发展上来是中国改革发展的唯一出路。

二、世界资本主义国家对我国的经济封锁和"和平演变"

美苏争霸期间,资本主义国家从未停止过对社会主义国家的各种形式的封锁和"和平演变"。东欧剧变后,雅尔塔体系崩溃,美国虽以强大实力独霸天下,但世界格局在各国人民追求民主和发展的进步浪潮中朝着多极化方向发展。

改革开放政策不可避免地使一些西方资本主义的意识形态和生活方式传入中国,而这正是西方对中国实行"和平演变"的策略方式之一。1990 年,以美国为首的西方国家对中国政府进行大肆污蔑和恶意攻击,并进行一系列的多领域的所谓"制裁"③。欧洲共同体会议以及当时的西方七国同时宣布和中国中断高层往来,暂缓对中国的世界银行贷款工作。中国作为当时最大的社会主义国家,日益成为西方资本主义国家攻击和制裁的对象。

对此,以邓小平同志为主要代表的中国共产党人,对国际反华浪潮和美国的"和平演变"策略进行针锋相对的斗争。邓小平强调,西方国家的策略最终是使社会主义国家改旗易帜,"最终纳入国际垄断资本的统治",沦落为他们的"附庸国",而"只有社会主义才能救中国,只有社会主义才能发展中国",要采取积极有力措施加快国家发展。④ 在处理中美关系上,强调中国内政绝不允许任何人干涉,中国

---

① 《邓小平文选》第三卷,人民出版社 1993 年版,第 379 页。
② 吴松营:《邓小平南方谈话真情实录——记录人的记述》,人民出版社 2012 年版,第 63 页。
③ 美国的制裁手段包括:暂停政府对政府的一切武器销售和商业性武器出口;暂停美中军事领导人之间的互访;对中国留学生延长逗留时间的要求给予同情的考虑;暂停同中国一切高级政府官员的互访;美国将力求推迟考虑国际金融机构向中国提供新的贷款。参见刘金田:《邓小平在 1992》,江苏人民出版社 2022 年版,第 17—18 页。
④ 参见中共中央文献研究室编:《邓小平年谱》第五卷,中央文献出版社 2020 年版,第 579 页。

捍卫国家独立和主权尊严的决心坚定不移。① 在反思东欧剧变、是否要坚持社会主义的问题上，邓小平旗帜鲜明地指出，东欧剧变不可避免，中国必须趁机发展自己，坚持独立自主、改革开放，走中国特色社会主义道路，保持国家稳定，才能有实力扛稳世界社会主义大旗，对此，还提出了著名的应对国际局势的"20字方针"②。

在西方资本主义国家对我国的各种"制裁"中，中国共产党和中国政府在邓小平同志的坚强领导下，进行了一系列坚决的斗争，逐渐扭转了局面，赢得了主动，为改革开放的中国赢得了良好的国际和国内政治环境和经济发展环境。首先，在外交方面，开展积极、稳妥的外交政策，同周边国家发展睦邻友好关系，加强同发展中国家的合作与交流。中国先后同印度尼西亚、越南实现邦交关系正常化，改善中印关系，同韩国、沙特阿拉伯、以色列、新加坡建立正常外交关系。苏联解体后，中国同俄罗斯联邦及新独立的国家先后建立或者发展了正常关系。在应对西方国家方面，积极主动、有所作为，继日本1990年取消对华"制裁"后，一些西方国家也先后与中国恢复了正常关系。美国在邓小平强硬的独立自主的外交政策下，也不得不与中国改善了外交关系。

其次，在国内方面，1990年4月，在邓小平倡议下，国务院经过专题调查研究，做出开发、开放上海浦东的战略决策。中国深化改革、扩大开放，充分发挥上海这张"王牌"的领头羊作用，以期带动长江三角洲及全国的发展，打破西方国家对我国的"制裁"，对稳定国内外局势产生"极重要的影响"③。而同年2月，香港基本法的通过，则是落实邓小平"一国两制"的实践，对于中国处理现代化建设中的历史

---

① 参见中共中央文献研究室编：《邓小平年谱》第五卷，中央文献出版社2020年版，第582页。
② 这"20字方针"不是同一时间提出的，而是邓小平在不同场合谈话中提出来的对于国际局势的思考，并被后人总结出来的，即"冷静观察、稳住阵脚、沉着应付、韬光养晦、有所作为"。1989年9月4日，邓小平在驻地同江泽民、李鹏等中央领导人的谈话中提出应对国际局势的三句话——"冷静观察、稳住阵脚、沉着应付"；1990年12月24日，邓小平在同江泽民、杨尚昆、李鹏的谈话中指出，中国永远不称霸，但在国际上还是要"有所作为"；1992年4月28日，邓小平在同身边人谈中国发展问题时，指出我们再"韬光养晦"地干些年，才能真正形成一个较大的政治力量。以上表述参见中共中央文献研究室编：《邓小平年谱》第五卷，中央文献出版社2020年版，第586、第621、第644页。
③ 中共中央文献研究室编：《邓小平年谱》第五卷，中央文献出版社2020年版，第606页。

遗留问题,促进国内、国际安全稳定具有重要的"历史意义和国际意义"①。但总体上讲,国家发展的国内外环境还是有局限的,改革开放还受到来自方方面面的压力,发展的速度还是不快。

三、多极化格局中的和平与发展问题

20 世纪 90 年代,东欧剧变后,美苏争霸式微,美国成为世界头号强国,世界民族独立解放运动兴起,人民对社会稳定及发展的呼声越来越高。科技革命的发展,促进了社会的快速发展和物质财富的增加,世界多极化趋势开始显现。邓小平对世界大势的判断是,争取较长时期的和平是可能的。

判断一个变革时代,必须"从物质生活的矛盾中,从社会生产力和生产关系之间的现存冲突中去解释"②。时代性质"是一个时代区别于另一个时代的本质属性,它是由生产力和生产关系、经济基础和上层建筑这一社会基本矛盾决定的"③。马克思、恩格斯强调"手推磨产生的是封建主的社会,蒸汽磨产生的是工业资本家的社会"④,通过阶级关系来划分历史时代和社会发展阶段。列宁进一步认为,"考虑到各个'时代'的不同的基本特征(而不是个别国家的个别历史事件),我们才能够正确地制定自己的策略;只有了解了某一时代的基本特征,才能在这一基础上去考虑这个国家或那个国家的更具体的特点"⑤。

生存和发展是人类社会任何时代都必须面对的问题。时代特征折射时代主题,由这个时代的具体矛盾决定。东欧剧变、苏联解体之后,世界上只剩下美国独霸的局面,加上第二次世界大战以后科技革命的迅猛发展,人们追求和平、安定、美好生活的愿望日益强烈,和平与发展就成了时代的中心问题。邓小平审时度势,敏锐地触摸到了时代的脉搏,做出了正确的认识和判断。1988 年 12 月,邓小平在会见印度时任总理拉吉夫·甘地时指出:"当前世界上主要有两个问题,一个是和平

① 中共中央文献研究室编:《邓小平年谱》第五卷,中央文献出版社 2020 年版,第 606 页。
② 《马克思恩格斯选集》第二卷,人民出版社 2012 年版,第 3 页。
③ 王立胜:《新时代中国特色社会主义思想研究》,济南出版社 2019 年版,第 31 页。
④ 《马克思恩格斯选集》第一卷,人民出版社 2012 年版,第 222 页。
⑤ 《列宁全集》第二十六卷,人民出版社 1988 年版,第 143 页。

问题,一个是发展问题。和平是有希望的,发展问题还没有得到解决。"①早在 1960 年 6 月,邓小平在会见拉丁美洲客人时,讲到了对形势的判断,认为"一切问题的关键在对时代的分析,这个问题在国际共产主义运动中有不同的解释,发生了列宁关于帝国主义是资本主义的最高阶段这个论断合不合用的问题。我们的观点概括地说,列宁的论断并没有过时,帝国主义的特征没有改变"②。

通过对历史上革命与战争时代主题的深刻反思,邓小平洞察了苏联解体、美国独霸后国际格局的演变趋势——世界正逐步向多极化方向演进。同时,他敏锐地认识到科技革命的蓬勃兴起,为世界各国带来了前所未有的发展机遇。基于此双重背景,邓小平做出了关于时代主题的重大战略判断:和平与发展已成为当今世界的主题。对当时的世界来说,这是一种具有划时代意义的理论创新,是对世界各种矛盾的普遍性和规律性的深刻认识,是党制定新时期基本路线和国家外交政策的重要支撑,对当时进一步推进改革开放具有重要的指导作用。

第二节　国内改革开放进入关键阶段

相对于国际背景来说,国内的政治经济形势是邓小平着重思考和研判的。改革开放 10 多年,国内的经济发展到了一个十字路口,经济发展因受到国际政治经济的影响而发展缓慢,思想理论界围绕改革性质进行了激烈的交锋,而邓小平 1991 年的上海谈话也为 1992 年的南方视察做了铺垫。总体上讲,国内改革开放和社会发展进入一个非常关键的阶段。

一、国内经济发展速度放缓

自 1978 年党的十一届三中全会召开,国家实行改革开放的伟大抉择,至 1992

---

① 《邓小平文选》第三卷,人民出版社 1993 年版,第 281 页。
② 中共中央文献研究室编:《邓小平年谱》第三卷,中央文献出版社 2020 年版,第 228 页。

年前夕,国家经济发展在保持了 10 多年的高速发展之后,进入一个缓慢发展的时期。改革开放头 10 年,中国大地上被束缚的生产力因改革而得到解放,人们在追求个人利益和国家利益的平衡中展现了无比的热情,投身到经济发展的大潮中,GDP(国内生产总值)以年均接近两位数的速度在增长。1988 年之后,因为价格闯关失败和国内政治风波,GDP 增速陡然降低,1989 年降为 4%左右,1990 年更是降至 3.8%(见图 1.1)。

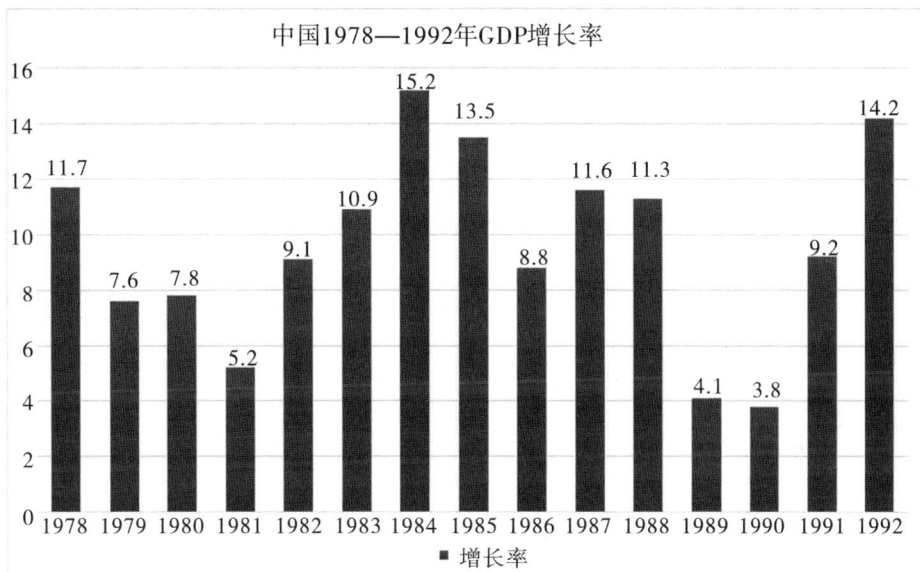

图 1.1　1978—1992 年中国 GDP 增长率(根据历年统计年鉴数据制作)

从图 1.1 中可以看出,20 世纪 80 年代末到 90 年代初,中国的经济发展遭遇瓶颈期,改革走到重要关口。10 余年的经济领域的改革释放了巨大的发展能量,促进了经济的飞速发展。但到了 20 世纪 80 年代末,改革遭遇难关,物价市场化改革推进受阻,国有企业改革受到来自上层建筑方面的影响,企业发展困难重重,新的改革势必会"触动产权及原有的利益格局,触及传统社会主义观念的核心"[1]。在新旧体制的并轨转换中,新旧利益也日益产生冲突和摩擦,经济在双重体制下运行,不健康的因素增多,通货膨胀明显,腐败现象增多,直接导致了中央不得不进行

①　萧冬连:《筚路维艰:中国社会主义路径的五次选择》,社会科学文献出版社 2014 年版,第 201 页。

为期 3 年的"治理整顿"。

3 年治理整顿经历了两个阶段。第一个阶段是 1988 年至 1989 年第三季度,通过经济结构调整、流通领域整顿、压低物价上涨率等手段来推进经济适度发展。第二阶段是 1989 年第四季度至 1991 年 9 月,重点致力于经济产业结构调整,增加市场有效供给,促进经济效益提高。①

但总体上来说,治理整顿并没有给中国改革一个明晰的发展思路和方向,国内、国际局势的急剧变化反而让改革处于一种方向不明、劲头不足、机制不健全的尴尬境地。改革开放政策在实践上和理论上都需要进一步去分析、研究和制定切实目标。改革的系统性、整体性缺失,"进两步退一步"的做法也使得改革出现"政治经济周期性现象"②。

二、思想理论界"左"和右的影响

20 世纪 80 年代末、90 年代初,改革开放在理论上遭遇诸多现实问题困扰,中国的对外开放实践与经济体制改革面临着国内外多方面的困扰。国际形势的变化之快,让所有人都始料不及。时任中共中央总书记江泽民认为,国际形势变化迅速,国内领导层思想认识和准备不够充分。1987 年中共十三大提出的改革目标是"国家调节市场,市场引导企业",但到了 1989 年以后,这个提法在国内外形势压迫下受到各方面质疑,党的十三届五中全会又回归到以前"计划经济与市场调节"的提法③,从而凸显出中央领导层在是否明确改革的市场取向上还未决断。而邓小平在冷静观察中思考,并在不同场合不止一次地说过对社会主义、马克思主义的认识还不完全清楚的话④。

在国内舆论界,不少学者认为,防止东欧剧变在中国重演、反对和平演变应该成为政治主题,改革恰恰是理论界争论的焦点。从当时的理论界发表的批判文章看,在总结政治风波经验教训和反思当时改革、防止"和平演变"的过程中,产生了

---

① 参见本书编写组:《中国共产党简史》,人民出版社、中共党史出版社 2021 年版,第 258—278 页。
② [美]巴里·诺顿:《中国经济:转型与增长》,安佳译,上海人民出版社 2016 年版,第 85 页。
③ 参见中共中央文献研究室编:《十三大以来重要文献选编》(中),中央文献出版社 1991 年版,第 832 页。
④ 参见《邓小平文选》第三卷,人民出版社 1993 年版,第 63 页。

改革要问个姓"资"姓"社"的争论。有的文章错误地理解改革开放的一些政策方针，"认为是资本主义的改革"，还有一些文章把改革产生的问题也归结为改革是实行资本主义的改革。① 在一些经济学家的记忆中，1990 年，是是否坚持市场化改革论争最为激烈的一年。1990 年 7 月，中央政治局组织一些经济学家座谈，薛暮桥等 10 多位经济学家对坚持"计划"还是坚持"市场"争得不可开交，反对市场化改革的保守派为多数派，坚持市场化改革的激进派为少数派。1990 年 12 月，某报刊发表文章把 20 世纪 80 年代末以来的国内经济困难和政治风波的原因归结为市场化改革。薛暮桥坚持为市场化改革辩护，他在 9 月份给中央政治局常委写了一封信，认为东欧剧变不能仅仅归因于资本主义国家的"和平演变"，其国内未做彻底改革，导致物价不稳定、人心不稳也是重要原因。1984 年以后，国内改革的缓慢和滞后是造成经济困难的重要原因，他提出要"认清形势，当机立断"，抓住时机进行综合改革。②

复杂的国际、国内形势，影响着党内高层对十几年来改革开放的基本判断，对今后要不要改革、怎样进行改革、进一步改革的出路在哪等，思想上产生了犹豫和徘徊。20 世纪 80 年代末、90 年代初的中国，改革开放处在一个决定方向的十字路口，历史在蹒跚地向前走。理论之争终归要到实践中去检验，改革中出现的问题还要用改革开放的具体实践来做出符合实际的回答。同时期，亚洲"四小龙"的快速发展与中国经济的发展形成强烈的对比。在这样的情形下，邓小平就是要在他亲手开辟的"试验田"里去寻找正确的答案。

三、上海谈话是南方谈话的先声

邓小平与上海是有着不解之缘的。邓小平早在 16 岁投身革命时，就是在上海踏上了去法国寻求革命救国真理的道路。直至 1994 年 2 月，在 70 多年的为中国革命和建设奋斗的生涯中，邓小平"曾数十次到过上海"③。上海，作为现代化起步

---

① 参见赵智奎主编：《改革开放 30 年思想史》（上卷），人民出版社 2008 年版，第 399—400 页。
② 参见薛暮桥：《薛暮桥晚年文稿》，生活·读书·新知三联书店 1999 年版，第 114—124 页。
③ 中央新闻纪录电影制片厂编著：《小平您好》，中华书局 2009 年版，第 90 页。

较早的国际都市,也成为邓小平践行改革开放考虑最多的地方。

邓小平到上海过年,是他老人家晚年的一个惯例做法。从1988年到1994年,邓小平连续7年在上海过春节。一般情况下过春节,邓小平都非常低调,在上海西郊宾馆很少出去。但从邓小平晚年活动的轨迹看,1991年(1月28日至2月18日)和1992年(1月18日至2月21日)的上海之行无疑是邓小平晚年最重要的两次南方视察。有人认为邓小平有两次南方谈话,1991年的上海谈话是第一次南方谈话,也是1992年南方谈话的前奏和序曲①,是先声②。在这里,有必要回顾和论述1991年邓小平在上海讲话的过程和影响。

1989年11月9日,中共十三届五中全会接受了邓小平退休的请求。邓小平退休后,仍以高度的历史责任感不断对中国改革发展和世界局势进行深入思考和总结,并不时发表重要的谈话和讲话。1990年年初,邓小平在同上海负责人的谈话中要求领导班子就上海发展问题进行战略思考。随后的3月,邓小平在给几位中央领导人讲话时强调指出,上海是中国发展的一张王牌,必须抓住时机、加快发展,③并向中央建议,提出开发开放浦东。1990年4月18日,国务院决定开发开放浦东。在邓小平看来,上海浦东的发展绝不是上海本地的发展,而是带动整个长三角地区的发展。上海浦东是改革开放的又一重要的前沿阵地,是向世界表明中国改革开放态度的又一重要宣示,具有战略意义。

为什么1991年邓小平在上海过年时,一改过去深居简出的习惯,频频外出视察并对当时的改革发展形势发表一系列的谈话?这是因为,东欧剧变的深刻教训和国内政治风波的影响,加上当时国际上科技迅猛发展,综合国力竞争日趋激烈,使得邓小平不得不思考中国的改革发展速度和发展路径问题。中国改革发展必须找到更多、更好的突破口和发展平台,而上海具备了这一条件。国内经济形势发展缓慢,对改革的力度、改革的方向都有不同的声音,甚至还有不少人质疑改革的社

① 参见胡德平:《邓小平南方谈话的历史价值与当代意义》,《经济观察报》2014年8月25日,第16版。
② 参见黄宏主编:《硬道理:南方谈话回眸》,山东人民出版社2002年版,第127页。
③ 参见《邓小平文选》第三卷,人民出版社1993年版,第355页。

会主义性质。

　　1991年年初,邓小平在上海期间发表了一系列重要讲话,被整理后收录到《邓小平文选》第三卷和《邓小平年谱》第五卷里。① 这里我们不去探究具体的文本细节,而是要回顾邓小平在上海春节期间发表讲话前后,新闻媒体以及国内群众的反应,以此来说明当时人们的心态和对改革的不同态度。

　　1991年春节临近,邓小平在上海的讲话通过一定渠道传递到周瑞金那里,他本着对政治的职业敏感,邀请施芝鸿、凌河一起以"皇甫平"的笔名在《解放日报》连续发表4篇文章,对邓小平的重要讲话精神进行了深度解读,从而引发了一场激烈的思想交锋。② 这4篇文章是他们三人小组精心组织策划的,每一篇都有重点。第一篇《做改革开放的"带头羊"》(2月15日),旗帜鲜明地讲清楚改革开放是国家富强、人民幸福的唯一出路。第二篇《改革开放要有新思路》(3月2日),回应了邓小平在上海讲话中关于计划和市场的重要论述,重点强调改革的新思路在于发展社会主义市场经济。第三篇《扩大开放的意识要更强些》(3月22日),重点阐述改革开放要进一步解放思想,打破旧的思维框框,敢闯敢试,不能囿于旧式思维逻辑而错失发展良机。第四篇《改革开放需要大批德才兼备的干部》(4月12日),既是落实江泽民在党的十三届七中全会上关于干部问题的重要讲话精神,也透露出邓小平上海讲话中关于组织人事的思考和安排,为推动改革开放做组织上的保障。皇甫平的4篇文章每篇聚焦一个主题,篇篇相互呼应,重点突出了邓小平上海讲话的最新精神和时任上海市委书记兼市长朱镕基的讲话要点,旗帜鲜明地形成呼吁、支持改革的舆论导向,在当时的舆论界掀起了一股清凉的改革风气。

---

　　① 参见《邓小平文选》第三卷,人民出版社1993年版;中共中央文献研究室编:《邓小平年谱》第五卷,中央文献出版社2020年版。
　　② 参见周瑞金:《上海皇甫平文章发表前后——癸未羊年答〈新民周刊〉记者问》,《炎黄春秋》2003年第9期,第15—21页。

第三节 南方谈话的生成逻辑

南方谈话是必然产生的吗？当我们分析国际、国内背景,分析国内理论界和思想界的种种变化和分歧时,必然会提出这个问题。一次看似普通的南方过年,为什么就产生了如此大的国际、国内影响,并且谈话内容被认为是邓小平理论的精华部分？对此,本书从以下三个方面进行分析。

一、"解放思想、实事求是"是南方谈话产生的思想路线

实事求是作为党的思想路线,是毛泽东提出并赋予其完整定义的,是对中国化马克思主义的一大贡献。从现有出版的毛泽东著作来看,1938 年 10 月 14 日,毛泽东在政治报告《论新阶段》中首次提出"实事求是",强调"共产党员应是实事求是的模范……因为只有实事求是,才能完成确定的任务"①。1941 年 5 月 19 日,毛泽东在《改造我们的学习》中完整地阐释了"实事求是"的含义,②成为马克思主义中国化语言的经典表达。

邓小平继承和发扬了毛泽东的实事求是思想。实事求是,是邓小平为革命、为党和人民做出不朽贡献的重要法宝,是贯穿他 70 多年革命生涯的一条红线,是他在政治上"三落三起"能够始终如一的内在品质。因为坚持实事求是,他"显示出一个彻底唯物主义者无私无畏的本色、愈挫愈奋的革命气概"③;又是因为坚持实事求是,他更加受到党和人民的拥护和爱戴。他在坚持真理过程中创造了辉煌业绩,形成了伟大思想,永远值得后人敬仰。而南方谈话是邓小平审时度势、实事求是地积极融入世界多极化、经济全球化的再次宣言,也是通过快速发展生产力,带

---

① 《毛泽东选集》第二卷,人民出版社 1991 年版,第 522 页。
② "实事"就是客观存在着的一切事物,"是"就是客观事物的内部联系,即规律性,"求"就是我们去研究。参见《毛泽东选集》第三卷,人民出版社 1991 年版,第 801 页。
③ 中共中央文献研究室编:《回忆邓小平》(上),中央文献出版社 1998 年版,第 116 页。

领人民逐步达到共同富裕、实现现代化的再次思想动员。

历史地看，邓小平同志是坚持毛泽东思想的伟人，"相信毛主席讲的实事求是"①。关于实事求是，他提出了许多重要论断，如实事求是"做老实人，说老实话，干老实事"②；实事求是是"毛泽东哲学思想的精髓"③，是"无产阶级世界观的基础"④，是"毛泽东思想的出发点、根本点"⑤，是"毛泽东思想的基本点"⑥；实事求是"是无产阶级世界观的基础，是马克思主义的思想基础。过去我们搞革命所取得的一切胜利，是靠实事求是；现在我们要实现四个现代化，同样要靠实事求是"⑦；实事求是是"使思想和实际相符合，使主观和客观相符合"⑧，是"坚持马克思主义，坚持把马克思主义同中国实际相结合"⑨，是"遵循马克思主义的辩证唯物主义和历史唯物主义"⑩，是"马克思主义的精髓"⑪，等等。

改革开放初期，党内外思想固化、僵化严重，各种迷信盛行，党和国家工作重心转移受阻重重，难以真正做到实事求是。邓小平指出，既要"不忘祖宗"，又要讲出新话，不能只遵循本本上的东西，思想保守、固化，那样党和国家的"生机就停止了，就要亡党亡国"⑫。因此，他强调解放思想是"重大政治问题"⑬，只有解放思想，才能更准确地理解马克思主义、毛泽东思想。他提出正确运用马克思主义基本原理来研判新形势，找出并解决新问题。在1992年发表南方谈话之前的两年，国际形势风云变幻，国内关于姓"社"姓"资"的论争纠缠阻碍着改革开放前进的脚步，浪费了极好的发展时间。针对这种状况，在南方视察过程中，邓小平不止一次强调改

① 《邓小平文选》第三卷，人民出版社1993年版，第382页。
② 《邓小平文选》第二卷，人民出版社1994年版，第45页。
③ 《邓小平文选》第二卷，人民出版社1994年版，第67页。
④ 《邓小平文选》第二卷，人民出版社1994年版，第143页。
⑤ 《邓小平文选》第二卷，人民出版社1994年版，第114页。
⑥ 《邓小平文选》第二卷，人民出版社1994年版，第126页。
⑦ 《邓小平文选》第二卷，人民出版社1994年版，第143页。
⑧ 《邓小平文选》第二卷，人民出版社1994年版，第364页。
⑨ 《邓小平文选》第三卷，人民出版社1993年版，第62页。
⑩ 《邓小平文选》第三卷，人民出版社1993年版，第118页。
⑪ 《邓小平文选》第三卷，人民出版社1993年版，第382页。
⑫ 《邓小平文选》第二卷，人民出版社1994年版，第143页。
⑬ 《邓小平文选》第二卷，人民出版社1994年版，第141页。

革的胆子要大、步子要快,要解放思想、敢闯敢试;敢于冒险但不是无谓的冒险,而是摸着石头过河的大胆闯,闯出"一条新路"①,否则就是错失良机,不进则退,与发达国家差距会越来越大。

邓小平在南方谈话中强调解放思想、实事求是是贯穿整个文本的指导思想,再次强调其作为新时期党的思想路线,必须坚定不移坚持下去。南方谈话惊醒了中华大地,全体中国人民在 1992 年的春天掀起了新一轮改革开放的高潮,人民在解放思想、实事求是的思想武器的指引下,汇聚成强大的力量,快速提高了社会生产力,改善了人民生活水平,大大加快了社会前进的步伐。

二、"建设有中国特色的社会主义"是贯穿文本的逻辑主线

1978 年 12 月,党的十一届三中全会吹响了中华大地改革开放的号角。从 1978 年到 1991 年,改革开放已经进行了 13 年。13 年里,中国人民"走自己的路",在"建设有中国特色的社会主义"②的道路上,整个社会发生了翻天覆地的变化。

改革自农村开始,逐渐扩展到城市以及其他方面,自下而上和自上而下相结合,社会生产力取得了快速发展。但也出现了一些问题,比如由于市场法律机制不健全,投机倒把、"官倒"现象增多,社会对个别官员腐败不满;经济发展过热,通货膨胀出现;资产阶级自由化思潮进入中国并在一些领域蔓延;世界社会主义运动在西方铁幕高压和苏联大国沙文主义侵犯下发生东欧剧变,给中国国内政治经济局势带来剧烈影响,等等。国内学界和部分官员质疑改革、否定改革的声音出现,导致改革处于徘徊甚至停滞状态。但同时,经过 10 多年的改革开放,广大人民群众的物质生活和精神生活得到了很大改善和提高,他们大多数人对开放发展持拥护和支持的态度;改革开放取得的成就,也为进一步发展打下良好的物质基础。关键是,改革开放带来的经济上的腐败和政治上资产阶级自由化思想如何消除,改革开放的进一步发展方向该向何处去,这是迫切需要解决的问题。改革的实践迫切需要理论上予以突破性的认识和创新,从而指导正确的行动。

---

① 《邓小平文选》第三卷,人民出版社 1993 年版,第 372 页。
② 《邓小平文选》第三卷,人民出版社 1993 年版,第 3 页。

国际上,世界社会主义运动因东欧剧变、苏联解体而陷入低潮。随着苏联的解体,世界两霸竞争态势逐渐向多极化方向发展。东欧剧变使得西方国家加紧了对中国等其他社会主义国家实施渗透和经济封锁。此时的中国迫切需要在政治上稳定,在经济上快速发展,只有"创造出比资本主义更高的劳动生产率"①,才能摆脱世界资本主义的封锁和围堵。邓小平在冷静观察 1991 年国内理论界姓"资"姓"社"论争之后,强调必须坚持解放思想、实事求是的思想路线,坚持改革开放,快速发展生产力,使人们生活尽快富裕起来,凸显社会主义制度的优越性。

南方谈话文本中,通篇讲如何改革开放,加快经济发展,促进生产力发展,使社会物质财富和精神财富得到很大提高。1991 年 11 月,党的十三届八中全会充分肯定了农村家庭联产承包责任制,是南方谈话的重要现实基础。1989 年 8 月,党中央就加强党的建设做出安排,深刻总结政治风波的教训,进行了党内清查和清理,加强领导干部建设和思想教育整顿等一系列工作。经过党内治理,加强了党在组织建设、思想建设、党员教育方面的领导,增强了党的纯洁性,为进一步开展治理整顿、深化改革奠定了重要思想基础和组织基础。

从南方谈话文本来看,六个部分,几乎每个部分都提到要改革、要开放、要加快经济发展。文本第一部分强调把"革命"和"改革"作为解放生产力的必要手段,改革开放给社会主义中国带来了凤凰涅槃般的巨大发展变化,基本路线"动摇不得"②,一百年不变。第二部分强调改革开放的评价标准,改革的性质和社会主义本质,做出"计划和市场都是经济手段"③的重要论断,实现经济快速发展,实现现代化,促进共同富裕。第三部分强调经济发展台阶论,科技和教育对经济发展只有带动和促进作用,必须大力发展科学技术、发展教育事业。第四部分强调改革发展要注重物质文明和精神文明同步发展,两者都要抓,要用法制、用人民民主专政的力量,在改革开放的整个过程中都要反对资产阶级自由化,实质是强调改革开放的

---

① 《邓小平文选》第二卷,人民出版社 1994 年版,第 88 页。
② 《邓小平文选》第三卷,人民出版社 1993 年版,第 371 页。
③ 《邓小平文选》第三卷,人民出版社 1993 年版,第 373 页。

保障问题。第五部分强调改革开放要引领中国特色社会主义朝着正确发展的道路前进;要有坚定改革意识、能够担当推进改革开放大任的领导人来推动社会经济发展,强调改革开放、经济发展的动力源和指导思想问题。第六部分以历史唯物主义的视角强调中国特色社会主义事业前途是光明的,但不是一蹴而就、轻轻松松就能实现的,需要几代人坚持不懈的努力。文本前后贯通一个逻辑主线,就是围绕建设有中国特色的社会主义,强调改革开放,推动经济社会发展,提高社会生产力,体现优于资本主义的社会主义制度优越性,才能赢得历史主动,赢得人民支持,在全球高高举起社会主义伟大旗帜。

三、邓小平的个人特质是南方谈话产生的必要条件

邓小平同志身上有着异乎常人的个人特质,是让世人理解并认可其是改革开放的总设计师的一大因素。他有着"透过历史看未来的思维方式"[1],是中国特色社会主义道路的开创者和奠基者。在邓小平同志 88 岁高龄南方视察时,这种特质和秉性更能在其急切的谈话中表露出来。也正因为这些秉性和特质,才使得南方谈话成为邓小平一生最辉煌的标志性谈话,也使得南方谈话成为邓小平个人独有的历史贡献。

(一)坚守初心使命

纵观邓小平的一生,是伴随着中国共产党由小变大、由弱变强,国家从无到有、由站起来到富起来的伟大的一生。邓小平 16 岁远渡重洋,去法国勤工俭学,受五四运动影响,想学本事回来后实业救国。但在法国梦想被现实碾压粉碎,他饱受失学、失业和饥饿的痛苦,不断地变换工作、打零工,看到了资本主义世界里工人阶级经济上受剥削、政治上受压迫的状况,磨炼了坚韧不拔、乐观豁达的意志。在周恩来、王若飞、李维汉等中共早期领导人的带领下,邓小平思想上开始接受马克思主义,1923 年 6 月在巴黎加入了旅欧中国共产主义青年团,1924 年 7 月因当选旅欧共青团支委会领导成员而自动转为中国共产党党员,彼时还不满 20 岁。自此之

---

① 杨耕:《东方的崛起——关于中国式现代化的哲学反思》,北京师范大学出版社 2009 年版,第 246 页。

后,他把自身"交给我们的党,交给本阶级"①,为党和国家奉献了毕生的精力。

在江西工作期间,因"罗明路线"而受到排挤,家庭也因此破碎,面对人生中的"第一落",他坚韧不拔,继续工作,随后被任命为中央秘书长实现个人"第一起"。长期的革命生涯,锻造了他乐观豁达的性格,他在革命迷茫时期坚定"跟着走"②,在毛泽东正确领导下,刘邓大军挺进中原,让敌人闻风丧胆。"文化大革命"期间他被下放江西,在那里看书、劳作,走出了"邓小平小道",思考国家命运和未来,人生的"第二落"给了他更多思考中国发展的机会。1973 年 3 月,在周恩来的帮助下,毛泽东批准其返回工作岗位,以国务院副总理身份再次为党和国家工作,实现人生"第二起"。1975 年 4 月,因"四人帮"陷害再次被打倒,人生的"第三落"让邓小平差点失去党籍。1976 年 10 月,"四人帮"被党中央果断粉碎,邓小平迎来政治命运转机。1977 年 7 月,在党的十届三中全会上,历经世界上少有的政治家经历的磨难后,邓小平终于开始了人生中最辉煌的"第三起"的历史时期。73 岁的邓小平,面对拨乱反正、百废待兴的中国,矢志不渝,初心不改,在"做官"与"做工作"的选择中为全体党员树立了"履行党员的责任,听从党的安排"③的榜样,他认为,"为社会主义奋斗是值得的"④,展现了一位坚定的马克思主义者、一位"深情地爱着我的祖国和人民"⑤的伟大形象。少年时远渡重洋学习技术的实业救国;青年时在血雨腥风的革命战争中视死如归;中年时经历十年内乱时期的沉着冷静、坚毅等待;晚年时执掌国家命运的拨乱反正、正视历史,昭示出邓小平深厚的爱国之情,展现其坚定的马克思主义信仰者形象。也正因为如此,邓小平才会在南方谈话中发出"对我们的国家要爱,要让我们的国家发达起来""马克思主义是科学"⑥的坚定号召。

---

① 邓榕、邓林:《我的父亲邓小平(图文版)》(上),中央文献出版社 2013 年版,第 64 页。
② 邓榕、邓林:《我的父亲邓小平(图文版)》(上),中央文献出版社 2013 年版,第 149 页。
③ 中共中央文献研究室编:《邓小平年谱》第四卷,中央文献出版社 2020 年版,第 162 页。
④ 中共中央文献研究室编:《邓小平年谱》第五卷,中央文献出版社 2020 年版,第 646 页。
⑤ 中共中央文献研究室邓小平研究组编著:《邓小平自述》,国际文化出版公司 2009 年版,第 235 页。
⑥ 《邓小平文选》第三卷,人民出版社 1993 年版,第 378、382 页。

(二)勇于自我担当

邓小平的一生是为了国家和人民利益鞠躬尽瘁的一生,是在国家和人民需要时能勇于担当的一生。勇于自我担当是邓小平一生最鲜亮的政治品格。他是"一位思维敏捷的世界伟人,具有敏锐的眼力和非凡的智慧,是一位意志坚定的人,荣辱沉浮都不能动摇他的政治信念和民族责任心"①。

勇于自我担当,来自邓小平对马克思主义的坚定信仰。邓小平年轻时就接触《共产党宣言》和《共产主义 ABC》,并且善于活学活用,坚持和发扬了毛泽东提出的实事求是,把马克思主义基本原理同中国具体实际相结合,重新确立"解放思想、实事求是的思想路线"②,把党和国家的发展方向扭转到历史正确的轨道上来。实事求是是能够做到正确自我担当的前提,而没有实事求是、符合实际、符合历史规律的担当,注定不会走远。

正是因为能够自我担当,邓小平才以巨大的政治勇气和理论勇气指导改革开放的伟大实践,正确认识和探索社会主义建设规律,能够勇于突破"本本主义",敢闯敢干,指导人们"摸着石头过河",冲出一条符合中国特色的社会主义康庄大道。在邓小平要求有关工作落实的批示中,也能体现出其担当精神——"不要拖延"③,"不宜拖延"④,"不能延"⑤,"不可拖延"⑥。

邓小平总是能够在关键的时刻做出影响深远的重大决策,表现出超凡的政治策略和历史担当。邓小平一生沉默少言,但有着执着不屈的信念和意志,能够以非凡的勇气和果断直面挑战,敢于斗争、勇挑重担、果断拍板。战争年代里他多次被委以开辟新局面的重任。1977 年邓小平复出后,主动承担教育和科技工作,以科教战线为突破口,开始全面拨乱反正工作。他抓住时机,响应广大人民群众呼声,

---

① 中共中央文献研究室邓小平研究组编:《再道一声:小平您好 深切缅怀敬爱的邓小平同志(珍藏版)》,法律出版社 1997 年版,第 496 页。
② 中共中央文献研究室编:《回忆邓小平》(上),中央文献出版社 1998 年版,第 274 页。
③ 中共中央文献研究室编:《邓小平年谱》第四卷,中央文献出版社 2020 年版,第 537 页。
④ 中共中央文献研究室编:《邓小平年谱》第五卷,中央文献出版社 2020 年版,第 569 页。
⑤ 中共中央文献研究室编:《邓小平年谱》第四卷,中央文献出版社 2020 年版,第 12、第 25、第 350 页。
⑥ 中共中央文献研究室编:《邓小平年谱》第五卷,中央文献出版社 2020 年版,第 405 页。

快刀斩乱麻,立即恢复高考;召开科学技术大会,给知识分子重新定位,从而改变了一代人的命运,也给中国现代化建设输送了各行各业的大批人才。1979年4月,他接受广东省委的建议,以巨椽之笔在南方沿海划出一片地区,要求敢闯敢干,"杀出一条血路来"①,从而打开国门,与世界接轨,开始了具有划时代意义的改革开放历史进程。

勇于担当还来自邓小平从不怕纠错,不怕承认过失和错误。早在1926年1月,邓小平在莫斯科中山大学学习研究活动周报表上就对自己进行过总结——"我已有在我的错误中去改我的错误的决心,使自己得到进步"②。1986年9月2日,邓小平在接受电视采访时说,个人"做了不少好事,但也做了一些错事"③,认为改革"有错误就赶快改,小错误不要变成大错误"④,要勇于承认错误,及时总结教训,把坏事变成好事。错误发展到极端往往孕育着一种正确的主张、理论的产生,这在我们党的历史上似乎是一个规律。⑤ 邓小平展现了一位伟大的革命家和理论家的崇高风范,坚决抵制国内外完全否定毛泽东的错误思潮,在如何对待毛泽东和毛泽东思想的问题上,强调肯定毛泽东的历史功绩,要把毛泽东晚年和毛泽东思想区分开来,科学评价毛泽东的历史功过,要世世代代继承和发扬正确的毛泽东思想。应当说,邓小平作为坚定地继承和发展毛泽东思想的人,在工作中能够勇于担责,勇于改正错误,体现一位伟大历史人物的历史担当。

(三)善于科学总结

邓小平一生"三落三起",其革命的一生正是伴随着我们党和我们国家革命、建设和改革几十年的发展探索走过来的,他最有资格对党的历史、国家建设的历史进行总结和评价。也正是他作为"人民的儿子",对国家和人民的高度负责的态度,才对毛泽东和毛泽东时代的国家有着更深刻的辩证认识。他把个人的命运和

---

① 中共中央文献研究室邓小平研究组编著:《邓小平自述》,国际文化出版公司2009年版,第300页。
② 中共中央文献研究室邓小平研究组编著:《邓小平自述》,国际文化出版公司2009年版,第19页。
③ 中共中央文献研究室编:《邓小平年谱》第五卷,中央文献出版社2020年版,第431页。
④ 中共中央文献研究室编:《邓小平文选》第三卷,人民出版社1993年版,第174页。
⑤ 参见逄先知:《光辉道路:中国特色社会主义》,生活·读书·新知三联书店2019年版(2021年重印),第67—68页。

祖国的命运紧紧联系在一起,深刻体悟马克思主义关于生产力和生产关系的辩证关系,只有解放和发展生产力,才能获得一切发展的物质基础;深刻认识到只有加强和改善党的领导,才能更好地保持党的先进性和纯洁性;只有坚持共同富裕,消灭剥削,消除两极分化,坚持"三个有利于"才能得到人民的支持和拥护,才能不被开除"球籍"。

邓小平是"实事求是派"①,坚持从实际出发,敢于改革,敢于尝试,勤于总结,"办事情要有登山不止的精神"②,"不走回头路"③。在对什么是真正的社会主义的认识上,邓小平坚持马克思主义唯物史观,强调社会主义必须发展生产力,提高人民生活水平,让人们在实践中看到"还是社会主义好,还是改革开放好"④,才能更好地被群众接受,才能体现其优越性。邓小平强调解放思想、实事求是,中国必须吸取前苏联和东欧国家的教训,建立在中国国情的基础上建设社会主义,走出自己的特色发展道路,不能把社会主义当成"空洞口号"⑤,否则,就不会"采取正确的政策,那就体现不出社会主义的本质"⑥。邓小平结合中国"文化大革命"后的实际,结合1978年以来改革开放十几年的成功经验,深刻总结东欧剧变的惨痛教训,在南方谈话中提出了一系列创新性的思想和论断,拨正了改革开放大船的航向,成为指引中国特色社会主义建设的强大理论武器。

历史地看,邓小平南方谈话的产生有其历史必然性。改革开放十几年的实践,尤其是来自群众一线的创造性发展实践,以及国内外复杂的政治经济局势,是邓小

---

① 邓小平多次提到自己是"实事求是派"。1987年3月3日,他在会见美国国务卿舒尔茨时说:"比较正确地说,我是实事求是派。"1987年7月4日,他在会见孟加拉国总统艾尔沙德时也提到,"比较实际地说,我是实事求是派,坚持改革、开放政策,坚持党的领导和社会主义道路"。参见《邓小平文选》第三卷,人民出版社1993年版,第209、249页。

② 转引自中央新闻纪录电影制片厂编著:《小平您好》,中华书局2009年版,第60页。原文如下:1980年夏,邓小平乘兴登临峨眉山。行至当时景区公路的终点双水井时,他小憩片刻。登高望远,峨眉山满目秀色,邓小平指点江山,逸兴遄飞,操着一口浓浓的四川话,道出了一个古今建功立业者所必须遵循的大道理:"办事情要有登山不止的精神。"

③ 中共中央文献研究室编:《邓小平年谱》第五卷,中央文献出版社2020年版,第254页。

④ 《邓小平文选》第三卷,人民出版社1993年版,第381页。

⑤ 《邓小平文选》第三卷,人民出版社1993年版,第213页。

⑥ 《邓小平文选》第二卷,人民出版社1994年版,第313页。

平发表南方谈话的现实基础;"对祖国、对人民的深情大爱"①,对中国改革开放前途命运的深刻关切,是邓小平发表南方谈话的情感基础;坚持解放思想、实事求是,及时总结经验是邓小平发表南方谈话的方法论基础。而从南方谈话的意义上讲,是"把改革开放和现代化建设推向新阶段的又一个解放思想、实事求是的宣言书"②,从南方谈话发表之后中国改革开放的飞速发展取得的辉煌成就看,两者都印证了南方谈话产生的必要性和必然性。

---

① 中共中央文献研究室编:《十八大以来重要文献选编》(中),中央文献出版社 2016 年版,第 42 页。
② 本书编写组:《中国共产党简史》,人民出版社、中共党史出版社 2021 年版,第 281 页。

第二章

南方谈话文本的发表与传播

文本,从哲学意义上讲,是结构主义与后结构主义用语,是指语言符号系统、现象系统及其内容,分为两种情况,三重含义。① 因此,研究文本,一要研究文本语言及其内部关系,二要研究文本发生所处的时代背景及其影响。

众所周知,作为《邓小平文选》第三卷终篇的南方谈话,是在整理邓小平南方视察的 35 天内,在武昌、深圳、珠海、上海等地的讲话的基础上,经文选编辑组有关人员汇总整理并由邓小平亲自审定的一种文本②。而今,30 多年过去,我们重新回顾南方谈话发表和传播的过程及影响,深刻分析其文本的内在逻辑,力求与文本进行对话,对于更进一步理解文本,理解那个时代,更进一步反观现实、指导实践有着重要的历史意义和现实意义。

第一节　南方谈话从新闻版本到正式文本

1992 年 1 月 18 日,邓小平像往常一样,到南方过春节。这看似一次普通的旅行视察,却改变了中国历史前进的方向,成为扭正中国改革开放的重要的一次南行。邓小平的这次南方谈话,是作为正式退休之后的第二次南方谈话,和 1991 年年初一样,新闻媒体没有正式原文报道,邓小平坚持认为,退休后的活动是"不破这个例"的。所以,邓小平 1992 年南方谈话的主要内容最早是从个别媒体的报道中只言片语地公之于众的。

本节将通过回顾邓小平南方谈话的主要过程,回顾《深圳特区报》的有关评论

---

① 参见金炳华等编:《哲学大辞典》,上海辞书出版社 2001 年版,第 1533 页。两种情况:一种是语言的成分,另一种是超语言的成分。前者指一个句子、一本书和一个观察现象的内容所构成的认识对象,后者指话的语义和内容所组成的记号复合体,它反映语言外的情境。三重含义是指:一是话语的记号系统或现象的记号系统;二是该系统所表述的意义系统;三是现象的观察者与书本的读者所了解的不同抽象记号系统。

② 参见中共中央文献研究室编:《邓小平年谱》第五卷,中央文献出版社 2020 年版,第 661 页。1993 年 9 月 3 日,邓小平肯定了编辑组在南方谈话的整理中的工作,认为南方谈话的"这个结尾不错"。

和长篇通讯的发表过程①,通过新闻版本和正式文本的对比分析,通过有关文献和回忆录来向世人还原南方谈话产生的真实过程。

一、南方谈话产生的时间链条和过程分析

南方谈话文本已成历史经典,我们无法也没有权力更改,但我们可以回顾文本发生的历史过程,从中体悟文本的历史魅力和发挥的历史作用。

1992年1月17日晚,一趟专列从北京出发,一路南下。邓小平一家人开始了南下过春节的旅程。从1月18日至2月21日返回北京,一共35天,行程6000多公里,邓小平先后在武昌、长沙、深圳、珠海、顺德、新余、鹰潭、上海、南京、蚌埠等地会见当地干部群众,发表一系列重要谈话,累计形成原始记录文字数万字。

根据相关史料,现在将邓小平途经的主要地点、与之交谈的人以及主要内容简要整理如下。

1月17日晚,专列驶出北京向南一路疾驰。1月18日早上,到达武汉武昌车站,会见时任湖北省委书记、省长。

1月18日下午4时,列车行驶到湖南长沙车站,会见时任湖南省委书记熊清泉等人,强调要抓住现在的好机会,加快经济发展,力争隔几年上一个台阶。

1月19日早上,到达深圳,会见时任广东省委书记、深圳市委书记、市长等人。1月19日至22日在深圳(19日下午在深圳市区,20日上午在国贸大厦、先科激光公司;21日上午在中国民俗文化村和锦绣中华微缩景区;22日在仙湖植物园;23日离开深圳乘船去珠海)。

1月23日至29日在珠海(23日在珠海市区,24日上午参观珠海生化制药厂,25日上午参观亚洲仿真公司并登上拱北芳园大厦旋转餐厅,27日上午参观江海电子公司,29日下午离开珠海前往顺德)。

1月29日下午,考察顺德容奇珠江冰箱厂,接着离开顺德,由广州火车站北

---

① 这里指《深圳特区报》当年发表的"猴年八评"和长篇通讯《东方风来满眼春——邓小平同志在深圳纪实》。

上,从湖南进入江西萍乡。

1月30日上午经宜春到达江西新余,在车站会见时任江西省委副书记;下午3点40分左右抵达鹰潭,会见时任江西省委书记、省长。强调要在稳定的同时加快发展速度,胆子要大,要有信心,抓住机遇尽快上台阶。以安徽"傻子瓜子"为例,强调政策的稳定性,不能动。

1月30日,从鹰潭经过浙江杭州,然后前往上海。

1月31日早上,专列抵达上海,住在西郊宾馆,开始上海视察旅程,2月20日结束。

2月2日,参加上海市新春团拜,向全国人民、上海市人民拜年。

2月3日除夕,与杨尚昆、上海市党政军负责同志共迎新春。

2月7日,视察已经通车的南浦大桥和杨浦大桥工地,并拍照留念。

2月8日晚,在吴邦国、黄菊等人陪同下,观看南京路夜景,乘船游览黄浦江,强调干部培养体制上要后继有人,各个梯次上都要有,用人也要解放思想,这是解放思想最重要的一方面,胆子要大一点,人无完人。

2月10日,在杨尚昆、吴邦国、黄菊等陪同下,参观上海贝岭微电子制造公司,强调从国外购买来的设备为我所用,是社会主义的,不是资本主义的。

2月12日,到闵行开发区和马桥镇旗忠村视察,强调上海浦东和深圳要做标兵,两个文明一起抓,用事实回答姓"社"不姓"资",实践标准最硬,不会作假。

2月17日,在驻地听取吴邦国、黄菊关于浦东发展规划的汇报。强调浦东开发思想起点要高,要后来居上,要做"龙头",带动上海的开放。

2月18日,视察上海南京路第一百货商店,并买了文具。

2月20日,离开上海,下午3时,专列到南京火车站,会见时任江苏省委书记、省长。强调要抓住时机,搞得快一点,把经济搞上去,步子可以快一点,"不能变,政策变不得"①。下午5时55分,列车到达安徽蚌埠车站,会见时任蚌埠市委书记等

---

① 钟文、鹿海啸编著:《百年小平》(下),中央文献出版社2004年版,第796页。

人,强调灾区恢复重建,通过抗洪救灾,党群、干群、军民关系得到改善,认为这是"坏事变好事"。

2月21日回到北京,结束了晚年人生中一次最伟大的南方之行。①

表2-1是邓小平在深圳、珠海、顺德视察期间的具体行程及安排。

表2-1　邓小平在深圳、珠海、顺德活动日程表②

时间	活动安排
1月19日上午9:00	到达深圳火车站;下榻深圳市迎宾馆桂园
1月19日上午	参观深圳市容、火车站、皇岗口岸
1月20日上午9:35	参观国贸大厦,与广东省、深圳市领导人谈话
1月20日上午10时	参观深圳市先科激光电视有限公司
1月21日上午9:50	参观中国民俗文化村和锦绣中华微缩景区
1月22日上午9:45	游览深圳仙湖植物园
1月22日上午10:10	与杨尚昆在仙湖植物园种下高山榕
1月22日下午3:10	迎宾馆接见深圳市党政领导班子并合影留念
1月23日上午8:30	离开迎宾馆乘车到蛇口
1月23日上午9:40	乘船离开蛇口港,前往珠海经济特区
1月23日上午	参观珠海市容
1月24日上午	参观珠海生化制药厂
1月25日上午	参观亚洲仿真公司,到拱北芳园大厦旋转餐厅
1月27日上午	参观珠海江海电子公司
1月29日下午	离开珠海前往顺德,考察珠江冰箱厂
1月29日下午	到广州火车站,离开广州从湖南进入江西萍乡

从日程安排上看,邓小平在广州、深圳、珠海、顺德停留的时间多达11天,是除了上海之外停留时间最多的几个地方。从文本内容上看,邓小平在深圳的讲话内容最多(占到文本中字数的一半以上,如果加上在从蛇口到珠海的船上说的话,甚

---

① 邓小平南方视察期间的日程和路线过程,参见陈锦泉:《春天的故事:1992年邓小平视察南方纪实》,中央文献出版社2002年版。
② 邓小平在深圳期间的活动安排,部分参见《邓小平与深圳经济特区》编委会编:《邓小平与深圳特区》,海天出版社2008年版,第57页。

至超过了三分之二①），足见其对亲自倡导成立的深圳、珠海等特区的高度重视和关心。正是深圳、珠海的发展和表现，使他进一步坚定了改革开放的决心和信心，也证实经济特区姓"社"不姓"资"，是改革开放的排头兵和示范区，具有引领中国走向现代化的现实意义。

党中央对邓小平南方视察的一系列重要讲话高度重视。就在邓小平返回北京后的第七天，即 1992 年 2 月底，党中央下发 2 号文件，对南方谈话精神进行传达学习。② 其中，文中记录整理的邓小平谈话的内容，"大部分都是在深圳视察时讲的"。邓小平同志在深圳视察时的谈话记录，由时任深圳市委宣传部副部长吴松营负责全程记录，最后的记录稿名为《一九九二年一月邓小平同志视察深圳特区的重要谈话要点》，全文近一万字。③

而且，邓小平谈话中有很多在其他地方讲过的话，在这里反复地讲了。吴松营在回忆录中谈道，邓小平"把曾经在北京同中央几位主要负责人谈过的、后来在上海讲过的，又都反复地讲了。有许多东西在一两年前还没有讲的，或者自己觉得还没有讲透的，也都反复地讲了"④。他实地考察了深圳特区翻天覆地的变化，"心情确实与在北京时大不相同了"⑤。5 天里，邓小平的边走边谈，很多讲话很重要，不仅内容丰富，而且"有些问题又重复地讲"⑥。邓小平反复讲的内容主要有这样几个方面：一是坚持"一个中心、两个基本点"的基本路线不动摇；二是思想要进一步解放，要敢闯；三是计划和市场的关系问题；四是共同富裕问题；五是加强党的领导

---

① 南方谈话整体文本 8043 个字符，其中，在深圳的讲话文字字数有 4306 字，加上从蛇口去珠海的船上说的话，超过总字数的三分之二。详见本章第三节正式文本的文字溯源部分。

② 据吴松营回忆，中央 2 号文件《邓小平同志在武昌、深圳、珠海、上海等地的谈话要点（1992 年 1 月 18 日至 2 月 21 日）》，全文约 1 万字，共六个部分。参见吴松营：《邓小平南方谈话真情实录——记录人的记述》，人民出版社 2012 年版，第 139 页；陈锦泉：《春天的故事：1992 年邓小平视察南方纪实》，中央文献出版社 2002 年版，第 114 页。从已知的文献资料来看，1992 年的中央 2 号文件并没有出现在已公开刊印的文献汇编中。1993 年 9 月 27 日，邓小平审定了作为文选三卷终篇的南方谈话正式文本，而这个文本就成了邓小平 1992 年南方视察后作为历史文献公开的唯一一官方文本。

③ 参见吴松营：《邓小平南方谈话真情实录——记录人的记述》，人民出版社 2012 年版，第 139 页。

④ 吴松营：《邓小平南方谈话真情实录——记录人的记述》，人民出版社 2012 年版，第 122—123 页。

⑤ 吴松营：《邓小平南方谈话真情实录——记录人的记述》，人民出版社 2012 年版，第 123 页。

⑥ 吴松营：《邓小平南方谈话真情实录——记录人的记述》，人民出版社 2012 年版，第 136 页。

和反对资产阶级自由化问题。①

邓小平以一颗炽热的赤子之心、一位老共产党员强烈的责任感和使命感,将自己的全部心血和整个生命倾注于中国改革开放的千秋大业中,倾注于中华民族的未来命运中,不顾88岁高龄,途经十几个省、市,完成了视察南方的壮举。在视察过程中,他揆古察今、纵论改革,以深邃的历史眼光和宽广的世界眼光系统总结改革开放以来的艰辛历程和基本经验,全面阐述社会主义本质的科学内涵,将十几年来经过反复观察、深思熟虑得出的关于改革开放等一系列重大理论与实践问题的思想,在社会主义现代化事业遇到挑战的关键时刻,无私地奉献给了中国人民。邓小平的南方谈话,斩钉截铁,字字千钧,铿锵有力,吹响了新一轮改革开放的嘹亮号角。从此,社会主义中国这艘满载着全体中华儿女的希冀和盼望的巨大航船,扬起风帆,全速驶向了新的发展阶段。②

二、《深圳特区报》的相关报道

历史是如此地具有戏剧性。当年,邓小平的南方谈话,最初是按照邓小平"不破这个例"的要求,中央媒体没有及时、正面报道,反而让《深圳特区报》抓住了先机,巧妙地通过评论"猴年八评"、长篇通讯报道了邓小平在深圳的一些讲话内容,引起了强烈反响,也因此拉开了国内外新闻媒体争相报道的序幕。

(一)"猴年八评"

真正促成"猴年八评"产生的,是时任深圳市委宣传部副部长的吴松营③。1992年春节前,秉着对政治的高度敏感和职业责任,吴松营在时任深圳市委宣传部部长杨广慧的领导下,组成了集体创作写作组,就邓小平在深圳的视察情况和重要讲话精神,以猴年"新春评论"的形式进行评论报道。从2月20日开始,每两天

---

① 参见《邓小平文选》第三卷,人民出版社1993年版,第363—383页。分别对应的是邓小平在1990年12月24日同几位中央负责同志的谈话要点,1991年1月28日至2月28日视察上海时的谈话,1991年8月28日同几位中央负责同志的谈话,1992年1月18日至2月21日在武昌、深圳、珠海、上海等地的谈话要点。
② 参见陈锦泉:《春天的故事:1992年邓小平视察南方纪实》,中央文献出版社2002年版,第112—113页。
③ 参见吴松营:《不公开视察的公开报道(上)——1992年邓小平视察深圳的宣传内情》,见《纵横》2010年第5、第6期。

一篇,直到 3 月 6 日,连续 8 篇。评论刊发后,内地许多报刊及香港《文汇报》《大公报》等大小媒体纷纷转载,中国台湾、澳门两地以及各国在香港地区的许多新闻机构、通讯社也纷纷转载;新加坡《联合早报》、英国 BBC 广播公司、日本共同社等媒体也通过各种途径进行报道,《人民日报》也转载了其中 4 篇,产生了强烈的社会反响。这是《深圳特区报》的一次巧妙的"破例",也凸显了深圳媒体人的"敢闯敢试"精神和责任担当精神。

"猴年八评"的显著特点在于,每篇文章短小精悍,又集中表述一个中心。每篇评论的题目就是题眼,就是论述中心,又是邓小平谈话的一个核心意思,甚至是一句原话。文章引经据典,又结合实际,既弘扬正气,又针砭时弊,读来令人振奋,如沐春风。第一篇,《扭住中心不放》,从深圳的前世今生、世界各国发展的深刻教训来论证必须坚持"一个中心、两个基本点"的基本路线不动摇。第二篇,《要搞快一点》,强调深圳的发展要有抢抓机遇意识,保持勇于进取的精神状态,加快经济发展速度,再造一个"香港",意在鼓励全国的经济发展也要加快速度。第三篇,《要敢闯》,强调要在实事求是的基础上勇于打破常规,敢为天下先,勇闯新路,闯出新发展规律和路径。第四篇,《多干实事》,强调要克服形式主义,多接地气,多办实事,脚踏实地,实干兴邦。第五篇,《两只手都要硬》,强调抓工作要懂得辩证法、两点论,物质文明和精神文明一起抓,经济发展和反对腐败同步行,强调深圳的改革开放发展是属于社会主义性质的,姓"社"不姓"资"。第六篇,《共产党能消灭腐败》,强调共产党的性质和社会主义社会不容许有腐败现象存在,反腐败具有长期性和复杂性,要靠法制。第七篇,《稳定是个大前提》,强调要有辩证的稳定观,稳定是一切发展的前提,稳定是动态的、发展中的稳定,要注重发展和稳定的协调一致性。第八篇,《我们只能走社会主义道路》,强调社会主义道路是人民的选择、历史的选择,中国只能走共产党领导的社会主义道路,应该在经过长期的独立自主地向西方资本主义发达国家学习和借鉴中获得快速的发展。①

---

① "猴年八评"原文参见中共深圳市委宣传部编:《一九九二春邓小平与深圳》,海天出版社 1992 年版,第 53—69 页。

30 多年后,再读《深圳特区报》的猴年新春八评,仍然觉得朗朗上口,激情澎湃,其中很多表述至今仍不过时。它集中体现了邓小平南方谈话中的一些核心观点,如社会主义本质、发展和稳定的辩证关系、实事求是的创新、党的性质和反腐败等,至今仍有着强大的理论指导意义。

值得一提的是,"猴年八评"发表之后,《深圳商报》针对邓小平在深圳的重要讲话精神以"敢闯"为主题进行了 8 次论述,强调深圳要在实事求是的思想路线指引下,进一步发挥"拓荒牛"精神,勇敢闯出一条发展新路,更进一步阐释了邓小平的重要讲话精神,和"猴年八评"一样产生了舆论的聚变效应,在当时国际国内新闻界犹如"爆炸了一颗新闻原子弹"①。

(二)《东方风来满眼春——邓小平同志在深圳纪实》的发表

1992 年 3 月 26 日,《深圳特区报》发表《东方风来满眼春——邓小平同志在深圳纪实》长篇通讯,让该报更加声名鹊起。这篇长篇通讯的作者是特区报记者陈锡添。作为邓小平深圳之行的亲历者和记录者,陈锡添有着切身的感受。据他回忆,文稿在两天半的时间里行云流水般写了出来,在特区报上分两个版面刊发。长篇通讯一经刊发,就引起各大媒体纷纷转载。《羊城晚报》当天就予以转发,《文汇报》《中华工商时报》《北京日报》《人民日报》《光明日报》,以及新华总社、中央电视台等先后全文转发、播发;美国美联社和合众国际社、法国法新社、英国路透社、俄罗斯俄通社-塔斯社、日本共同社等国际媒体也纷纷转发。邓小平的南方谈话如一声惊雷,唤醒时代,给在改革开放中处于迷茫的中国人民指明了方向,也给关注中国的世界各国展示了继续改革开放的决心,中国改革开放的航船由此拨正航向,扬帆远航。

正是这篇文章在特殊时期、特殊条件下的发表,给作者赢得了众多荣誉,作者先后获得中国新闻奖一等奖(新闻界最高奖)等多项奖项。这些奖项的背后,是人们对中国十几年来改革发展成果的正面认可和评价,是《深圳特区报》人具有的大

---

① 元上、汉竹:《邓小平南巡后的中国》,改革出版社 1992 年版,第 251 页。

胆突破常规的"闯劲"。《深圳特区报》也因此获得时任总书记的江泽民授予的"改革开放的窗口"殊荣。①

值得提及的是,1992 年 4 月 17 日《珠海特区报》也发表了长篇通讯②,该篇通讯也比较翔实地记录了邓小平在珠海的视察和讲话过程。深圳纪实和珠海报道既是人们学习领会邓小平重要讲话精神的重要参考,也是对中央 2 号文件"极为重要的补充"③。

三、正式文本的文字溯源

邓小平在南方视察时的重要谈话,由于时间跨度长、经历地点多,因此,初始的文字资料必定是原始的、零碎的,然而,每个地方的讲话都有详细的文字记录。每经过一个地方的谈话情况都要及时地传递到北京,最后形成了 1992 年 2 月底的中央 2 号文件,这个文件就成了与正式文本最为接近的文本。众所周知,作为正式文本的南方谈话,则是经郑必坚、逄先知、龚育之等人整理,由邓小平最后审定的。④

关于正式文本,作为《邓小平文选》第三卷的封卷之作,全文 8043 个字符,共分为六个部分,相比较其大量的原始记录来说,是非常精简和浓缩了。从文本发生学研究来看,为了试图了解正式文本中哪些语言是在哪些地方讲的,在什么样的环境下讲的,笔者综合现有搜集的资料,即有关当事人的重要回忆录⑤和有关文献⑥,尽量对

---

① 参见吴松营:《邓小平南方谈话真情实录——记录人的记述》,人民出版社 2012 年版,第 184 页。
② 这里是指《南海春潮——记邓小平同志在珠海》,1992 年 4 月 17 日《珠海特区报》。
③ 参见余习广、李良栋等编著:《大潮新起:邓小平南巡前前后后》,中国广播电视出版社 1992 年版,第 189 页。
④ 参见中共中央文献研究室编:《邓小平年谱》第五卷,中央文献出版社 2020 年版,第 661 页。
⑤ 笔者搜集到的回忆录材料有吴松营:《邓小平南方谈话真情实录——记录人的记述》,人民出版社 2012 年版;陈锦泉:《春天的故事:1992 年邓小平视察南方纪实》,中央文献出版社 2002 年版;李源:《终身难忘的教诲——忆 1992 年陪同邓小平视察深圳》,《党的文献》2002 年第 2 期;牛正武:《南行纪:1992 年邓小平南方谈话全记录》,广东人民出版社 2012 年版;余玮、吴志菲:《邓小平的最后二十年》,新华出版社 2013 年版;陈开枝:《1992·邓小平南方之行》,中国文史出版社 2004 年版;常人编:《邓小平在深圳》,中国人事出版社 1992 年版;《邓小平播撒春风万里——1992 年邓小平在鹰潭发表重要谈话纪实》,1994 年 8 月 14 日《江西日报》。
⑥ 主要参考文献有《邓小平文选》第三卷,人民出版社 1993 年版;中共中央文献研究室编:《回忆邓小平》(上、中、下),中央文献出版社 1998 年版;钟文、鹿海啸:《伟人邓小平》(下),中央文献出版社 2009 年版;中央文献研究室科研部图书馆编:《邓小平人生纪实》(下),凤凰出版社 2011 年版;郭德宏、李朋:《邓小平在历史转折关头》,红旗出版社 2015 年版;中共中央文献研究室编:《邓小平年谱》第五卷,中央文献出版社 2020 年版;龚育之:《龚育之自述》,中央文献出版社 2009 年版。

正式文本的每一句话进行比对和判别,并进行有关分析,力求还原当时的历史背景。30多年以后再回味,人们更能体会到邓小平在关键历史时期起到的伟大历史作用。

文本对比按照六个部分的前后顺序单独列表,并进行简单论述。列表这里,采取"正式文本—讲话时间—讲话地点—参考文献文本—参考依据"的顺序进行(详见每部分列表)。表中重点把文本的每一句话的讲话时间、地点、文字变化等情况用大表的形式列出来,力求尽可能完整地还原当时邓小平讲话的情况。需要说明的是,采取每部分一个表格的形式,限于篇幅及表格大小,文本中的原文尽量省略表示,并注明字数、讲话的时间,对正式文本和相关记录材料之间进行对比。表格中尽量搜集各种文献著作,来印证讲话出处。

1.第一部分,正式文本1004个字符。具体对比情况如表2-2所示。

表2-2　文本第一部分对比

正式文本原文	讲话时间	讲话地点	参考文献文本	参考依据
一九八四年我来过广东。……经济特区才起步。(36个字)	1月22日下午	深圳市迎宾馆	我1984年来过,谁能想到深圳的建设才经过这么几年就发展成这么个局面?我就没想到深圳会发展这么快。这次来看了,增加了信心。(58字)	《邓小平南方谈话真情实录——记录人的记述》,第114页。
八年过去了,这次来看……信心增加了。(50个字)	1月19日下午;1月29日离开珠海前	浏览深圳市容车上;离开珠海前	同正式文本原文	《1992·邓小平南方之行》,第44—45页。《邓小平在历史转折关头》,第396页。
革命是解放生产力,改革也是解放生产力。……应该把解放生产力和发展生产力两个讲全了。(211个字)	2月2日至2月20日	在上海期间	革命是解放生产力,改革也是解放生产力,过去只讲社会主义条件下发展生产力,没有讲通过改革解放生产力,不完全。社会主义基本制度确立以后,还要通过改革,从根本上改变束缚生产力发展的经济体制,建立充满生机和活力的社会主义经济体制,促进生产力的发展。(这是吴邦国在回忆邓小平视察上海时的文章中出现的,与文本原文稍有出入)	《回忆邓小平》(上),第28—29页。

续表

正式文本原文	讲话时间	讲话地点	参考文献文本	参考依据
要坚持党的十一届三中全会以来的路线、方针、政策……基本路线要管一百年，动摇不得。（91个字）	1月20日上午	深圳国贸大厦	同正式文本原文	《邓小平在深圳》，第8—9页。《邓小平人生纪实》（下），第2029—2030页。
基本路线要管一百年……谁就会被打倒。（68个字）	1月23日上午	从蛇口到珠海的船上	同正式文本原文	《1992·邓小平南方之行》，第87页。
要坚持党的十一届三中全会以来的路线、方针、政策……老百姓不答应，谁就会被打倒。（144个字）	1月20日上午	深圳国贸大厦	同正式文本原文	《邓小平南方谈话真情实录——记录人的记述》，第64页。
这一点，我讲过几次。			在《邓小平文选》第三卷中，邓小平不止一次讲过基本路线的坚持问题。	《邓小平文选》第三卷，第83、第218、第296、第307、第347页。
如果没有改革开放的成果，"六四"这个关我们闯不过……所以，军队、国家政权，都要维护这条道路、这个制度、这些政策。（132个字）	1月20日上午	深圳国贸大厦	如果没有改革开放的成果，"六四"这个关我们闯不过，闯不过就乱，乱就打内战。为什么"六四"以后我们的国家能够很稳定，社会秩序变好了，群众没有大的意见？就是因为我们坚持了改革开放，坚持社会主义，人民的生活提高了。所以，我们的军队也好，国家政权也好，都要维护社会主义制度，维护党的十一届三中全会以来的路线和一系列的方针政策。动摇不得。谁要动摇，谁就下台。（176字。与正式文本稍有出入）	《邓小平南方谈话真情实录——记录人的记述》，第65页。

059

正式文本原文	讲话时间	讲话地点	参考文献文本	参考依据
在这短短的十几年内……中国就大有希望。(418个字)	1月25日上午	珠海拱北芳园大厦（现粤海大厦）29层旋转餐厅	同正式文本原文	《1992·邓小平南方之行》，第107—108页。《春天的故事：1992年邓小平视察南方纪实》，第72—73页，转引自《回忆邓小平》（下），第502页。《百年小平》（下），第789页。《邓小平人生纪实》（下），第2045页。

第一部分，主要讲政治路线问题，讲改革是解放生产力的论断，回应了社会上的一些不实看法。从内容上讲，基本上在一些参考文献和回忆录中都能找到出处，但文本第二段关于革命和改革都是解放生产力的论述，有关文献记录不完整。从《邓小平文选》第二卷和第三卷的其他文本中，笔者找到了有关的论述。比如，1979年11月26日，邓小平同志在会见客人时讲到，"我们革命的目的就是解放生产力，发展生产力"①，这里的"革命"指的就是中华人民共和国成立前的28年的革命斗争。1985年3月，邓小平指出，"经济体制，科技体制，这两方面的改革都是为了解放生产力"②，这里指的是"改革"。另外，关于基本路线的坚持问题，邓小平在很多场合都讲过③，在这里，邓小平再次做了强调，而且语气坚决，态度坚定，上升到民心的高度。

---

① 《邓小平文选》第二卷，人民出版社1994年版，第231页。

② 《邓小平文选》第三卷，人民出版社1993年版，第108页。

③ 在南方谈话之前，邓小平就基本路线相关问题还重点谈过5次。时间分别是1984年10月22日、1987年4月16日、1989年5月31日、1989年6月9日、1989年12月1日，这几次都是在国际、国内局势变化的情况下，邓小平对坚持基本路线问题的强调。以上5次谈话参见《邓小平文选》第三卷，人民出版社1993年版，第83、第218、第296、第307、第347页。

2. 第二部分，正式文本 2113 个字符，字数上占比最大，内容上也最丰富。具体对比情况如表 2-3 所示。

表 2-3　文本第二部分对比

正式文本原文	讲话时间	讲话地点	参考文献文本	参考依据
改革开放胆子要大一些……我就从来没有那么认为。（179 个字）	1 月 20 日上午；1 月 22 日下午	深圳国贸大厦；深圳市迎宾馆	《1992·邓小平南方之行》书中认为是在国贸大厦讲；《东方风来满眼春——邓小平同志在深圳纪实》提到是在深圳市迎宾馆；《百年小平》认为是在深圳市迎宾馆；《邓小平人生纪实》认为是在深圳市迎宾馆。	《1992·邓小平南方之行》，第 61 页。《邓小平同志在深圳》，第 18—19 页。《百年小平》（下），第 784 页。《邓小平人生纪实》（下），第 2037 页。
深圳的重要经验就是敢闯。……就干不出新的事业。（68 个字）	1 月 22 日下午	深圳市迎宾馆	要敢闯，没有一点敢闯的精神，没有一点勇气，没有一点干劲，干不出新的事业。深圳的经验，就是敢闯。	《邓小平南方谈话真情实录——记录人的记述》，第 114—115 页。
没有一点闯的精神……谁敢说这样的话？（90 个字）	1 月 22 日下午	深圳市迎宾馆	但是，不闯啊，没有这种闯劲呀，就走不出一条好路，走不出一条新路来。不冒点风险，什么事情都要有百分之百把握，谁敢说这样的话？	《邓小平南方谈话真情实录——记录人的记述》，第 114 页。
每年领导层都要总结经验，对的就坚持，不对的赶快改，新问题出来抓紧解决。（35 个字）	1 月 23 日上午	从深圳前往蛇口的路上	每年领导层总结经验，看到不对的就赶快改，看到问题出来了要赶快解决。不断总结经验，这样，至少不会犯大错误。[《邓小平南方谈话真情实录——记录人的记述》，第 125 页。《邓小平人生纪实》（下），第 2038 页。]	《邓小平同志在深圳》，第 20 页。

续表

正式文本原文	讲话时间	讲话地点	参考文献文本	参考依据
恐怕再有三十年的时间……就是要有创造性。（116个字）	1月22日下午	深圳市迎宾馆	恐怕再有30年的时间,各方面就会走出一个定型的制度,以及制度下面的方针、政策,那时就会更定型。中国式的社会主义道路,经验就会一天比一天丰富,越来越多。看看各省的报纸,反映各地都在解决自己的实际问题,不一样。这就好。要有创造性。（**与正式文本稍有区别**）	《邓小平南方谈话真情实录——记录人的记述》,第115页。
现在建设中国式的社会主义……就是要有创造性。（59个字）	1月20日上午; 1月22日下午	深圳国贸大厦; 深圳市迎宾馆	《东方风来满眼春——邓小平同志在深圳纪实》中写得较为简单。	《1992·邓小平南方之行》,第61页。《邓小平同志在深圳》,第19页。
改革开放迈不开步子……是否有利于提高人民的生活水平。（120个字）	1月20日上午	深圳国贸大厦	同正式文本原文	《1992·邓小平南方之行》,第61页。《春天的故事:1992年邓小平视察南方纪实》,第27页。
对办特区,从一开始就有不同意见……这些人连基本常识都没有。（242个字）	1月19日下午	浏览深圳市容的车上	同正式文本原文	《邓小平人生纪实》（下）,第2026页。
对办特区,从一开始就有不同意见……特区姓"社"不姓"资"。（64个字）	1月19日下午	浏览深圳市容的车上	同正式文本原文	《1992·邓小平南方之行》,第47页。《邓小平同志在深圳》,第7页。《春天的故事:1992年邓小平视察南方纪实》,第21页。《百年小平》（下）,第781页。

续表

正式文本原文	讲话时间	讲话地点	参考文献文本	参考依据
从深圳的情况看,公有制是主体,外商投资只占四分之一……这些人连基本常识都没有。(178个字)	1月19日下午	浏览深圳市容的车上	同正式文本原文	《春天的故事:1992年邓小平视察南方纪实》,第21页。《百年小平》(下),第781页。
多搞点"三资"企业,不要怕。……有乡镇企业,更重要的是政权在我们手里。(61个字)	1月18日上午	武昌火车站	同正式文本原文	《邓小平人生纪实》(下),第2020—2021页。
我国现阶段的"三资"企业……归根到底是有利于社会主义的。(133个字)	1985年8月28日	邓小平同志会见津巴布韦非洲民族联盟主席、政府总理穆加贝时的谈话	一个三资企业办起来,工人可以拿到工资,国家可以得到税收,合资合作的企业收入还有一部分归社会主义所有。更重要的是,从这些企业中,我们可以学到一些好的管理经验和先进的技术,用于发展社会主义经济。(95个字)	《邓小平文选》第三卷,第138—139页。
计划多一点还是市场多一点……计划和市场都是经济手段。(84个字)	1月22日下午	深圳桂园宾馆(迎宾馆)	同正式文本原文	《1992·邓小平南方之行》,第83页。
社会主义的本质……最终达到共同富裕。(42个字)	1月22日下午	深圳桂园宾馆(迎宾馆)	同正式文本原文	《1992·邓小平南方之行》,第82页。《邓小平人生纪实》(下),第2038页。
社会主义的本质……就不会犯大错误。(181个字)	1月22日下午	深圳桂园宾馆(迎宾馆)	同正式文本原文	《邓小平同志在深圳》,第19页。《百年小平》(下),第784页。

正式文本原文	讲话时间	讲话地点	参考文献文本	参考依据
证券、股市，这些东西究竟好不好……就不会犯大错误。（127个字）	1月22日下午	深圳市迎宾馆	现在的证券市场、股票市场，我们中国人过去就懂得的，主要是在上海。现在又搞这个东西好不好，有没有危险，是不是典型的资本主义的东西，社会主义能不能用？允许看，但要坚决地试。搞一两年，看对了，就放开；错了就纠正，关了就是了。关的时候，也可以快关，也可以慢关，也可以留一点尾巴。怕什么？有这么个试的过程，就不犯大错误。（155个字，见《邓小平南方谈话真情实录——记录人的记述》）	《邓小平南方谈话真情实录——记录人的记述》，第115页。《春天的故事：1992年邓小平视察南方纪实》，第22页，引用李灏的回忆文章。《邓小平人生纪实》（下），第2027页。
证券、股市，这些东西究竟好不好……就不会犯大错误。（127个字）	1月19日下午	浏览深圳市容的车上	之前还有一段话："也有不少人担心股票市场是资本主义的东西，所以让你们深圳和上海先搞试验。看来，你们的试验说明社会主义是可以搞股票市场的，说明资本主义能用的东西，也可以为社会主义所用。"（也见《春天的故事：1992年邓小平视察南方纪实》，第22页，引用李灏回忆文章中的话）	《1992·邓小平南方之行》，第45页。
（总之，）社会主义要赢得与资本主义相比较的优势……的先进经营方式、管理方法。（91个字）	1月19日下午	浏览深圳市容的车上	随后讲了一句话："在市场经济方面，香港、新加坡做得好，我们要向他们学习。"[《春天的故事：1992年邓小平视察南方纪实》，《邓小平人生纪实》（下）]	《1992·邓小平南方之行》，第45页。《春天的故事：1992年邓小平视察南方纪实》，第22页，引用李灏回忆文章中的话。《邓小平人生纪实》（下），第2026—2027页。

正式文本原文	讲话时间	讲话地点	参考文献文本	参考依据
走社会主义道路，就是要逐步实现共同富裕。……也不能鼓励吃"大锅饭"。（201 个字）	1 月 21 日	参观深圳锦绣中华景区回去的路上	同正式文本原文	《1992·邓小平南方之行》，第 77 页。《邓小平同志在深圳》，第 14 页。《邓小平人生纪实》（下），第 2035 页。
共同富裕的构想是这样提出的……我们一定能够逐步顺利解决沿海同内地贫富差距的问题。（378 个字）	1 月 21 日	参观深圳锦绣中华景区回去的路上	你们做得不错。共同富裕的构想就是这样提出来的。一部分有条件的地区先发展，带动慢发展的地区，最终达到共同富裕。不能富的更富，穷的更穷。任其下去，就会产生两极分化。社会主义制度就应该也可以避免两极分化。目前，我们既要提醒发达地区尽量向国家多作贡献，但也不能鼓励懒汉思想。"吃大锅饭"就是懒汉思想。差距总是会有的，特别是两头之间的差距总会较大。我们要客观认识问题，同时要积极地使差距相对缩小。我以为，就全国范围来说，是可以顺利解决差距问题的。我国西部地区，少数民族地区，都是资源丰富的地区。这些地方的许多资源如石油、稀有金属等还未很好开发。我国的稀土就是一大笔资源，占世界的很大比例。**（289 个字，应该是邓小平原话，见《邓小平南方谈话真情实录——记录人的记述》）**	《邓小平南方谈话真情实录——记录人的记述》，第 100 页。《百年小平》（下），第 783 页。
不发达的地区又大都是拥有丰富资源的地……我们一定能够逐步顺利解决沿海同内地贫富差距的问题。（64 个字）	1 月 21 日	参观深圳锦绣中华景区回去的路上	同正式文本原文	《邓小平同志在深圳》，第 14 页。《邓小平人生纪实》（下），第 2035 页。

正式文本原文	讲话时间	讲话地点	参考文献文本	参考依据
对改革开放,一开始就有不同意见……不争论,大胆地试,大胆地闯。(264 字)	1 月 20 日上午;1 月 22 日下午	深圳国贸大厦旋转餐厅;深圳市迎宾馆	我们有些同志从一开始就反对开放,不只是对办经济特区的问题。不开放,连信息都没有,鼻子塞住了,连世界是什么样子,都不甚了了,还有什么高新尖端? 不打入国际市场,更大发展就没有希望。在改革的问题上也有不少人不理解,甚至反对。例如在开始搞农村承包、废除人民公社制度的时候,不跟着搞的就有一半以上,第二年反对的只剩三分之一,第三年才全部跟上来,这是讲一个省一个省范围的。就大范围来说,那时搞得并不活跃呀,都在看。我们的政策就是允许看,这样的事情就是允许看一看,比强制好。城市改革、工业改革、办经济特区,好多事情允许别人看一看再说。但是,不闯啊,没有这种闯劲呀,就走不出一条好路、走不出一条新路来。不冒点风险,什么事情都要有百分之百把握,谁敢说这样的话? 改革开放政策,从一开始就有反对意见。并不是一致的,有一段时间反对的意见闹得比较凶。我说不争论,愿意干就干,干多少是多少。这样,原来反对的人才慢慢跟上来了。一争论,就复杂了。一个新事物,开始的时候往往有许多人看不清楚,有说好的,也有说不好的,一争论,把时间都"争"掉了。不争论,就这么试,大胆地试。(**469 个字。吴松营是当时的记录者,此话应该是邓小平原话**)	《邓小平人生纪实》(下),第 2029 页。《邓小平南方谈话真情实录——记录人的记述》,第 114 页。
对改革开放……城市改革也应如此。(281 个字)	1 月 23 日上午	从蛇口去珠海的船上	同正式文本原文	《1992·邓小平南方之行》,第 87 页。

续表

正式文本原文	讲话时间	讲话地点	参考文献文本	参考依据
现在,有右的东西影响我们……出现问题也容易纠正和改正。(267个字)	1月23日上午	从蛇口去珠海的船上	同正式文本原文	《1992·邓小平南方之行》,第88页。《春天的故事:1992年邓小平视察南方纪实》,第55—56页。
右可以葬送社会主义,"左"也可以葬送社会主义。中国要警惕右,但主要是防止"左"。(40个字)	1月18日上午;1月23日上午	武昌火车站;从蛇口去珠海的船上	在从蛇口去珠海的船上,邓小平联系党的历史说:有右的东西影响我们,也有"左"的东西影响我们,但根深蒂固的还是"左"的东西。	《邓小平人生纪实》(下),第2021页、第2040页。

第二部分,从讲话时间和地点来看,主要是在武昌火车站和深圳期间。其中,在武昌火车站讲了"三资"企业问题,在深圳期间以及从蛇口到珠海的船上,讲的内容几乎占据了南方谈话的核心部分的三分之一。第二自然段末尾关于"三资"企业的论述,现有回忆录和资料中没有找到直接的讲话时间、地点,但在1985年8月的时候,邓小平同志曾经讲过①,因此在表格中做了备注,这也印证了邓小平一直在思考着对外开放、引进外资的问题。

3. 第三部分,正式文本1977个字符。具体对比情况如表2-4所示。

表2-4　文本第三部分对比

正式文本原文	讲话时间	讲话地点	参考资料文本	参考依据
抓住时机,发展自己,关键是发展经济。(18个字)	1月20日上午	深圳国贸大厦	要抓住时机,发展自己,关键是发展经济,发展才是硬道理。(27个字)	《邓小平人生纪实》(下),第2030页。

---

① 1985年8月28日,邓小平同志会见津巴布韦非洲民族联盟主席、政府总理穆加贝时的谈话,参见《邓小平文选》第三卷,人民出版社1993年版,第138—139页。

正式文本原文	讲话时间	讲话地点	参考资料文本	参考依据
抓住时机,发展自己……时间一晃就过去了。(181 个字)	1 月 23 日上午	从蛇口去珠海的船上	同正式文本原文	《1992·邓小平南方之行》,第 86 页。《春天的故事:1992 年邓小平视察南方纪实》,第 53 页,转引自《回忆邓小平》(下),第 487 页。
所以,能发展就不要阻挡……就没有什么可担心的。(55 个字)	1 月 21 日上午	参观深圳锦绣中华景区回去的路上	有条件的地方要尽可能搞快点,只要是讲效益,讲质量,搞外向型经济,就没有什么可以担心的。(43 个字)	《邓小平同志在深圳》,第 14 页。《邓小平人生纪实》(下),第 2035 页。
低速度就等于停步,甚至等于后退。(16 个字)	1 月 18 日上午	武昌火车站	同正式文本原文	《邓小平人生纪实》(下),第 2021 页。
要抓住机会,现在就是好机会。(13 个字)	1 月 18 日下午	湖南长沙车站,会见湖南省委书记熊清泉等人	要抓住机遇,现在就是好机遇。(14 个字)	《1992·邓小平南方之行》,第 31 页。《邓小平人生纪实》(下),第 2023 页。
我国的经济发展,总要力争隔几年上一个台阶。(21 个字)	1 月 18 日下午	湖南长沙车站,会见湖南省委书记熊清泉等人	改革开放的胆子要大一些,经济发展要快一些,总要力争隔几年上一个台阶。(34 个字)	《1992·邓小平南方之行》,第 31~32 页。《邓小平人生纪实》(下),第 2023 页。
当然,不是鼓励不切实际的高速度,还是要扎扎实实,讲求效益,稳步协调地发展。(37 个字)	1985 年 9 月 23 日	邓小平在中国共产党全国代表大会上的讲话	**讲到了经济发展速度和效益的关系,南方谈话文本应是从这篇讲话中编辑而来,当然也是邓小平一直强调的。**	《邓小平文选》第三卷,第 143 页。

续表

正式文本原文	讲话时间	讲话地点	参考资料文本	参考依据
比如广东,要上几个台阶,力争用二十年的时间赶上亚洲"四小龙"。(30个字)	1月19日下午	浏览深圳市容的车上	原文为:广东要力争用20年时间赶上亚洲"四小龙"。	《1992·邓小平南方之行》,第47页。《邓小平同志在深圳》,第7页。
比如江苏等发展比较好的地区,就应该比全国平均速度快。(26个字)	2月20日下午	南京火车站,邓小平会见江苏省委书记沈达人、省长陈焕友	江苏条件比较好,应该发展得比全国平均速度快一些。如果江苏和其他发展比较好的地方不比全国平均数高一点,那全国和其他地方就更不行了。(64个字)	《邓小平人生纪实》(下),第2051页。
又比如上海,目前完全有条件搞得更快一点。……都会不一样。(112个字)	2月17日	在上海驻地,听取吴邦国、黄菊关于浦东发展规划汇报时的讲话	同正式文本原文	《春天的故事:1992年邓小平视察南方纪实》,第104页。
从我们自己这些年的经验来看,经济发展隔几年上一个台阶,是能够办得到的。(35个字)	1991年8月20日	邓小平同几位中央负责同志的谈话	这句话是承前启后的段落语,但也说明此句话从1991年的讲话中整理得来。	《邓小平文选》第三卷,第368—369页。
我们真正干起来是一九八〇年。……一九八四年重点转入城市改革。(55个字)			**这段内容应是作者所加,意在阐述改革的过程,引出较长文字叙述农村改革的变化,印证经济发展隔几年上台阶的正确性。**	

正式文本原文	讲话时间	讲话地点	参考资料文本	参考依据
经济发展比较快的是一九八四年至一九八八年。……乡镇企业异军突起。(69个字) 这是一个非常生动、非常有说服力的发展过程。……上了一个新的台阶。(55个字)	1月23日；1月25日	在珠海市区的汽车上；前往珠海度假村的路上	同正式文本原文	《邓小平人生纪实》(下),第2041、第2046页。
经济发展比较快的是一九八四年至一九八八年。……发现问题及时加以治理,尔后继续前进。(635个字)	1月25日上午	前往珠海度假村的路上	"农副产品的增加,农村市场的扩大,农村剩余劳动力的转移,又强有力地推动了工业的发展。……农业和工业,农村和城市,就是这样相互影响、相互促进。"(共151个字,在《百年小平》(下),并未出现。) **此段用大量的笔墨来总结农村改革的成就以及治理整顿情况,意在论证上台阶的可能性和必要性。**	《百年小平》(下),第789—790页。 《邓小平人生纪实》(下),第2046页。
一九八九年开始治理整顿。……发现问题及时加以治理,尔后继续前进。(301个字)	1月25日上午	珠海拱北芳园大厦(现粤海大厦)29层旋转餐厅	同正式文本原文	《1992·邓小平南方之行》,第108页。
从根本上说,手头东西多了……发展才是硬道理。(116个字)	1月29日下午	视察顺德市(现佛山市顺德区)珠江冰箱厂	不要把国家治理整顿看做是制约、放慢改革开放,而要将治理整顿看做是国家为实现经济稳定、政治稳定、社会稳定,是为进一步改革开放创造条件。稳定与发展,发展才是硬道理。(80个字)(这应该是邓小平原话)	《1992·邓小平南方之行》,第116页。
对于我们这样发展中的大国来说……发展才是硬道理。(82个字)	1月23日上午	从蛇口去珠海的船上	同正式文本原文	《邓小平人生纪实》(下),第2039页。

续表

正式文本原文	讲话时间	讲话地点	参考资料文本	参考依据
发展才是硬道理。……犹如逆水行舟,不进则退。(72个字)	1月23日上午	从蛇口去珠海的船上	文本多了一句话:这个问题要搞清楚。这应该是陈开枝漏掉了。	《1992·邓小平南方之行》,第87页。
这个问题要搞清楚。……结果是丧失时机,犹如逆水行舟,不进则退。(64个字)	1985年3月7日	邓小平在全国科技工作会议上的讲话	**这两句话既是对发展才是硬道理的进一步论述,也是对曾经讲过的话的进一步凝练,从反面论证,增加文本的气势。**	《改革科技体制是为了解放生产力》,《邓小平文选》第三卷,第109页。
从国际经验来看……我们就是要有这个雄心壮志!(169个字)	1月23日上午	从蛇口去珠海的船上	同正式文本原文	《春天的故事:1992年邓小平视察南方纪实》,第54页。《邓小平人生纪实》(下),第2039—2040页。
经济发展得快一点,必须依靠科技和教育。……中国也要在世界占有一席之地。(180个字)	1月25日上午	珠海亚洲仿真公司	同正式文本原文	《春天的故事:1992年邓小平视察南方纪实》,第66—67页。
经济发展得快一点,必须依靠科技和教育。(19个字)	1月25日上午	珠海亚洲仿真公司	同正式文本原文	《1992·邓小平南方之行》,第104页。
我说科学技术是第一生产力。(13个字)	1月25日上午	珠海亚洲仿真公司	科学技术是第一生产力。这个论断你认为站得住脚吗?(24个字)	《1992·邓小平南方之行》,第101页。《邓小平人生纪实》(下),第2043页。
近一二十年来,世界科学技术发展得多快啊!……希望在九十年代,进步得更快。(106个字)	1月25日上午	珠海亚洲仿真公司	同正式文本原文	《邓小平人生纪实》(下),第2043页。

正式文本原文	讲话时间	讲话地点	参考资料文本	参考依据
近一二十年来……中国也要在世界占有一席之地。（148个字）	1月25日上午	珠海亚洲仿真公司	同正式文本原文	《1992·邓小平南方之行》，第104页。
我是个外行，但我要感谢科技工作者为国家做出的贡献和争得的荣誉。（31个字）	1985年3月7日	邓小平同志在全国科技工作会议上的讲话	**虽然不是原话，但在这里体现了邓小平对科技工作者的认可和重视。**	《邓小平文选》第三卷，第107—109页。
大家要记住那个年代……因此对他们的要求会更多。（80个字）	1月25日上午	珠海亚洲仿真公司	同正式文本原文	《1992·邓小平南方之行》，第103页。《春天的故事：1992年邓小平视察南方纪实》，第65页。《百年小平》（下），第788页。《邓小平人生纪实》（下），第2043—2044页。
我说过，知识分子是工人阶级的一部分。老科学家、中年科学家很重要，青年科学家也很重要。（42个字）	1985年3月7日	邓小平同志在全国科技工作会议上的讲话	**虽然不是原话，但在这里体现了邓小平对科技工作者的认可和重视。**	《邓小平文选》第三卷，第107—109页。
希望所有出国学习的人回来。……为加快发展我国科技和教育事业多做实事。（95个字）	1月25日上午	珠海亚洲仿真公司	你们带头，希望所有出国学习的人回来。不管他们过去的政治态度怎样，都可以回来，回来我们妥善安排。起码国内相信他们。告诉他们，要作贡献，还是回国好。[72个字，见《邓小平人生纪实》（下），第2043页。]	《1992·邓小平南方之行》，第101—102页。《春天的故事：1992年邓小平视察南方纪实》，第65页。

续表

正式文本原文	讲话时间	讲话地点	参考资料文本	参考依据
搞科技,越高越好,越新越好……要让我们的国家发达起来。(65个字)	1月25日上午	珠海亚洲仿真公司	我是看新鲜。要发展高新技术,越新越好,越高越好,越新越高,我们就高兴。不只我们高兴,人民高兴,国家高兴!(52个字) 对我们的国家要爱哟!中国要发达起来,中国穷了几千年了,现在是改变这种状况的时候了。[41个字,见《邓小平人生纪实》(下),第2044页。]	《"我要握握年轻人的手"》,《南方日报》1992年3月23日,参见《邓小平在深圳》,第27页。 《春天的故事:1992年邓小平视察南方纪实》,第66页。

第三部分,从内容上看,这部分讲话来自不同时间、不同地方,武昌、长沙、深圳、珠海、上海、南京等地,都有讲话内容;从文字字数上看,主要是在珠海讲的。这里可以看出,有不少内容是在不同地方重复讲的,重点是强调抓住机遇,加快发展问题。还有一些内容没在南方谈话期间讲,但在1985年、1991年的不同场合讲过,在此做了一一标注(见表格中**黑体**部分)。这部分主要内容是讲发展的台阶论问题,强调抓住机遇,加快发展是能够在一定时期提升发展的台阶的,并且在这部分第三自然段,编辑组用了较多的笔墨来叙述1984—1988年的改革发展情况,以翔实的数据来印证改革上台阶的可能性和必要性,增加了文本的可信度。还有,讲到科技和教育部分时,引用和参考了邓小平1985年在科技工作会议上的讲话内容。整体上讲,为了体现台阶论和科教兴国内容,编辑组在内容编排和整理上做了很多努力。

4.第四部分,正式文本819个字符。具体对比情况如表2-5所示。

表 2-5　文本第四部分对比

正式文本原文	讲话时间	讲话地点	参考文献文本	参考依据
要坚持两手抓……手软不得。（58 个字）	1 月 20 日上午	深圳国贸大厦	打击各种犯罪活动,扫除各种丑恶现象,手软不得。毛主席经常强调要两条腿走路,两只手抓工作。我们也要做到两只手抓工作,就是一只手抓改革开放,一只手抓打击各种犯罪活动。这两只手都要硬,软了不行,要毫不让步。（100 个字。见《邓小平南方谈话真情实录——记录人的记述》,第 63 页。）	《1992·邓小平南方之行》,第 64 页。《邓小平在深圳》,第 9 页。
广东二十年赶上亚洲"四小龙"……而且比他们管的更好。（105 个字）	1 月 19 日下午	浏览深圳市容的车上	同正式文本原文	《1992·邓小平南方之行》,第 47 页。《邓小平在深圳》,第 7 页。《春天的故事：1992 年邓小平视察南方纪实》,第 23 页,27 页。《邓小平人生纪实》（下）,第 2026 页。
开放以后,一些腐朽的东西也跟着进来了……这些东西就一扫而光。（99 个字）	1 月 21 日上午	参观深圳锦绣中华景区回去的路上	我们应该是有能力把精神文明建设搞好的。旧中国上海那么多腐败的东西,卖淫、吸毒、黑社会等等,解放后,我们用来治理整顿的时间只有三年,那些坏的东西,腐朽的东西都肃清了,抢劫案件马上就减少了。（93 个字。这应是邓小平原话）	《邓小平南方谈话真情实录——记录人的记述》,第 101 页。
开放以后……社会主义精神文明就可以搞上去。（248 个字）	1 月 20 日上午	深圳国贸大厦	《1992·邓小平南方之行》中,少了这一句："在整个改革开放过程中都要反对腐败。对干部和共产党员来说"	《1992·邓小平南方之行》,第 64 页。
对干部和共产党员来说……还是要靠法制,搞法制靠得住些。（38 个字）	1 月 20 日上午	深圳国贸大厦	对干部和共产党员来说,廉政建设是一件大事。要认真抓。主要是健全社会主义法制,这样,廉政才有可行性,永久性。（53 个字。这应是邓小平原话）	《邓小平南方谈话真情实录——记录人的记述》,第 65 页。

续表

正式文本原文	讲话时间	讲话地点	参考文献文本	参考依据
总之，只要我们的生产力发展……社会主义精神文明建设就可以搞上去。（49个字）	1月21日上午	参观深圳锦绣中华景区回去的路上	只要我们的生产力发展，保持一定的增长速度，人民的精神文明建设也可以搞上去。我们完全有能力把社会主义精神文明建设搞好。（58个字）	《邓小平在深圳》，第14页。
在整个改革开放的过程中，必须始终注意坚持四项基本原则。……就会出事。（140个字）	1月20日上午	深圳国贸大厦	同正式文本原文	《1992·邓小平南方之行》，第63—64页。
特区搞建设，花了十几年时间……在苗头出现时不注意，就会出事。（58个字）	1月20日上午	深圳国贸大厦	你们这里搞建设，花了十几年时间才有这个样子。垮下来可是一夜之间啊！垮下来容易，建设就很难。苏联、东欧垮得多快！苏联这么强的国家，几个月一下子就垮了。如果中国不接受这个教训，在苗头出现时不注意，就如戈尔巴乔夫那样的"新思维"出来以后没注意那样，就会出事。（126个字。这应是邓小平原话）	《邓小平南方谈话真情实录——记录人的记述》，第66—67页。
依靠无产阶级专政保卫社会主义制度……决不能掉以轻心。（265个字）	1990年12月24日	邓小平同几位中央负责同志的谈话	**这段话很重要，既是对前面多次讲无产阶级专政的总结，又是对人民民主专政的全面解释，强调了四项基本原则的重要性。**	《善于利用时机解决发展问题》，《邓小平文选》第三卷，第363—365页。

第四部分，从讲话时间及地点上看，主要是邓小平同志在深圳讲的；从内容上看，主要讲要保证特区的社会主义性质，就必须"坚持两手抓""两只手都要硬""坚持四项基本原则"①。本部分一共三个自然段，第三自然段在字数上占近三分之一，但从现有资料来看，邓小平在南方视察期间没有讲过类似的话，笔者从1990年12月24日邓小平同几位中央负责同志的谈话中找到了类似的话，在此做了备

---

① 《邓小平文选》第三卷，人民出版社1993年版，第378、第379页。

注。① 这段话很重要,既是对前面多次讲无产阶级专政的总结,又是对人民民主专政的全面解释,强调了四项基本原则的重要性。

(五)第五部分,正式文本 1597 个字符。具体对比情况如表 2-6 所示。

表 2-6　文本第五部分对比

正式文本原文	讲话时间	讲话地点	参考文献文本	参考依据
正确的政治路线要靠正确的组织路线来保证。……从一定意义上说,关键在人。(82 个字)	1979 年 7 月 29 日	邓小平接见共海军员委中常委会军扩议全体同志时的讲话	邓小平在 1979 年就关注到了政治路线决定之后,要靠正确的组织路线来保证问题,重点在选人用人和培养人问题。	《思想路线政治路线的实现要靠组织路线来保证》,《邓小平文选》第二卷,第 190—193 页。
帝国主义搞和平演变……要长治久安,就要靠这一条。(240 个字)	1 月 20 日	深圳国贸大厦	同正式文本原文	《春天的故事:1992 年邓小平视察南方纪实》,第 29 页。
中国要出问题,还是出在共产党内部。(17 个字)	1 月 20 日	深圳国贸大厦	中国出问题,不是出在其他什么方面,而是出在共产党内部。苏联、东欧的问题,就是出在共产党内部。如果我们党出问题,整个国家肯定出大问题。(66 个字,应是邓小平原话)	《邓小平南方谈话真情实录——记录人的记述》,第 66 页。

---

① 1990 年 12 月 24 日,邓小平同几位中央负责同志的谈话。参见《善于利用时机解决发展问题》,见《邓小平文选》第三卷,第 363—365 页。

续表

正式文本原文	讲话时间	讲话地点	参考文献文本	参考依据
真正关系到大局的是这个事。……这就不能让了。(162个字)	1月20日	深圳国贸大厦	哪个领导人在什么地方、出现某些差错,都无关大局。真正关系到大局的是这个事。眼前的这个问题并不是已经顺利地解决了,希望能解决好。"文化大革命"我被解放出来之后,就注意这个问题。我发现靠我们这一代不能解决长治久安的问题。于是,我找别的人,真正要找下一代。但是,没有解决问题。那两个人都失败了,不是在经济工作上出问题,而是在坚持社会主义道路,反对资产阶级自由化的问题上栽跟头。邓小平讲到这里突然停顿了下来,眼睛对着远方闪动,然后才既深情、又带着遗憾地说:"这就不能让了。"(233个字,应是邓小平原话)	《邓小平南方谈话真情实录——记录人的记述》,第66页。
我在一九八九年五月底还说过……我们的事业就会万古长青!(111个字)	1月23日上午	从蛇口去珠海的船上	同正式文本原文	《1992·邓小平南方之行》,第87页。《春天的故事:1992年邓小平视察南方纪实》,第54页。
我在一九八九年五月底还说过……使人民感到我们真心诚意搞改革开放。(70个字)	1989年5月31日	邓小平同李鹏、姚依林谈话	我们现在就是要选人民公认是坚持改革开放路线并有政绩的人,大胆地将他们放进新的领导机构里,要使人民感到我们真心诚意要搞改革开放。(63字)	《邓小平文选》第三卷,第300页。
要进一步找年轻人进班子。……特别是要教育后代。(472个字)	1月20日上午	深圳国贸大厦	同正式义本原义	《1992·邓小平南方之行》,第64页。

正式文本原文	讲话时间	讲话地点	参考文献文本	参考依据
现在中央这个班子年龄还是大了点……做工作精力就不够了。(75 个字)	1 月 20 日上午	深圳国贸大厦	目前这个班子年龄还是大了点。60 岁出头就算是年轻人了？这些人过几年还可以，再过 20 年就 80 多岁了。像我今天这个样，聊聊天还可以，但讲话也表达不顺畅、做工作精力就更不够了。(82 个字)	《邓小平南方谈话真情实录——记录人的记述》，第 67 页。
现在中央的班子干得不错嘛！……要注意下一代接班人的培养。(128 个字)	1 月 20 日上午	深圳国贸大厦	这两年以来，现在的中央搞得不错。问题当然还很多。什么时候问题都不会少。让别人去做，让更多人去做。还要多锻炼和培养一批年轻点的人。帝国主义者得出了一个说法，有我们党的老一辈健在，中国是变不了的。他们把希望寄托在以后几代人身上。第一代的领导核心是毛主席。第二代的核心，就是我啰。江泽民他们这一代可算是第三代。还有第四代、第五代，包括现在的大学生。不培养接班人不行，要管一百年。老年人要自觉让位，在旁边可以帮一下，但不要做妨碍人的事。对于后一代人办得不好的事，也要好心好意地帮。要注意对下一代接班人的培养。(250 个字)	《邓小平南方谈话真情实录——记录人的记述》，第 65—66 页。
我坚持退下来……越老越要谦虚一点。(78 个字)	1 月 20 日上午	深圳国贸大厦	我的记忆力以前是相当强的，现在年纪大了，记忆力差了。我坚持退下来，就是不要在老年的时候犯错误。老年人有长处，但也有很大的弱点，脑筋不够用，固执。所以老年人也要有点自觉性。越老越不要最后犯错误，越老越要谦虚一点，少管事。(109 个字)	《1992·邓小平南方之行》，第 65 页。

续表

正式文本原文	讲话时间	讲话地点	参考文献文本	参考依据
现在有一个问题，就是形式主义多。……我建议抓一下这个问题。（178个字）	1月18日上午；1月20日上午	武昌车站，同湖北省委书记关广富、省长郭树言谈话；深圳国贸大厦	深圳发展这么快，是靠实干干出来的，不是靠讲话，不是靠写文章写出来的。要多干实事，少讲空话。形式主义也是官僚主义。毛主席不开长会，文章短而精，讲话也很精炼。周总理四届人大的报告，毛主席指定我负责起草，要求不得超过5000字，我完成了任务。五千字不也是很管用吗？（《邓小平南方谈话真情实录——记录人的记述》，第63页。）	《邓小平人生纪实》（下），第2020页。《1992·邓小平南方之行》，第30页，第65页。《邓小平南方谈话真情实录——记录人的记述》，还提到一句"那些人尽讲屁话"，第63页。
学马列要精，要管用的。……马克思主义是很朴实的东西，很朴实的道理。（349个字）	1月23日上午	从蛇口去珠海的船上	同正式文本原文	《春天的故事：1992年邓小平视察南方纪实》，第56—57页，转引自《回忆邓小平》（下），第490页。
我们改革开放的成功，不是靠本本，而是靠实践，靠实事求是。……马克思主义是很朴实的东西，很朴实的道理。（193个字）	1月23日上午	从蛇口去珠海的船上	同正式文本原文	《百年小平》（下），第786页。《邓小平人生纪实》（下），第2040页。
学马列要精，要管用的。……我的入门老师是《共产党宣言》和《共产主义ABC》。（76个字）	1月23日上午	从蛇口去珠海的船上	《1992·邓小平南方之行》中没有"长篇的东西是少数人搞专业的人读的，群众怎么读？要求都读大本子，那是形式主义，办不到"这一句。	《1992·邓小平南方之行》，第88页。
我们改革开放的成功，不是靠本本，而是靠实践，靠实事求是。（28个字）	1月23日上午	从蛇口去珠海的船上	同正式文本原文	《1992·邓小平南方之行》，第88页。
我读的书并不多……很朴实的道理。（94个字）	1月23日上午	从蛇口去珠海的船上	同正式文本原文	《1992·邓小平南方之行》，第88页。

第五部分,从讲话内容和地点上说,主要是在深圳和去珠海的船上讲的,还有在武昌讲的关于形式主义的原话。关于形式主义问题,邓小平在之前的很多场合下讲过,但这次讲得最全、最深刻,着墨也最多。这部分主要讲如何贯彻正确的组织路线问题,一是如何做好选人用人,二是培养教育下一代;也讲到了老同志的责任问题——及时退出岗位,帮助培养年轻人,使国家后备干部有梯队的发展。正确的组织路线更要有正确的指导思想,邓小平在这里强调"学马列要精,要管用",强调"实事求是是马克思主义的精髓"①。从字数上看,这部分着墨不少,占据六部分的前三位置,从内容上看也极其重要。

6. 第六部分,正式文本 495 个字符。具体对比情况如表 2-7 所示。

表 2-7　文本第六部分对比

正式文本原文	讲话时间	讲话地点	参考文献文本	参考依据
我坚信……哪有这回事!(278 个字)	1 月 25 日上午	珠海拱北芳园大厦(现粤海大厦)29 层旋转餐厅	同正式文本原文	《1992·邓小平南方之行》,第109 页。
我坚信,世界上赞成马克思主义的人会多起来的,因为马克思主义是科学。(33 个字)	1 月 26 日上午(这里应该有误,应是 25 日)陈锦泉、陈开枝等书中都是 25 日	珠海拱北芳园大厦(现粤海大厦)29 层旋转餐厅	我坚信,世界上赞成马克思主义的人会多起来的,因为马克思主义是科学。社会主义从总的方面来说,没犯错误,我们跟着这个路线走,中国永远不会倒,不仅不会倒,而且会沿着社会主义道路飞速发展。从历史长河来说,用那么 100 年,社会主义就会发展到中等水平。(118 个字,与正式文本稍有区别)	《邓小平的最后二十年》,第 165 页。

①　《邓小平文选》第三卷,人民出版社 1993 年版,第 382 页。

续表

正式文本原文	讲话时间	讲话地点	参考文献文本	参考依据
我坚信,世界上赞成马克思主义的人会多起来的,因为马克思主义是科学。(33 个字)一些国家出现严重曲折……失败了。哪有这回事!(94 个字)	1 月 18 日上午	武昌火车站	我坚信,世界上赞成马克思主义的人会多起来的,因为马克思主义是科学。(33 个字)一些国家出现严重曲折,社会主义好像被削弱了,但人民经受锻炼,从中吸收教训,将促使社会主义向着更加健康的方向发展。因此,不要惊慌失措,不要认为马克思主义就消失了。(80 个字)	《百年小平》(下),第 778 页。
世界和平与发展这两个大问题,至今一个也没有解决。……中国是维护世界和平的坚定力量。(75 个字)	1. 1984 年 5 月 29 日2. 1985 年 3 月 4 日3. 1990 年 3 月 3 日	1. 邓小平同志会见巴西总统菲格雷多时的谈话2. 邓小平同志会见日本商工会议所访华团时的谈话3. 邓小平同中央几位负责同志的谈话	1.《维护世界和平,搞好国内建设》:"现在世界上问题很多,有两个比较突出。一是和平问题。……二是南北问题"。2.《和平和发展是当代世界的两大问题》:"中国现在是维护世界和平稳定的力量,不是破坏力量。""现在世界上真正大的问题,带全球性的战略问题,一个是和平问题,一个是经济问题或者说发展问题。"3.《国际形势和经济问题》:"和平与发展两大问题,和平问题没有得到解决,发展问题更加严重"。	《邓小平文选》第三卷,第 56 页;第 104、第 105 页;第 353 页。
我们要在建设有中国特色的社会主义道路上继续前进……责任大啊!(140 个字)	1 月 25 日上午	珠海拱北芳园大厦(现粤海大厦)29 层旋转餐厅	同正式文本原文	《1992·邓小平南方之行》,第 109 页。《春天的故事:1992 年邓小平视察南方纪实》,第 72 页。

第六部分,3个自然段,字数最少,是文本的结尾部分。从内容上看,主要来自在武昌火车站和珠海时期的讲话,主要讲坚持社会主义前途命运问题。第二自然段不是在南方视察期间讲的,笔者从《邓小平文选》第三卷中查询到邓小平之前在3次谈话中提到了和平与发展问题①。把这部分放在这里意在阐述中国国家的外交立场,强调中国特色社会主义对世界和平发展的积极作用。第三自然段是文本最后的精彩收尾,是邓小平对继任者及全国人民提出的殷切期望。这段话也是后来被经常引用的一段话,表明了历届中国共产党人坚持一张蓝图绘到底,为实现中华民族伟大复兴而赓续努力的决心和意志。

从以上文本对比可以看出,吴松营、陈开枝的回忆录比较真实、全面,因为他们是邓小平在深圳视察期间的全程参与者和记录者,书中的有些话就是当时记录的邓小平讲的原话。余玮作为长期研究邓小平的专家,其资料的翔实性、叙述的准确性值得肯定。陈锦泉在著书过程中采访了当年亲历南方谈话全过程的陈开枝,并查阅了很多翔实的资料,其书由中央文献出版社出版,书中有关南方谈话的记录是真实的。其他参考资料也多是中共中央文献研究室编著或者权威出版社出版,因此,其书中的有关论述是真实可信的。吴松营在其著书中讲,书中邓小平的讲话基本上是"根据录音和记录稿如实地写出来"②的。但他只是全程记录了邓小平在深圳的讲话,一共五个部分,从内容上看,后来的《邓小平文选》第三卷中的正式文本,多数讲话内容来自在深圳的讲话。③ 从文本中我们可以看出,邓小平对深圳、珠海等经济特区的重视——伟大实践得出了必然的结论,改革开放之路是正确的,必须长期坚持!

---

① 参见《邓小平文选》第三卷,人民出版社1993年版,第56—57页、第104—106页、第353—356页。

② 吴松营:《邓小平南方谈话真情实录——记录人的记述》,人民出版社2012年版,第139页。

③ 吴松营的记录稿名为《一九九二年一月邓小平同志视察深圳特区的重要谈话要点》,近1万字。《要点》分五个部分:第一部分,"中国不坚持社会主义,不改革开放……只能是死路一条";第二部分,"深圳的经验,就是'敢闯'";第三部分,"广东20年要赶上亚洲'四小龙',但在社会秩序方面不能跟他们比、跟他们学";第四部分,"要重视培养年轻接班人";第五部分,"开那么多会没有用。要行动,要落实"。1992年3月,我们看到中央2号文件《邓小平同志在武昌、深圳、珠海、上海等地的谈话要点(1992年1月18日至2月21日)》,约1万字,共六个部分。可以说,文件中邓小平的谈话内容,大部分都是在深圳视察时讲的。参见吴松营:《邓小平南方谈话真情实录——记录人的记述》,人民出版社2012年版,第139页。

通过文本溯源对比,我们能够清晰地了解到,正式文本是按照自身的内在逻辑编写的,而不是根据发表谈话的时间先后顺序写的。关于文本内在逻辑,笔者将在本章第三节中重点论述。本节先按照时间顺序,摘取一些重要的话语,简要还原邓小平发表的讲话在正式文本中的位置,有些话是在多个场合都讲过的,正如后来邓小平说,"有些地方重复还是需要的"①,并尝试进行分析。

1992年1月18日,邓小平乘专列到达武昌站,在车站会见时任湖北省委领导人关广富等人。在武昌时,他谈到了形式主义问题,在正式文本第五部分的第四自然段。形式主义问题是邓小平很关注的问题,1月20日在深圳国贸大厦也讲了这个问题。邓小平非常讨厌大话、套话连篇的做法,甚至说了很厉害的气话②。1月18日下午,专列到达湖南省长沙站。邓小平在站台上会见了时任湖南省委书记熊清泉等人③。在很短的时间里,他提出了著名的台阶论——这一讲话要点体现在正式文本中的第三部分中。他强调,要抓住现在的大好时机,加快经济发展,尽早使经济隔几年就上一个台阶。

1月19日至23日,邓小平在深圳期间,是怀着迫切的心情按照事先安排的路线进行视察的。1984年1月,他来过深圳,转眼已是8年过去了,改革开放取得了长足的发展,国际、国内局势也发生了很大的变化,他要看看自己亲手缔造的特区到底发生了怎样的变化,他心目中预设的改革开放思路到底在实践中呈现出什么样的效果。因此,上午9时左右一到深圳,他就坐不住,想到处看看,甚至打乱了深圳市委的预先计划,提前安排了深圳市容的参观。深圳是邓小平最想看的特区之一,他在深圳的5天里,活动安排密集,讲话最多,打破了他1984年第一次来深圳时沉默不语的状态,因为他所看到的发展超出了自己预想的样子,更加坚定了他改革开放的决心,他把自己对改革开放的认识和进一步发展的思考急切地说出来,已经是"不吐不快",而且是一种"政治交代"。在深圳期间,他第一次提出了"三个有

---

① 中共中央文献研究室编:《邓小平年谱》第五卷,中央文献出版社2020年版,第660页。

② 参见吴松营:《邓小平南方谈话真情实录——记录人的记述》,人民出版社2012年版,第43、第63、第125页。据在场的人回忆,在深圳市迎宾馆,邓小平还生气地说:"那些人尽讲屁话!"

③ 参见陈开枝:《1992·邓小平南方之行》,中国文史出版社2004年版,第30—32页。

利于"标准;第一次提出党的"基本路线要管一百年,动摇不得"①;第一次提出了"社会主义的本质"②,共同富裕的发展构想;第一次提出了建设国家的策略,两手抓、两手都要硬的发展辩证法;提出要警惕党内腐败,注意从内部溃败的风险,注意培养接班人、用社会主义思想教育好党员和青年人;还重点提出社会主义要积极融入世界,向资本主义学习一切现代化发展的先进经验,等等。这些振聋发聩的讲话除正式文本第六部分外,其他五个部分都作为重点内容进行阐述。前面说过,邓小平在深圳的讲话内容几乎占据了正式文本的一半字数,足见深圳的发展之路是正确的,其启迪和示范引领作用是巨大的。

1月23日上午,邓小平从蛇口乘船去珠海,直至1月29日下午离开珠海前往顺德,前后历时7天。在珠海,邓小平先后参观了珠海市容、珠海生化制药厂、亚洲仿真公司并登上拱北芳园大厦旋转餐厅以及参观江海电子公司。这里补充两件事情,1992年1月29日下午,邓小平在顺德考察容奇珠江冰箱厂,在了解珠江冰箱厂只是一个乡镇企业时,非常惊喜,并指出一个国家要有民族工业,要有自己的拳头产品,国家才有希望。他一再强调,对于办特区来说,实践证明,特区是"姓'社',不是姓'资',乡镇企业也是姓'社'不姓'资'"③。当日下午,在离开珠海前,邓小平为珠海题词——"珠海经济特区好"④,肯定了珠海的改革开放做得很好。

在这几天的讲话中,邓小平通过与世界发达国家对比,着重强调了发展是解决中国贫穷落后的"硬道理",发展必须依靠科技力量和教育力量,在积极吸收发达世界国家的先进科技的基础上发展中国的科技事业,强调要重视科技人才和教育,要采取各种政策留住和用好科技人才。强调要注重意识形态管控,既要反右,更要防"左"。还有,要用历史唯物主义的态度看待马克思主义,马克思主义是科学,"打不倒"⑤、不会消失,实事求是是精髓,检验真理的标准是实践。要有紧迫感,向

① 《邓小平文选》第三卷,人民出版社1993年版,第370—371页。
② 《邓小平文选》第三卷,人民出版社1993年版,第373页。
③ 陈开枝:《1992·邓小平南方之行》,中国文史出版社2004年版,第115页。
④ 郭德宏、李朋:《邓小平在历史转折关头》,红旗出版社2015年版,第396页。
⑤ 《邓小平文选》第三卷,人民出版社1993年版,第382页。

资本主义先进国家看齐,肩扛重要责任、沉下心脚踏实地,抓住历史机遇,加速推进社会主义现代化事业。这些讲话主要内容在六个部分中都有涉及。

1月29日下午,邓小平一行从顺德到广州火车站,开始北上,经湖南进入江西萍乡,途经宜春到达新余和鹰潭,在那里先后会见了时任江西省委书记毛致用、省长吴官正等。1月30日到达上海,直至2月20日,邓小平同上海人民一起过春节。在这期间,他视察了上海南浦大桥,游览了南京路夜景和黄浦江,参观上海贝岭微电子制造公司,到上海闵行开发区和马桥镇旗忠村视察,在上海南京路第一百货商店视察并买了文具,在休闲中感受上海的巨大变化,心情是愉悦的。其间,也有一些重要讲话,比如,他强调要进一步解放思想,干部任用要讲梯次,利用资本主义机器并不姓"资",强调两个文明一起抓,浦东的发展要有世界眼光,等等。这些内容,都基本上在深圳、珠海的讲话中重复讲过了,因此,正式文本中在上海期间的讲话文字明显很少,只在第三部分谈到上海开发开放晚了的失误,但这反过来又强调了上海浦东新区发展的战略地位和作用,也许在文本编辑中考虑到了1991年邓小平上海视察时的讲话内容,在此有所简略。

综上所述,我们能够看到,南方谈话文本主体部分是邓小平在深圳和珠海期间谈话的内容,从话语中、从一些真实影像资料中,我们能够切身体会到邓小平肯定改革开放、确定改革开放性质的果敢以及坚定党的基本路线的坚毅和决心,消除了很长时间内人们心里的疑虑,捅破了体制改革中要建立社会主义市场经济这层"窗户纸",为中国改革的航船廓清了认识的迷雾,扭正了前进的方向,在中国大地上吹起了新一轮改革开放的春风,这是奏响新世纪改革开放号角的宣言书。

第二节　南方谈话文本的传播与影响

前文已经提到,邓小平视察南方的一系列谈话,在他经过的每一个地方都有人专门记录并及时传回北京。尤其是在深圳、珠海等地的谈话精神,在宣传"不破例"的要求下,经济特区又一次发挥了其敢闯"禁区"的勇气,通过媒体巧妙地传播了出去,产生了巨大影响,这是一次中国人民即将走入新世纪的思想上的又一次大解放,是迈向人的现代化的重要标志之一。也有人认为,这是邓小平将军事艺术成功运用到政治方面的一个迂回战术。① 本节不再重述南方谈话发表之后的国内、国际上的传播和反应,而将重点放在正式文本出版之后对中国国内政治经济发展及其在世界上的影响。

一、南方谈话的发表加速《邓小平文选》第三卷的出版

邓小平说过,他晚年最后的作用就是带头建立了退休制度。② 但是,1992 年之后他又做了两件影响很大的事情:一件是发表震惊世人的南方谈话,这在前面已经有了较多的论述;另一件是"亲自主持编撰和逐篇审定"③了《邓小平文选》第三卷全部文稿。而这两件事,按照邓小平的话来说,都是具有"政治交代性"的,这是邓小平晚年的最后几年对党和国家的伟大贡献。

1992 年南方谈话之后,国内掀起一轮学习南方谈话的高潮。党中央高度重视南方谈话,在 2 月 28 日下发了中央 2 号文件,将南方谈话要点下发至县团级,并传达到每个党员。1992 年 3 月,中央政治局专门召开两次政治局会议学习讨论南方谈话,并专门发了会议公报。④ 会议决定,将南方谈话主要精神作为党的十四大的指导思想。国内各界群众对在前两卷《邓小平文选》基础上,把 1982 年以来的邓小平的著作、讲话编辑出版成第三卷的呼声越来越高。理论界也一致认为,尽早出版第三卷本,对于系统学习邓小平有关建设有中国特色社会主义的理论有着重要的指导意义。南方谈话精神的学习贯彻,客观上推动了第三卷的编辑出版。

实际上,1992 年 3 月份的时候,邓小平就在一次谈话中提出要编辑新的一卷,

---

① 参见陈开枝:《1992·邓小平南方之行》,中国文史出版社 2004 年版,第 125 页。
② 参见《邓小平文选》第三卷,人民出版社 1993 年版,第 316 页。
③ 易文军、李树全:《邓小平之路》,人民出版社 2004 年版,第 556 页。
④ 参见《中共中央政治局召开会议讨论我国改革和发展的若干重大问题(一九九二年三月九日—十日)》,见中共中央文献研究室编:《十三大以来重要文献选编》(下),人民出版社 1993 年版,第 1970—1972 页。

指的就是第三卷。后来《解放日报》在当年 4 月 16 日至 18 日连载了龚育之的一篇长篇报告,其中就邓选三卷的尽快出版进行了呼吁。党的十四大召开之后,在党内外的呼声之下,邓小平同志办公室的王瑞林找到时任中宣部副部长郑必坚,就编辑邓选三卷的事进行商量。① 1992 年 12 月 8 日,邓选三卷的编辑出版工作正式得到邓小平办公室同意,同时确定了以郑必坚、龚育之、逄先知为具体负责人,其他相关人员参加的编辑组。12 月 14 日,编辑组正式集中,全力以赴开始编辑工作。② 应该说,从这一天开始,邓小平就开始了指导三卷本的编辑工作。据《邓小平年谱》记载,1993 年 5 月 4 日至 9 月 3 日 4 个多月的时间里,邓小平逐篇审定了编辑组 14 批次的送审稿。③ 在邓小平看来,把南方谈话作为终篇,"这样好,段落比较清楚"④,他对修改后的南方谈话最后一段很满意,认为"大功告成","这个结尾不错"⑤。

据中共中央文献研究室原主任逄先知先生回忆,邓小平在指导编辑第三卷时,曾提出三个要求:一是文字、内容和逻辑的准确性;二是书中思想的连贯性;三是本卷书的开始篇和结尾篇的安排。⑥ 现在看来,邓小平高度重视第三卷的编辑工作,开篇是党的十二大开幕词,终篇是南方谈话,是改革开放 10 年(1982 年以来)实践的理论总结,也是他"毕生经验之谈"⑦,整体逻辑严密,思想连贯,是一个完整的思想体系。⑧

邓小平以 89 岁高龄的年纪,没有按照往常那样去北戴河度假,而是在盛夏酷暑的月份,亲自编审文稿,"希望编辑人员要加加班,速度快点,争取早点出"⑨,直

---

① 参见龚育之:《龚育之自述》,中央文献出版社 2009 年版,第 367—368 页。
② 参见中共中央文献研究室编:《邓小平年谱》第五卷,中央文献出版社 2020 年版,第 654 页。龚育之:《龚育之自述》,中央文献出版社 2009 年版,第 368、第 369 页。李金田:《邓小平在 1992》,江苏人民出版社 2022 年版,第 208 页。
③ 参见中共中央文献研究室编:《邓小平年谱》第五卷,中央文献出版社 2020 年版,第 658—661 页。
④ 中共中央文献研究室编:《邓小平年谱》第五卷,中央文献出版社 2020 年版,第 660 页。
⑤ 中共中央文献研究室编:《邓小平年谱》第五卷,中央文献出版社 2020 年版,第 661 页。
⑥ 参见刘金田:《邓小平在 1992》,江苏人民出版社 2022 年版,第 211 页。
⑦ 刘金田:《邓小平在 1992》,江苏人民出版社 2022 年版,第 213 页。
⑧ 参见中共中央文献研究室编:《百年小平》,新世界出版社 2004 年版,第 209—210 页。
⑨ 中共中央文献研究室编:《邓小平年谱》第五卷,中央文献出版社 2020 年版,第 660 页。

到 1993 年 9 月 3 日,终于完成了一部伟大的具有长远指导意义和深远历史意义的理论著作,向党和人民交了一份完美的"政治交代"答卷! 这一卷文本,既是对改革开放 10 年的经验总结和理论升华,又是今后改革开放事业的科学理论指导。随后的 1994 年 11 月 2 日,经增补修订后的《邓小平文选》第一卷、第二卷正式出版,与第三卷一起构成了邓小平理论的主要著作载体。几乎同时,不同版本的《邓小平文选》在世界各地出版发行。英国前首相詹姆斯·卡拉汉(James Callaghan)曾怀着崇敬的心情读邓小平的著作,认为邓小平领导的改革,"给中国人民带来物质上的收获"①。

在审定文稿的过程中,邓小平多次讲这部文稿"有针对性","从大局讲",坚持基本路线不动摇,能"教育人民",具有管长远的理论指导意义。② 1992 年 11 月 2 日,中共中央向全党全国人民发出号召,学习同日出版的《邓小平文选》第三卷,并举行专题学习报告会,充分肯定了第三卷的理论贡献和历史地位。南方谈话发表 30 多年来的改革发展历史已经证明并将继续证明,《邓小平文选》三卷本至今仍然发挥着鲜活的理论指导意义。

邓小平 1992 年南方谈话之后,又有两次到南方过年时发表了谈话。③ 这两次谈话的一些思想也很重要,但其讲话内容的重点大都在 1992 年的讲话中体现了,所以在《邓小平年谱》中并未有多少笔墨予以记录。邓小平之所以将 1992 年的南方谈话作为三卷本文选的终结篇,是他觉得他毕生思考的重大问题和对未来中国社会发展的思考都在南方谈话中讲清楚了,这次谈话倾注了他极大的心血,是他的"政治交代的东西"④。南方谈话中的基本观点,还与他自 1989 年以来在不同场合

---

① 转引自易文军、李树全:《邓小平之路》,人民出版社 2004 年版,第 559 页。
② 参见中共中央文献研究室编:《邓小平年谱》第五卷,中央文献出版社 2020 年版,第 660 页。
③ 这两次谈话分别是,1992 年 12 月 14 日至 1993 年 2 月 9 日,先后在杭州、上海发表谈话;1993 年 12 月 9 日至 1994 年 2 月 9 日,先后在济南、上海、南京发表谈话。
④ 中共中央文献研究室编:《邓小平年谱》第五卷,中央文献出版社 2020 年版,第 661 页。

同中央有关负责同志的六次谈话①精神"相连贯,并且在第三卷全书中都一以贯之"②。

二、1992 年成为新的改革元年

邓小平发表的南方谈话,言简意赅、理论朴素,却又深入人心、激发活力,从精神上、思想上给当时的人们来了一次大解放,拨云见日、醍醐灌顶,压抑已久的发展能量、发展热情再次被唤起,中国大地上再次奏响新的一轮改革开放的时代最强音。马克思主义认为,科学的、正确的理论一旦被群众掌握,就会变成源源不断的强大的物质力量,推动社会向前进。从当时的国际国内媒体报道情况看,舆论普遍认为,自 1992 年起,中国将进入改革开放的又一个春天,一个蓬勃发展的黄金时期。历史地看,1992 年成为党的十一届三中全会以来改革开放新的元年,得出这种认识和评价也许并不为过,因为这个开始,是有着更为科学、更为成熟的理论——邓小平理论指导的开始,也是中国最新的科学社会主义理论——中国特色社会主义理论指导的开始。

南方谈话,在中国大地上重新激发了亿万人民投身改革的热情,1992 年实际上成为新一轮思想解放和经济腾飞的中国改革开放元年。1992 年,无论是政府工作报告,还是七届人大五次会议,还是党的十四大,党中央都贯彻落实了有关南方谈话精神。党的十四大把南方谈话精神总结为邓小平建设有中国特色社会主义理论,并决定把建立社会主义市场经济体制确立为经济体制改革的目标。

改革首先是思想上的革新,是更新思想观念,与一切不适应社会前进的旧思想做斗争。形式主义就是一个顽疾。1992 年 1 月 18 日,邓小平在武昌站讲了批评形

---

① 这六次谈话体现在《邓小平文选》第三卷中,分别是《组成一个实行改革开放的有希望的领导集体》(第 296—301 页),《第三代领导集体的当务之急》(第 309—314 页),《改革开放政策稳定,中国大有希望》(第 315—321 页),《国际形势和经济问题》(第 353—356 页),《善于利用时机解决发展问题》(第 363—365 页),《总结经验,使用人才》(第 368—369 页)。

② 钟文、鹿海啸编著:《百年小平》(下),中央文献出版社 2004 年版,第 801 页。

式主义的话之后,1月31日,党中央就根据讲话精神出台了中办发电〔1992〕2号文件①,强调要改进工作作风,狠抓落实。其实,邓小平一向反对形式主义,1978年12月中共十一届三中全会会议公报里就写有他关于"减少会议公文、提高工作效率"②的建议;1980年2月,邓小平在党的十一届五中全会上的讲话中,也提出要开短会,不要空话连篇,会议没完没了。而南方谈话之后20年的2012年,中共中央又颁布了八项规定,对形式主义作风做了更严格的规范要求。从此可以看出,改革一项陈风陋习是何其艰难,同时,也显示出中国共产党人持之以恒进行党的自我革命的坚韧精神。

1992年,在南方谈话精神鼓舞下,党中央加快了改革开放步伐,通过一系列的政策措施来激发社会活力,加快经济建设。一是把企业推向市场,转换经营机制。1992年3月,国务院下发《国家体改委关于1992年经济体制改革要点》,要求贯彻落实《中华人民共和国全民所有制工业企业法》,把搞好全民所有制大中型企业作为经济体制改革的重点,转换企业经营机制,有步骤地把企业推向市场。5月,中共中央《关于加快改革、扩大开放、力争经济更好更快地上一个新台阶的意见》下发,提出一系列加快改革和扩大开放的新措施。7月,国务院发布《全民所有制工业企业转换经营机制条例》并实施,全国迅速掀起学习贯彻《条例》高潮并加快了转换企业经营机制的步伐。二是加强宏观调控,推进各项改革。与转换经营机制相配套,进行综合改革试点,大力发展第三产业,积极推进财税体制、投资体制等方面的改革,培育市场机制,加强和改善宏观调控。1992年6月,国家批准北京、沈阳、武汉、重庆、中山等5个开发区作为综合改革试点,做出《关于加快发展第三产业的决定》,制定了13条加快发展第三产业的政策和措施。同年9月,国家计划委员会(简称国家计委)宣布,1993年起,国家减少二分之一指令性计划,农业、工业、

---

① 《中共中央办公厅、国务院办公厅关于减少领导同志过多事务性活动的通知》,1992年1月31日发布。《人民日报》当天第一版发表了《转变作风 狠抓落实》的评论。材料来自人民数据,人民日报(1946—2021年)。又见《江西政报》1992年第5期,第3—4页。
② 中共中央文献研究室编:《三中全会以来重要文献选编》(上),中央文献出版社2011年版,第6页。

物资、商业、外贸出口产品计划指标减少三分之一以上,要求加强政策协调,注重发挥国家宏观调控作用。三是进一步推动沿海、沿边、沿江和省会城市开放,初步形成多方位、多层次的开放格局。南方谈话以后,上海浦东新区的作用更加凸显,党中央给予上海扩大 5 类项目的审批权以及 5 个方面的配套资金筹措权,以进一步支持浦东新区的开发、开放。3 月,国务院先后批准 1 个经济开发区、4 个开放城市①以及温州市开设经济开发区,先后设立上海、天津、深圳、大连、广州等地为保税区。6 月,国务院批准 60 个市、县、镇列入对外开放地区,把南宁和昆明列为沿海开放城市,长江沿岸九江、芜湖、岳阳、武汉、重庆等 10 个主要中心城市全部对外开放。

南方谈话之后,党中央迅速决断,相继做出多项对外开放决策,到当年年底,已经形成了东(东部沿海开放地区)—中(长江沿岸地区)—西(内陆中心城市区)的多层次、全方位的开放格局。全国各省市也在南方谈话和国家对内改革、对外开放政策指引下,迅速掀起促进国民经济建设发展的高潮。改革开放的深入和全方位对外开放格局的初步形成,极大地推动了国民经济的高速发展,1992 年全年国内生产总值达 26638.1 亿元,比上年增长 14.6%;1993 年突破 3 万亿元,达到 34634.4 亿元,比上年增长了 13.5%。② 邓小平南方谈话精神,已经化作亿万中国人民的伟大实践,结出了改革开放的累累硕果。

三、南方谈话的持久影响

历史地看,南方谈话成为邓小平建设有中国特色社会主义理论最终形成的标志,成功开启了一个新的时代。党的十四大坚持把南方谈话主要精神作为指导思想,党的十五大确立邓小平理论为党的指导思想并庄重写进党章。以南方谈话为核心思想的邓小平理论以及由邓小平理论,是探索和认识中国建设社会主义现代化规律的阶段性理论成果,对今后中国特色社会主义事业产生持久的影响。南方谈话中的一些论断成为坚持中国特色社会主义道路、建设社会主义现代化的主流

---

① 是指海南省洋浦经济开发区,黑河、绥芬河、珲春和满洲里开放城市。
② 参见金冲及:《二十世纪中国的崛起》,上海人民出版社 1999 年版,第 366 页。

话语。

(一)改革开放成为中国特色社会主义最显著的特征

以邓小平的南方谈话和党的十四大为标志,中国特色社会主义事业发展进入了加快改革开放、经济快速发展的新时期。邓小平抓住了时代的主题,认为国家要快速发展,必须积极融入世界发展体系,把改革开放作为重要突破口,改革不适应经济发展的体制机制。改革开放——体制内部的改革和对外的开放这个表达方式的确抓住了这个时代的基本特点,开放促进了中国与其他国家特别是市场经济体的全方位交流,从经济、管理、文化到人员的往来互动,激发中国人民建设社会主义的强大活力,为提高中国社会生产力提供了持续的推动力。从"改革是中国的第二次革命"[①],"不改革开放……只能是死路一条"[②],到"创新是一个民族进步的灵魂,是一个国家兴旺发达的不竭动力"[③],到"改革开放是决定当代中国命运的关键抉择"[④],到"改革开放是我们党的一次伟大觉醒"[⑤],"是决定当代中国命运的关键一招,也是决定实现'两个一百年'奋斗目标、实现中华民族伟大复兴的关键一招"[⑥],中国共产党对社会主义建设规律的认识在不断深入,改革开放永不停止,永远在路上。

(二)南方谈话科学擘画中国特色社会主义理论体系框架

邓小平坚持解放思想、实事求是,坚持用马克思主义基本原理、观点观察和审视中国社会主义事业实际,在南方谈话里提出了一揽子建设有中国特色的社会主义的理论体系架构和实践路径。这些构成了邓小平理论的核心,也印证了中国特色社会主义理论体系是一个开放的理论体系,不断地在马克思主义同中国具体实际相结合的过程中得到丰富和发展。在南方谈话中,邓小平提出的一系列创新性的论断,比如关于"基本路线要管一百年"、关于"三个有利于"、关于"计划和市场

---

① 中共中央文献研究室编:《邓小平年谱》第五卷,中央文献出版社 2020 年版,第 334 页。
② 《邓小平文选》第三卷,人民出版社 1993 年版,第 370 页。
③ 《江泽民文选》第一卷,人民出版社 2006 年版,第 432 页。
④ 《胡锦涛文选》第三卷,人民出版社 2016 年版,第 172 页。
⑤ 中共中央文献研究室编:《十九大以来重要文献选编》(上),中央文献出版社 2019 年版,第 721 页。
⑥ 中共中央文献研究室编:《十九大以来重要文献选编》(上),中央文献出版社 2019 年版,第 729 页。

都是经济手段"、关于"社会主义的本质"、关于"共同富裕的构想"、关于"发展才是硬道理"、关于"两手抓、两手都要硬"、关于"实事求是是马克思主义的精髓"①等论断,在以后的中国特色社会主义建设过程中得到进一步丰富和发展。

南方谈话作为一种时代的文本,自发表以来,其深邃的理论启迪一代又一代人,解放思想、实事求是成为中国共产党带领全体中华儿女走向现代化的理论武器。有了这篇文献,中国迈向人的现代化的进程大大加快了。正如毛泽东的《矛盾论》《实践论》启迪了中国人的哲学思维,邓小平的南方谈话再次促进了中国人的思想解放。

30多年来,南方谈话在改革开放新时期对中国人民的影响如此之深,此后的很多国家重要文献里都有南方谈话的重要观点。南方谈话的单行本还被书法家誊写成书法作品广为流传。2004年,南方谈话被著名书法家张志和用毛笔书写后再用激光雕刻在纯度达99.9%的铂金书页上,成为纪念邓小平100周年诞辰的珍藏版,也是世界上第一部用铂金铸造雕刻的书法珍藏宝典。② 关于邓小平与深圳的关系,邓小平的南方谈话之行,有人专门谱写了一曲至今还在流传的经典歌曲《春天的故事》,这首歌曲成为中国改革开放的代表歌曲,在2019年入选"歌声唱响中国——最美城市音乐名片"十佳歌曲。邓小平讲过,没有毛主席,至少我们中国人民还要在黑暗中摸索更长的时间。同样,我们也可以说,没有邓小平南方谈话,我们就没有改革开放40多年来辉煌的伟大成就,全面建成小康社会也会被推迟好多年,中国特色社会主义道路可能会更曲折和艰辛。

邓小平的南方谈话不仅给中国带来了深刻影响,也影响了全世界。1992年12月,英国《金融时报》因邓小平南方谈话确立中国继续走改革开放道路,确立社会主义市场经济体制而评选邓小平为"1992年风云人物"。1997年2月19日,邓小

---

① 《邓小平文选》第三卷,人民出版社1993年版,第370—383页。

② 张志和:《邓小平南方谈话(书法.铂金.雕刻)珍藏版》,线装书局2004年版。为了纪念邓小平100周年诞辰和庆祝中华人民共和国成立55周年,由北京市黄金公司监制。该书认为,邓小平南方谈话是影响中国历史乃至世界历史进程的一篇重要的马克思主义光辉文献,是引领中华民族走向富国强国之路的思想宝典。铂金书法珍藏版收录了邓小平南方谈话8000多字,先由中国当代著名书法家张志和以毛笔手书,再用激光雕刻在纯度达99.9%的铂金书页上,计11页,共耗费33克99.9%的铂金。

平去世,举世悲痛。德国《总汇报》社论指出,邓小平作为开创历史的伟人,于1992年年初采取了他政治人生中最后一次伟大的行动,在所视察的城市中强调坚持党的领导,坚持改革开放,坚持快速发展经济,在解放思想、实事求是中实现经济社会的快速发展。①

第三节　南方谈话文本的内在逻辑

通过前文了解到,南方谈话文本是一种复合型文本,是把35天里邓小平在不同地方的谈话进行汇总,并按照一定的行文逻辑整理为六个相对独立而又内在相连的部分,一共8043个字符。六个部分,显然是经过邓小平同志同意并亲自审定的,但为什么要分为这样六个部分,而不是五个部分或者七个部分,或其他？六个部分怎样成为一个浑然严密的整体,其中又有何内在的逻辑关系？截至目前,国内学界鲜有学者对此进行深入研究,仅有的两篇相关的硕士论文,②也只是从文本内容、传播的角度进行了浅显的研究,而这是远远不够的。

一、南方谈话文本内容的学理分析

南方谈话文本语言精练,文风朴实,不搞形式主义,没有一句空话、套话,通篇体现着马克思主义哲学的意蕴。文本由好几万字的原始讲话、录音资料精简而成,六个部分中每个部分的内容字数不一,字数最多的是第二部分(2113个字符)。下面简要对每个部分蕴含的主要学理进行分析。有学者把邓小平理论体系框架总结

---

① 参见中共中央文献研究室邓小平研究组编:《再道一声:小平您好 深切缅怀敬爱的邓小平同志(珍藏版)》,法律出版社1997年版,第461—462页。
② 参见梁艳华:《邓小平"南方谈话"文本研究》,浙江理工大学2014年硕士学位论文;倪芳:《邓小平理论的文本特征研究——以〈邓小平文选〉为例》,浙江理工大学2013年硕士学位论文。

为"20个论"①,笔者虽不完全赞同,但套用或改用其中几个"论"用在南方谈话中也是可以的。

第一部分,核心内容在于坚持党的基本路线长期不变,笔者称之为"基本路线论",这是邓小平的"一种政治结论和政治宣示"②。说要管一百年不得动摇,就是因为社会主义初级阶段的生产力还很低下,要实现社会主义,需要我们国家几代人、十几代人甚至几十代人的艰苦努力奋斗。文本用改革开放以来的实践来证明基本路线不能动摇。不能动摇的根本原因在于路线方针是正确的,人民群众是拥护的。当然本部分还有一个重要论断,就是把革命和改革并在一起论述,认为都是发展生产力的手段,这就给改革赋予了哲学的解释,这是改革的动力。

第二部分,核心内容在于论述社会主义本质,笔者称之为"社会主义本质论"。本部分文字最多,当然,邓小平围绕社会主义本质阐述的其他著名论断也多,包含"三个有利于"、"市场经济"(只是提出计划和市场的区别和联系,尚未提出市场经济概念)、"学习借鉴"(学习借鉴世界上一切文明成果来提高生产力,发挥社会主义的优势)、"先富后富"、"实践检验"(不争论,看实践)、"'左'右辨析"(有"左"反"左",有右反右)等论断,这些论断都是围绕社会主义本质论来阐释的。

第三部分,核心内容是论述社会主义是能够抓住机遇、加快发展,实现隔几年上一个台阶的,笔者称之为"发展台阶论"。邓小平敏锐地抓住了生产力发展的规律和社会主义经济发展的规律,认为在一定阶段,经过国家的政策调整,不断解放和发展生产力,经济发展是能够得到快速提升并上一个台阶的。文本提到了"时机""机会",笔者称之为"抢抓机遇"的论述,这是对"发展台阶论"的时间性阐释。文本用较多的笔墨论述了1980年之后的5年农村经济改革的成绩,随之带来农

---

① "20个论"是指:思想路线论;实践检验论;发展阶段论;社会本质论;根本任务论;发展动力论;市场经济论;四项原则论;对外开放论;先富后富论;两手共抓论;循序渐进论;依靠力量论;领导核心论;科教兴国论;依法治国论;大局稳定论;国防强军论;"一国两制"论;外交战略论。参见匡洪治:《自信与开拓——邓小平理论探析》,人民出版社2017年版,第268—315页。

② 姜辉、林建华:《当代中国历史方位和发展阶段的科学判断及其演进逻辑》,《中国社会科学》2022年第1期。

业、工业良性互动,农村和城市相互促进,使整个国民经济迅速上了一个台阶。此外,邓小平认为,要促进生产力提高和经济快速发展,必须高度重视科技和教育,提出了"科学技术是第一生产力"①的著名论断,这是关于"科教兴国"的重要论述。

第四部分,核心内容是论述四项基本原则。强调改革开放中"要坚持两手抓",注重精神文明和物质文明一起搞,同步推进,相互影响;强调要长期坚持"反对资产阶级自由化",用"人民民主专政"来"保卫社会主义制度"。② 这部分强调了坚持改革开放的方法论和条件保障论问题,四项基本原则是整个改革开放中必须坚持的原则,否则就会改变改革开放的性质,乃至丧失社会主义国家的根基。当然,文本还强调反对腐败要靠法制,有关于"依法治国"的论述。

第五部分,核心内容在于阐释马克思主义的精髓在于实事求是,笔者称之为"思想路线论"。没有正确的思想路线,正确的组织路线也难以保证。因此,文本以较多的笔墨来论述组织路线问题,后备干部问题,选拔年轻人、培养年轻人的问题以及反对形式主义问题。坚持马克思主义的实事求是这一精髓,就能正确分析当下的社会发展和政治工作实际,就能得出正确的结论,做出正确的判断,采取正确的政治路线和组织路线去解决实际问题。邓小平同志深知东欧剧变的重大教训之一是接班人没有选拔好、培养好,必须高度重视;形式主义和官僚主义害死人,必须彻底摒除。

第六部分,核心内容在于论述社会主义虽然经历曲折,但代替资本主义是历史必然发展的趋势,笔者称之为"曲折发展论",符合社会发展螺旋式上升、曲折式前进的历史唯物主义精神。邓小平在这里作为一位坚定的伟大的马克思主义者向世人呼吁"马克思主义是科学"③,不能因为社会主义暂时的曲折、资本主义暂时复辟就认为马克思主义不行了,这是对东欧剧变后国际、国内社会中弥漫着的社会主义"失败论"、马克思主义"过时论"的强有力的驳斥。最后,邓小平同志对继任者和

① 《邓小平文选》第三卷,人民出版社1993年版,第377页。
② 参见《邓小平文选》第三卷,人民出版社1993年版,第378—379页。
③ 《邓小平文选》第三卷,人民出版社1993年版,第382页。

全体中国人民做出政治交代:要坚定走中国特色社会主义道路,抓住时机,勇扛重担,艰苦奋斗,去一步步实现最终的胜利!

二、南方谈话文本内在逻辑关系

文本六个部分的核心内容已经分析出来了,那么,它们之间有什么逻辑关系?为什么按照这样的顺序排列,是有意而为之还是随意编排?有人认为,不必过多纠缠文本结构之间的关系,理解其内容即可。但在笔者看来,作为文本研究,有必要对其进行探究。

首先,南方谈话文本透露出一种强烈的问题意识。总体上讲,笔者认为,邓小平是带着人民的疑问、时代的疑问去南方视察的,是去解决"时代之问""人民疑问"的。文本中每一个部分都在回应人民的问题,都在廓清笼罩在人民心中的迷雾。第一部分,论述基本路线要不要坚持的问题;第二部分,论述改革的性质,计划和市场的关系以及什么是真正的社会主义问题;第三部分,论述经济发展速度为什么不能太慢,经济有阶段性上台阶的规律问题;第四部分,论述"坚持两手抓""反对资产阶级自由化""坚持四项基本原则",以及正确"运用人民民主专政"的问题,强调四项基本原则的重要性[①];第五部分,论述实事求是思想路线问题,强调培养党的接班人、教育好青年问题;第六部分,论述马克思主义是颠扑不破的科学真理,论述社会主义前途命运和社会主义发展的曲折性问题,强调坚定社会主义道路的重要性和加紧发展社会主义的紧迫性。如此看,文本每一部分都是"从大局讲的"[②],反映了邓小平高瞻远瞩的战略观和一位伟大政治家的韬略。

其次,文本内部之间有着严密的逻辑关系。从六个部分内容来看,有些是在南方谈话之前就讲过的,在这里是再次强调;有些是以前讲的,这次进行了系统归纳(比如社会主义本质论)。总体上都是从大局着眼,从大的方面来讲的。从邓小平本人在35天的时间里的讲话逻辑思路来看,他着重从人们改革开放以来的长期疑惑着手(比如改革的性质),从改革开放后出现的突出问题着手(比如形式主义问

---

①　参见《邓小平文选》第三卷,人民出版社1993年版,第378—379页。
②　中共中央文献研究室编:《邓小平年谱》第五卷,中央文献出版社2020年版,第660页。

题、接班人培养的问题、资产阶级自由化问题等),所有讲话都带有强烈的问题意识和针对性,这既是他长期以来对改革开放实践的总结和思考,也是对国家今后发展的展望与期待(比如共同富裕和组织路线问题、社会主义前进方向问题)。这六个部分凝结了邓小平南方谈话的主要观点,缺一不可,又不能相互融合,如果整理成五部分或四部分,那就显得重点不突出了。从文本六个部分的内在逻辑看,什么是真正的社会主义是贯穿六个部分的逻辑主线,而解决中国问题,核心是坚持中国特色社会主义道路,加快发展,最终是为了实现社会主义现代化,其逻辑关系如图2-2所示。

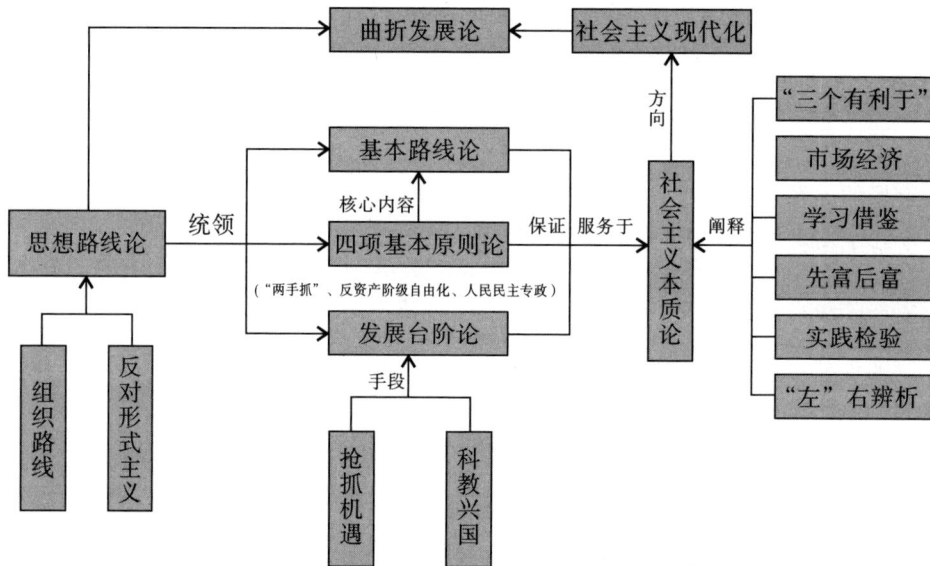

图2-2 南方谈话文本内在逻辑关系

从图2-2可以看出,"思想路线论"是坚持社会主义道路的前提,没有实事求是的思想路线,其"基本路线论""四项基本原则论"和"发展台阶论"就无从谈起;"基本路线论""四项基本原则论"和"发展台阶论"是服务于"社会主义本质论"的,是达到社会主义共同富裕的指导方针、条件保障、战略措施;"四项基本原则论"是"基本路线论"内在的核心内容之一,在文本中单列出来予以强调;"抢抓机遇"和"科教兴国"则是实现"发展台阶论"的方法和手段;"三个有利于""市场经济""学习借鉴""先富后富""实践检验"和"'左'右辨析"是阐释和服务"社会主义本质论"的,是实现、检验"社会主义本质论"的方式和载体;"社会主义本质论"发展的目标是实现"社会主义现代化",虽然发展道路是曲折的,但最终能实现共产主义。

邓小平在这篇解答时代之问和做出政治交代的谈话中,构建了中国特色社会主义道路的基本框架,即思想路线——解放思想、实事求是;政治路线——"一个中心,两个基本点";经济路线——社会主义市场经济体制;组织路线——坚持用马克思主义培养人、选拔人;战略方法——"两手抓""两点论""不争论""台阶论""科教兴国";战略方向——实现社会主义现代化,逐步实现共产主义等。

最后,从文本编辑顺序上讲,笔者认为,邓小平是按照回应当时人们心中迷雾的情况来说的。一是要不要改革,怎样理解改革,这就引出了革命和改革都是解放生产力的问题,其实质是基本路线要不要坚持的问题(第一部分)。二是对什么是真正的社会主义的认识,怎样认识姓"资"姓"社",如何建立社会主义市场经济,如何实现共同富裕等问题,这是对怎样建设社会主义的探讨(第二部分)。三是回应发展的速度问题,强调经济发展规律的台阶论,强调发展中必须依靠科学技术,强调第一生产力的问题(第三部分)。四是谈论发展方法论问题,坚持两点论,坚持反对资产阶级自由化,坚持人民民主专政等,都是说明社会主义发展过程中的方法论问题(第四部分)。五是既然本质解决了,方法论也有了,那么就要解决谁来干的问题、事业谁来继承的问题,说到底是人的问题、组织路线问题,要靠解放思想和实事求是,反对形式主义,加强社会主义后备干部和人才培养(第五部分)。六是发展信心问题、发展前景问题、对社会主义展望的问题,回应了东欧剧变后社会上一些人对社会主义失去信心,对马克思主义失去信心的问题(第六部分)。按照以上的思路和安排,文本的结构看似分散独立,实则逻辑严密互联,浑然一体。

三、南方谈话文本是邓小平哲学理论的精华

从以上文本分析中,我们自然会联想到邓小平理论的全部问题。学界普遍认为的邓小平理论的"四个基石"①,在南方谈话文本中都有体现,尤其是社会主义本质理论和社会主义市场经济理论就是在南方谈话中首次提出并集中阐发的。在这方面,自南方谈话发表以来学界已有普遍共识,这里没必要再复述(本书在第五章还要做详细分析)。从文本角度看,邓小平南方谈话是《邓小平文选》三卷本中谈话文本字数最多的(除去正式会议讲话),其内含的精神也是最为丰富的。

南方谈话文本共有 34 个段落,从文本体现的哲学意蕴看,本篇文本也是最多的。文本以朴实、简练的语言,运用不少判断句、否定句和排比句,以及很多总结性的语言,阐述了深刻的道理。这些判断句、否定句以及总结性的语句,构成了一系列哲学的范畴、命题和原理,突出展示了邓小平理论体系的主要内容,在《邓小平文选》三卷本中占据主要和引领的地位。这些范畴、命题和原理意蕴深厚,其丰富的思想内涵教育了全党和全体中国人民,为启发人们深刻认识"三大规律"②提供了哲学思路和方法。

综上,本书在第一章阐述了南方谈话产生的历史背景和生成逻辑,在第二章阐述了南方谈话文本的发表与传播,分析了南方谈话文本的内在逻辑,指出南方谈话是邓小平哲学理论的精华,意在强调南方谈话蕴含着丰富的哲学思想,其中科学的辩证逻辑思想是显而易见的。

辩证逻辑是研究思维辩证运动的科学,按照马克思主义辩证法、认识论、逻辑学三者统一的原理,辩证逻辑贯穿于辩证思维的全过程。《资本论》是马克思在研究资本主义经济的大量材料的基础上,通过科学抽象,形成各种科学概念、范畴,进而把概念从抽象上升到具体,在严密的逻辑论述中再现了资本主义经济运动的规律。《资本论》是运用辩证逻辑的典范文本,把其中一些复杂的经济现象用简明的概念、范畴、命题、原理和规律表述出来,进而从哲学上论证了资本主义的产生、发展和灭亡具有的历史必然性。

---

① "四个基石",即社会主义初级阶段理论、社会主义本质理论、社会主义市场经济理论和社会主义改革理论。参见靳辉明主编:《中国特色社会主义理论体系研究》,海南出版社 1998 年版,第 135—189 页。又见赵智奎:《邓小平理论的范畴体系》,河南人民出版社 2001 年版,第 307 页。
② "三大规律"是指共产党执政规律、社会主义建设规律和人类社会发展规律。

列宁和毛泽东都不愧为马克思主义哲学大家,无论是《列宁哲学笔记》还是《实践论》和《矛盾论》,都像马克思和恩格斯的著作那样体现了辩证法、认识论、逻辑学三者的有机统一。邓小平南方谈话虽然不是大部头的经典文献,但是同样彰显着辩证法、认识论、逻辑学三者的统一,是在新的历史条件下,继承和运用马克思主义辩证逻辑的范本。从南方谈话的思维形式和表述特点可以看到,在六个部分中,这些通俗的语言文字,处处彰显着邓小平运用辩证逻辑的睿智,闪耀着唯物史观和唯物辩证法思想的光辉。毫无疑义,南方谈话文本也是邓小平留给中国共产党和中国人民珍贵的哲学遗产。继承这份遗产,学习和把握其思想精髓,用来指导建设社会主义现代化强国的伟大实践,正是本书第三章对南方谈话文本哲学意蕴探究的动因所在。

第三章

南方谈话文本的哲学意蕴

时间筛选了一切,只有那些具有内在价值的东西才能保存下来。所以,"我们可以不无根据地假定,我们所占有的,只是古人中最优秀的作品"①。马克思指出,"辩证法不崇拜任何东西,按其本质来说,它是批判的和革命的"②。邓小平同志就是一位精通马克思主义辩证法的大师。邓小平发表的南方谈话,虽然语言朴实无华,没有什么晦涩难懂的句子,却有不少马克思主义惯用的语言表述方式(ABC),细细读来,处处体现着马克思主义哲学的光辉,体现着唯物辩证法的思想。在本章论述中,我们将紧密结合时代需求,回答时代之问,从文本中摘取一些重要哲学范畴、哲学命题以及原理,进行深入分析和探讨,这对于以中国式现代化实现中华民族伟大复兴,实现社会主义现代化强国有着现实的指导意义和深远的历史意义。

第一节　南方谈话文本的若干重要范畴

范畴,源于希腊文(κατεγοεια),意为指示、证明。它是指人们对客观事物的本质和关系的概括。在哲学史上,亚里士多德(Aristotle)最早对范畴做了系统的研究,而伊曼努尔·康德创立了一个先验范畴理论体系。③

马克思主义认为,范畴属于认识论,是人类理性思维的一种逻辑形式,反映着客观世界中本质的、客观的、不同方面的普遍联系。范畴是客观现实的基本关系和过程的最一般的反映,不是固定不变的东西,而是某种历史地形成的、发展的东西。因此,对马克思列宁主义哲学来说,不可能有一个永远不变和封闭的范畴体系,只能有一个取决于当时哲学和具体科学的认识水平的范畴体系。④ 列宁进一步发展

---

①　[德]康德:《逻辑学讲义》,许景行译,商务印书馆2017年版,第79页。
②　马克思:《资本论》第1卷,人民出版社2004年版,第22页。
③　参见《哲学大辞典·中国哲学史卷》编辑委员会编:《哲学大辞典·中国哲学史卷》,上海辞书出版社1990年版,第554页。
④　[德]阿·科辛编:《马克思列宁主义哲学辞典》,郭官义等译,东方出版社1991年版,第85页。

了马克思主义的范畴学说，认为"范畴是区分过程中的梯级，即认识世界的过程中的梯级，是帮助我们认识和掌握自然现象之网的网上纽结"①。马克思主义经典作家对范畴体系的创立和发展，尤其是对范畴的实践性做了重要的贡献，因为"全部社会生活在本质上是实践的"②。

作为正确运用辩证法的大家，邓小平结合改革开放十几年来的实践，在深入总结国内外正反两方面的经验的基础上，发表了著名的南方谈话，凝结了他关于社会主义建设与发展毕生的思考和总结，其核心内容代表了邓小平理论的精华部分。在南方谈话中出现了不少哲学范畴，比如一般原理与中国特色、社会主义与资本主义、发展与稳定、速度与效益、计划与市场、民主与法制、物质文明与精神文明、和平与发展等。这里我们仅选取其中的四组范畴进行分析和阐述。

一、改革、发展、稳定

在南方谈话文本里，改革和发展范畴是众多范畴里最基本的范畴，"发展"二字，在文本中出现62次，"改革"二字在文本中出现34次，"稳定"二字出现4次，而"稳定"的出现是与改革和发展联系在一起的。文本中讲，1989年为什么"国家能够很稳定"，是因为"搞了改革开放，促进了经济发展"③；讲三者之间的关系，是"要注意经济稳定、协调地发展，但稳定和协调也是相对的，不是绝对的。发展才是硬道理"④。协调就要改革，改革促进发展，发展促进稳定。另外，在1991年8月28日，邓小平也强调了"稳"和改革开放的关系，"中国局势稳定"，是"由于坚持改革开放"⑤，重点还是在加快改革开放的基础上实现经济快速发展，只有这样，才能有实力保持稳定。

邓小平同志提出的建设有中国特色的社会主义，是以改革为标志为起点的。正因为改革，才有了中国特色社会主义。改革和发展是密切关联的，改革促进发

① 中共中央马克思恩格斯列宁斯大林编译局：《列宁哲学笔记》，人民出版社1993年版，第78页。
② 《马克思恩格斯选集》第一卷，人民出版社1995年版，第144页。
③ 《邓小平文选》第三卷，人民出版社1993年版，第371页。
④ 《邓小平文选》第三卷，人民出版社1993年版，第377页。
⑤ 《邓小平文选》第三卷，人民出版社1993年版，第368页。

展,改革是发展的手段,改革依靠发展而得以继续改革。发展是改革的目的,发展也促进改革,发展依靠改革而发展。但是,改革和发展离不开稳定的政治经济局面,离不开稳定的社会环境,因此,稳定范畴也和改革、发展范畴紧密连接在一起。没有稳定,改革无法进行,发展就失去了保障;反过来说,改革促进了发展,虽然打破暂时的平衡,但也会带来新的稳定。稳定是发展中的稳定,是矛盾双方暂时的缓和状态,不会永久地稳定,那样发展就停滞了。所以,邓小平看到国际、国内形势及各种因素导致的发展缓慢甚至停滞,经济增长速度下滑,才在南方视察中每到一处都鼓励地方要抓住机遇,加快发展,提高经济发展速度和效益。只要经济发展了,人民生活水平提高了,就能体现相较于资本主义的优越性,就会得到人民群众的拥护和支持。人们"是看实践","改革开放好"了,发展快了,社会稳定了,"事业就会万古长青"[1]。

唯物辩证法认为,事物每时每刻在存在着的矛盾中运行。改革就是在不断地解决经济基础和上层建筑之间的矛盾,协调生产力和生产关系,是要在根本上改变旧有的"束缚生产力发展的经济体制"[2],建立起适应生产力发展的社会主义市场经济体制,在不断的改革中促进生产力的发展。但改革要注意力度,注意人们可承受的程度,改革不是疾风骤雨,不是"休克疗法",不是全盘否定过去,全面实行全新的方案。前苏联的改革失败,东欧国家的仓促改革,就是超出了人们可承受的程度,失去了人们的信任,全面否定既定的正确路线,放弃了党的领导,结果教训惨痛。

稳定是发展的前提和条件。但稳定不能带来长期的繁荣,政治上一味地追求稳定并不能为经济上和社会上带来好的结果。经济发展永远在矛盾中运行,稳定也只能是在不断解决发展中的问题的过程中追求相对的稳定,而且是顺应经济社会发展的稳定。邓小平讲,"中国的问题,压倒一切的是需要稳定",改革就是要有

---

[1] 《邓小平文选》第三卷,人民出版社1993年版,第381页。

[2] 《邓小平文选》第三卷,人民出版社1993年版,第370页。

"稳定的政治环境"①。但"稳定和协调也是相对的","发展才是硬道理"②。发展要求大胆创新,敢闯敢干,抓住时机,加快发展,但不是盲目乱干,闹得人心不稳,经济混乱。

因此,改革、发展和稳定是三者有机统一的范畴,其关系互为因果,互为映衬,缺一不可。它们也是一种综合性的范畴,也具有政治、经济和社会的属性。③《马克思主义大辞典》将"改革发展稳定的统一"④作为一个词条,进行专门阐释。三者之间的关系,也与党的基本路线相类似——"发展是中心,改革和稳定是基本点"⑤。发展不仅指经济的发展,也指社会的进步;稳定不仅指政治的稳定,也指社会的安定,人民的和谐;改革不仅是政治体制改革,也包括经济体制改革和社会治理体制的改革,是全面的深化改革。发展是事物的内部矛盾绝对的运动,改革是在解决影响发展的矛盾,稳定是发展和改革之间的社会平衡,是量变和质变综合发展的平衡状态。从哲学上讲,稳定是渐进式的量变表现出来的状态。因此,要重视改革、发展和稳定之间的关系,它们都与对立统一规律、质量互变规律、否定之否定规律密切相关。⑥ 有学者认为,发展是动力,稳定是平衡,改革是治理,要注重"改革的政策措施能否解决经济社会发展的动力与平衡的问题"⑦。改革本质上是"治理",发展依靠"动力",稳定关乎"平衡"。⑧ 邓小平在南方谈话中讲到改革、发展、稳定的相互关系,体现了他对科学社会主义发展规律的辩证认识。

党的十一届三中全会以来,历届党中央都高度重视改革、发展和稳定的关系。江泽民高度重视改革、发展和稳定的关系,1995 年 9 月 28 日,在谈到"正确处理社会主义现代化建设中的若干重大关系"⑨时,第一个谈的就是这三者的关系;在《江

---

① 中共中央文献研究室编:《邓小平年谱》第五卷,中央文献出版社 2020 年版,第 565 页。
② 《邓小平文选》第三卷,人民出版社 1993 年版,第 377 页。
③ 参见赵智奎:《邓小平理论的范畴体系》,河南人民出版社 2001 年版,第 167 页。
④ 徐光春主编:《马克思主义大辞典》,崇文书局 2017 年版(2018 年重印),第 1103—1104 页。
⑤ 黄楠森主编:《邓小平理论的哲学基础研究》,中国人民大学出版社 2004 年版,第 372 页。
⑥ 参见赵智奎:《邓小平理论的范畴体系》,河南人民出版社 2001 年版,第 167 页。
⑦ 韩庆祥:《中国道路及其本源意义》,中国社会科学出版社 2019 年版(2021 年重印),第 181 页。
⑧ 韩庆祥:《中国道路及其本源意义》,中国社会科学出版社 2019 年版(2021 年重印),第 194 页。
⑨ 《江泽民文选》第一卷,人民出版社 2006 年版,第 460 页。

泽民论有中国特色社会主义(专题摘编)》①一书中,有34次提到三者的关系,强调"改革是动力,发展是目标,稳定是前提"②,正确处理好三者关系,是"现代化建设的一项重要领导艺术"③。胡锦涛强调三者的统一是"关系我国社会主义现代化建设全局的重要指导方针"④,要"坚持把改革的力度、发展的速度和社会可承受的程度统一起来"⑤,推动改革开放健康、稳定、快速发展。

党的十八届三中全会在深层次上阐述了全面深化改革的核心思想——正确处理改革发展稳定之间的关系,既是我国改革的一条基本经验,也是全面深化改革所应遵循的一个基本方法论。2018年12月,习近平总书记强调指出,"必须坚持辩证唯物主义和历史唯物主义世界观和方法论,正确处理改革发展稳定关系……决不能在根本性问题上出现颠覆性错误"⑥,强调要增强"五种思维"⑦,把三者统一起来,"坚持方向不变、道路不偏、力度不减,推动新时代改革开放走得更稳、走得更远"⑧。

改革开放40多年来,我们国家取得了全面建成小康社会的伟大成就,改革进入了深水区,世界多极化环境中,国内外深层次矛盾越发复杂,相互交织,改革需要系统性、前瞻性、全局性;发展也迫切需要转型,信息革命的迅猛发展,国家之间信息科技竞争的激烈,迫使国家发展必须走自主创新道路;国家在全面建成小康社会的基础上,迈上实现第二个百年奋斗目标的伟大征程,影响稳定的因素越发复杂多

---

① 参见中共中央文献研究室编:《江泽民论有中国特色社会主义(专题摘编)》,中央文献出版社2002年版。

② 中共中央文献研究室编:《江泽民论有中国特色社会主义(专题摘编)》,中央文献出版社2002年版,第210页。

③ 中共中央文献研究室编:《江泽民论有中国特色社会主义(专题摘编)》,中央文献出版社2002年版,第211页。

④ 中共中央宣传部编:《科学发展观学习纲要》,学习出版社、人民出版社2013年版,第58页。

⑤ 中共中央宣传部编:《科学发展观学习纲要》,学习出版社、人民出版社2013年版,第58页。

⑥ 习近平:《论把握新发展阶段、贯彻新发展理念、构建新发展格局》,中央文献出版社2021年版,第297—298页。

⑦ 五种思维即"战略思维、辩证思维、创新思维、法治思维、底线思维",参见习近平:《论把握新发展阶段、贯彻新发展理念、构建新发展格局》,中央文献出版社2021年版,第298页。

⑧ 习近平:《论把握新发展阶段、贯彻新发展理念、构建新发展格局》,中央文献出版社2021年版,第298页。

变,隐匿性强;这一切都需要我们有辩证思维、底线思维,坚持系统观念,正确处理好改革、发展和稳定的关系。

二、制度与体制

南方谈话文本中,邓小平同志有 9 次提到了"制度",对"体制"提到了两次,这两次都牵涉到体制和制度的关系。"社会主义基本制度确立以后,还要从根本上改变束缚生产力发展的经济体制,建立起充满生机和活力的社会主义经济体制。"①邓小平同志还讲,要"改变束缚生产力发展的经济体制"②,但同时强调"基本路线要管一百年"③,这里就谈到了制度与体制范畴,它反映了邓小平从理论上对制度和体制认识的深化,也是对科学社会主义认识上的深化。

马克思主义经典作家并没有专门将制度作为独立范畴进行研究,而是站在历史唯物主义的角度来讨论,认为制度是一种"交往的产物",是"社会联系和社会关系蕴含的规范性内容"的外在表现形态,而这种表现形态主要是以"社会制度""经济制度""政治制度"等概念形式出现,其构成的性质和构成水平应该与生产力各个要素的性质水平相适应。④ 关于制度定义,不同学科有着不同的定义,代表性的几种定义是"规则说"⑤"习惯说"⑥"组织说"⑦"模式说"⑧"系统说"⑨等。从哲学上给制度下一个定义,则制度是"实体的或非实体的——历史性的存在物,它作为人与人、人与社会之间的中介,调整着相互之间的关系,以一种强制性的方式影响

① 《邓小平文选》第三卷,人民出版社 1993 年版,第 370 页。
② 《邓小平文选》第三卷,人民出版社 1993 年版,第 370 页。
③ 《邓小平文选》第三卷,人民出版社 1993 年版,第 370—371 页。
④ 参见辛鸣:《制度论——关于制度哲学的理论建构》,人民出版社 2005 年版,第 34—38 页。
⑤ 美国学者诺斯是这一定义代表人物。他认为:"制度是一个社会的游戏规则,更规范地说,它们是为决定人们的相互关系而人为设定的一些契约。"参见[美]道格拉斯·C.诺斯:《制度、制度变迁与经济绩效》,刘守英译,生活·读书·新知三联书店上海分店 1994 年版,第 3 页。
⑥ 凡勃伦(T. Veblen),制度经济学创始人,把制度理解为"思想习惯"和"流行的精神状态"。参见[美]凡勃伦:《有闲阶级论 关于制度的经济研究》,商务印书馆 2017 年版,第 138、第 139 页。
⑦ 康芒斯(J. R. Commons)认为制度就是"集体行动控制个体行动"。参见[美]约翰·康芒斯:《制度经济学》,商务印书馆 2017 年版,第 83 页。
⑧ 美国学者亨廷顿认为制度就是"稳定的、受珍重的和周期性发生的行为模式"。参见[美]塞缪尔·P.亨廷顿:《变化社会中的政治秩序》,王冠华、刘为译,沈宗美校,上海人民出版社 2021 年版,第 12 页。
⑨ 日本学者青木昌彦从博弈论角度提出,制度是"关于博弈如何进行的共有信念的一个自我维系系统"。参见[日]青木昌彦:《比较制度分析》,上海远东出版社 2001 年版,第 28 页。

着人与社会的发展"①。从这可以看出,制度具有历史性、调节性、强制性的特点。制度作为一种体系和系统,也表现出系统性、完整性和统一性,制度的性质是由生产力和生产关系的基础即所有制的形式决定的。② 当然,按照阶级观点来说,根本制度也具有阶级性,在现时代有资本主义制度、社会主义制度之分。

体制,是制度的外在表现形式,从属于制度,表现出制度的内部结构。外在表现上,又表现为运行的机制,也表现为制度所规定的一系列具体的规章制度,比如路线、方针、政策及其制度形式,而这些具体制度受到整个制度的制约并为之服务。

我国社会主义基本制度建立起来以后,在如何建设社会主义问题上,在新中国成立之初的特殊历史时期,加之对如何建设社会主义认识不足,我们主要学习借鉴了苏联的计划经济体制和与之相适应的高度集中的政治体制。随着生产力的发展,原有的计划经济体制暴露出越来越多的矛盾,不适应当代以科技革命为主要动力的社会生产力的发展,因此,改革成为必需。从党的十一届三中全会开始,改革从经济体制到政治体制,从农村到城市逐步展开。

在制度和体制的关系上,制度是根本,是种;体制是派生,是属,本质上是同类。制度规定体制,体制反映制度,两者是内和外、整体与局部、本质与外表的关系。从辩证认识论上看,制度具有稳定性,本质上不能随意调整和改变,体制作为外在形式,可以调整和变动,两者是一致和相适应的。③

社会主义制度是根本制度,是稳定的、不能随意改变的,在此基础上建立起来的各种体制(或具体制度),则是随着生产力的变化和时代的需求进行与之相适应的改变和变革。这就从理论上为"改革也是解放生产力"做了强有力的解释和注脚。邓小平正是看到了我国既有体制上长期受苏联计划经济体制的影响,也有思想上受资产阶级自由化思潮的影响,多次提出要解放思想、实事求是,变革不适应社会生产力的体制机制。在南方谈话中,他再次从理论上、实践上为改革鼓与呼,

---

① 辛鸣:《制度论——关于制度哲学的理论建构》,人民出版社 2005 年版,第 51 页。
② 参见赵智奎:《邓小平理论的范畴体系》,河南人民出版社 2001 年版,第 113 页。
③ 参见赵智奎:《邓小平理论的范畴体系》,河南人民出版社 2001 年版,第 117 页。

让在坚持四项基本原则基础上的改革开放成为治国理政的主色调。

时代潮流滚滚向前。改革开放 40 多年来,制度与体制的关系一直在动态的变化中,就是在坚持社会主义根本制度不变的前提下,不断地改变不适应生产力发展的体制机制,建立完善社会主义市场经济体制,进行深层次的、创新性的改革。在百年未有之大变局的新时代,体制创新、制度创新的重要性更为突出。随着时代的发展、社会生产力的提高,制度和体制这组范畴也要随之变化,根本制度需要继续坚守和完善,增强制度自信。要想"长期保持稳定"①,对不符合时代要求的具体体制机制则需要改变和变革,实现良性互动、和谐发展。

三、速度与效益

在南方谈话中,邓小平 5 次提到了"速度",3 次提到了"效益",提出要抓住时机尽快发展经济,"能发展就不要阻挡……只要是讲效益,讲质量……就没有什么可以担心的"②。他还认为,速度要快,"低速度就等于停步,甚至等于后退"③。在这里,邓小平提出了速度与效益的范畴,这是邓小平理论体系中的重要范畴。

速度本是一个物理概念,但在政治经济学里,速度特指经济增长的快慢。经济增长速度一般用国民生产总值(GNP)或国内生产总值(GDP)的增加或者减少来表示,显示经济发展速度的提高或下降。

一般来讲,效益是综合性的概念,可以分为经济效益、社会效益,综合起来又可以称为综合效益。经济效益是指对现有资源的配置问题,有效利用就能体现效益高或好,反之就是效益低或差。在考察标准和评价标准上有多种选择指标,其提高途径也有多种方式,与规模经济紧密联系。社会效益实质上是讲,在社会资源的合理配置中对社会产生的有益作用和影响④,既有物质方面的社会效益,也有精神方面的社会效益,因此,它有着本质上的好坏之分和程度之别。从发展角度讲,经济效益高的产品未必社会效益高。现在强调新发展理念,就是要将经济效益和社会

① 《邓小平文选》第三卷,人民出版社 1993 年版,第 371 页。
② 《邓小平文选》第三卷,人民出版社 1993 年版,第 375 页。
③ 《邓小平文选》第三卷,人民出版社 1993 年版,第 375 页。
④ 参见赵智奎:《邓小平理论的范畴体系》,河南人民出版社 2001 年版,第 208 页。

效益综合考虑,和谐发展。因此,我们讲效益,要从整体上考虑,即做工作、干事业要从整体效益着手,促进科学发展、绿色发展、和谐发展。

速度和效益的关系范畴,主要是指在中国特色社会主义发展条件下的关系,两者是统一的,这与我们共产党的初心和使命密切相关,和邓小平提出的"社会主义本质"密切相关。我们讲速度与效益,追求目标是一致的,就是既要追求高质量的发展速度,同时也要注重社会发展效益和人民群众的物质文化需求,坚持人民立场,实现发展成果人人共享,实现共同富裕,维护世界环境良性发展。反观资本主义国家,资本家以追求利益的最大化为根本目标,在片面追求发展速度和经济效益的同时不重视社会效益和环境建设,造成贫富差距、两极分化严重和全球气候、环境恶化。

速度和效益是相辅相成、互为前提、互为条件的,没有发展速度,就不可能有很高很好的经济效益,也就没有强大的物质力量来提高社会效益;反之,没有较好的综合效益,也会影响发展的速度,甚至减缓发展。人类社会在螺旋式上升发展中,是速度和效益的有机和谐统一。

邓小平同志讲,让"一部分地区有条件先发展起来"①,是基于对国内经济发展缓慢的形势,要求经济发展不能是齐头并进式的,而是要有区别地发展,先把发展速度提高上去,才有提高经济效益和社会效益的可能,才能起到带动和引领作用,才有人们的支持和拥护。他把发展速度同社会的稳定、社会主义制度的优越性的发挥考虑在一起、联系起来,"这不只是经济问题,实际上是个政治问题"②。他将发展速度提高到讲政治、讲大局的高度,进而提出"发展才是硬道理"③。

速度和效益的统一,还要把速度、效益和改革开放联系在一起。没有改革,没有解放生产力,就不可能提高发展速度,也不可能提高综合效益;没有开放,不能吸取国外先进技术和经验,就不能快速提高科学技术水平,"第一生产力"就发挥不

① 《邓小平文选》第三卷,人民出版社 1993 年版,第 374 页。
② 《邓小平文选》第三卷,人民出版社 1993 年版,第 354 页。
③ 《邓小平文选》第三卷,人民出版社 1993 年版,第 377 页。

了作用,也不会提高速度和效益。速度不是无止境的、无视客观规律的速度,"大跃进"的教训仍在警示着现在。经济发展有其自身的规律。邓小平提出的经济发展"台阶论",就是要在能够快速发展的时候抓住机遇,充分利用国际、国内有利环境,加快发展,促使经济社会发展迈上新台阶。"台阶论"是和速度与效益紧密联系的,符合辩证唯物主义认识论,体现了事物发展的飞跃性和渐进性的统一。在当前我国成为世界第二大经济体,经济体量非常大的时候,邓小平提出的速度与效益的关系,对于加快社会主义现代化进程仍然有着现实的指导意义。

四、民主与法制

邓小平在南方谈话中指出,建设两个文明,反对腐败还是"要靠法制,搞法制靠得住些"[1];要维护国家政权,必须坚持四项基本原则,反对资产阶级自由化,"对人民实行民主,对敌人实行专政"[2],两者要有机结合。在这里,邓小平虽然没有直接讲民主与法制的关系,但也暗含着一组重要的范畴,即民主与法制范畴,它属于社会主义上层建筑的范畴,体现了中国特色社会主义的重要特征。

"民主"一词,由来已久,是个历史性的范畴,具有鲜明的阶级性,自从有了阶级以来,历史上从来没有无阶级特性的民主。民主是具体的、历史的,而不是抽象的、绝对的。[3] 民主具有相对性,对人民实行民主,对敌人实行专政,是社会主义民主的要求。民主也是以一种国家形式,"是国家形态的一种"[4],超阶级的"纯粹民主"是不存在的,民主随着国家的消亡而消亡,本质上是国家制度。法制是指"管理国家和一切社会事务,调整社会关系,通过一定程序制定的法律和保证法律实施的一系列制度",法制同民主一样,同属于上层建筑,也具有阶级性、强制性。资本主义法制和社会主义法制的相同之处是同属于本阶级的统治工具,根本区别在于服务对象不同,前者为少数人、少数统治者服务,后者为多数人、为党领导的最广大

---

① 《邓小平文选》第三卷,人民出版社1993年版,第379页。
② 《邓小平文选》第三卷,人民出版社1993年版,第379页。
③ 参见社科院民主问题研究中心选编:《马克思恩格斯列宁毛泽东邓小平江泽民论民主》,中国社会科学出版社2002年版,第10页。
④ 《列宁选集》第三卷,人民出版社2012年版,第201页。

人民群众服务。

民主和法制这组范畴,在社会主义国家,内含着一种相互依存、相互支撑的关系。民主是在法制范围内和法制条件下的民主,法制是民主条件下的法制,民主由法制做保障,法制依靠民主来更好地弘扬和维持。两者在国家制度本质上互相依存,共同为推动社会主义国家走向现代化建设服务。民主和法制的依存性和协调性只有在社会主义国家才得以实现,在资本主义国家是不可能实现的。资本主义国家的民主和法制是脱节的,民主的欺骗性和法制的虚伪性导致国家的人民很难真正实现民主,也很难实现法制保障。美国的金钱民主、选票民主即是例证。疫情肆虐之下美国的所谓"民主社会",法律无法保障真正人权,民主遭到了无情的撕裂。

在邓小平看来,社会主义的民主,是体现社会主义本质的东西,"没有民主就没有社会主义,就没有社会主义的现代化"①,在对敌人专政的基础上发扬社会主义民主是我们坚定不移的基本政治方针。在政治体制改革中,既要注重民主方面的改革,也要加强法制建设,二者缺一不可,不能偏废,要加强社会主义民主的制度化、法律化建设。只有这样,才能巩固人民民主政权,才能使民主永葆生机和活力,才能更好地对敌人实行专政。人民民主专政是民主与法制、民主与专政的统一,法制为更好地实现民主和实施专政提供保障。

邓小平的民主与法制思想,在《邓小平文选》二卷本、三卷本中不少地方都有论述。1979年6月,邓小平会见日本客人时强调指出,"民主要坚持下去,法制要坚持下去。这好像两只手,任何一只手削弱都不行"②。他把民主与法制的重要性,上升到"没有民主就没有社会主义"的高度,即民主是社会主义的生命。在很多论述中,他已经超越了对"法制"的法律制度建设的基础性解释,而是上升到通过法律制度进行约束和治理,即"法治"的高度,"处理好法治和人治的关系"③,实

---

① 《邓小平文选》第二卷,人民出版社1994年版,第168页。
② 《邓小平文选》第二卷,人民出版社1994年版,第189页。
③ 《邓小平文选》第三卷,人民出版社1993年版,第177页。

现了从法制到法治的跨越,为我们国家建设法治国家、法治政府提供理论基础。他把对人民的民主和对敌人的专政结合起来,把民主和集中、民主和法制、民主和纪律、民主和党的领导结合起来,就同社会民主主义、无政府主义、极端民主化划清了界限。民主是具体的、现实的,是人民能够真正感受到和实践到的。在中国,全过程人民民主制度能够保证人民真正实现当家做主,表达合理诉求,参与国家治理。民主同现代化一样,是循序渐进的过程,在发展过程中需要法制作为保障。法制健全,才能阻止少数人为所欲为,保障多数人的民主权利和正当权益。民主和法制建设的目标就是毛泽东、邓小平多次强调和重申的"又有集中又有民主,又有纪律又有自由,又有统一意志,又有个人心情舒畅、生动活泼,那样一种政治局面"[1]。党的历届领导人都在强调这一点。广泛的民主和健全的法制都是解放和发展生产力、深化改革、扩大开放的条件和保障,是"体现社会主义优越性的重要内容,是社会主义不可或缺的重要内容"[2]。

如今,我国已经发展到全过程人民民主的人类民主新形态,我国的法治政府、法治社会建设已经有了四梁八柱的基础,邓小平的民主与法制思想为此做出了不可磨灭的历史贡献。

五、机遇与挑战

机遇是指好的境遇,其同义词或近义词有契机、机缘、时机、机会等。万物皆有时,时来不可失。这表明了时机、机遇的难得和稍纵即逝。挑战往往和风险并存,与危机相连。挑战和机遇这组范畴是就事物矛盾对立面而言的,有机遇就会有挑战,挑战中也蕴含着机遇,体现着唯物辩证法思想。

在南方谈话中,邓小平没有提出"机遇"和"挑战"这一对词语,而是用其他词汇来体现这个意思。在邓小平的话语体系中,"时机""机会"是他常常提到的词语。比如讲"机遇",他提出"抓住时机","抓住机会",不要"丧失机会""丧失时

---

① 《建国以来毛泽东文稿》第六册,中央文献出版社1992年版,第543页。
② 逄先知:《光辉道路:中国特色社会主义》,生活·读书·新知三联书店2019年版(2021年重印),第94页。

机"等。① 讲"不争论,是为了争取时间干",判断经济发展要"抓住时机,加速搞几年","上一个台阶",也都体现了机遇意识,强调不失时机地加快发展是应对风险挑战的"硬道理"。② 早在 1985 年 7 月,邓小平在听取中央负责人经济情况汇报时就指出,要"抓住时机,现在是改革的最好时机"③,加快改革进度,为今后的 10 年乃至 50 年发展奠定良好的物质基础。1990 年 6 月,邓小平同包玉刚谈话时指出,中国不能乱,要稳定,现在是"一个机遇,不要丧失机遇"④。1991 年 1 月邓小平还讲道:"现在世界发生大转折,就是个机遇……机会难得呀!"⑤1992 年 10 月召开的党的十四大,贯彻了邓小平南方谈话的精神,做出了三项决策,其中第一项就是"抓住机遇,加快发展"⑥。1994 年年初,邓小平最后一次在上海过年,离开时还特别强调上海要抓住 20 世纪的"最后一次机遇"⑦,利用条件加快发展。1994 年 2 月 19 日下午,邓小平回京的专列路过南京时,他指出,江苏的发展,机会难得,不要错过,不去搞关于快慢的争论,再次强调"不搞争论"是他的"一大发明"⑧。这里为什么仍是强调机遇?因为我们国家发展慢了,世界上其他国家发展很快,我们面临的挑战很大,必须加快发展,才能在激烈的竞争中获取发展优势,才能更好地体现社会主义的优越性。

讲"挑战",邓小平提到了"风险"一词。《邓小平文选》第三卷中,"风险"一词出现了 33 次,其中 1990 年 12 月 24 日,他在同中央几位负责同志的讲话中 5 次提到了"风险",强调"没有风险不可能,冒点风险不怕"⑨,关键是"善于把握时机来解决我们的发展问题"⑩。在南方谈话中,他讲要敢闯新路,就必须冒着风险勇敢

---

① 参见《邓小平文选》第三卷,人民出版社 1993 年版,第 375、第 377 页。
② 参见《邓小平文选》第三卷,人民出版社 1993 年版,第 374、第 376、第 377 页。
③ 《邓小平文选》第三卷,人民出版社 1993 年版,第 132 页。
④ 中共中央文献研究室编:《邓小平年谱》第五卷,中央文献出版社 2020 年版,第 614 页。
⑤ 《邓小平文选》第三卷,人民出版社 1993 年版,第 369 页。
⑥ 中共中央文献研究室编:《邓小平年谱》第五卷,中央文献出版社 2020 年版,第 653 页。
⑦ 中共中央文献研究室编:《邓小平年谱》第五卷,中央文献出版社 2020 年版,第 666 页。
⑧ 中共中央文献研究室编:《邓小平年谱》第五卷,中央文献出版社 2020 年版,第 667 页。
⑨ 《邓小平文选》第三卷,人民出版社 1993 年版,第 364 页。
⑩ 《邓小平文选》第三卷,人民出版社 1993 年版,第 365 页。

干,不能"不冒点风险,办什么事情都有百分之百的把握"①。讲与亚洲"四小龙"相比较,就是要加快发展,"超过他们",才是"有中国特色的社会主义"②。只有发展了,物质基础强大了,两个文明一起抓了,坚持人民民主专政才有强大物质基础,才能应对来自资产阶级自由化的侵蚀和挑战,才能抵挡来自世界资产阶级的围攻和制裁。有"风险"就会有"挑战",冒"风险"就是迎"挑战",可以说风险就是挑战,挑战必然有风险。

机遇和挑战这组范畴实际上蕴含着深刻的机遇意识、风险意识、危机意识,其归根结底是发展意识,强调发展是解决一切问题的关键。处理好机遇与挑战范畴,就是要用矛盾分析法,科学分析形势,做出切实合理判断,并付之于行动,方能事半功倍,狭路相逢勇者胜。没有发展就没有生产力的提高;没有社会物质财富的极大丰富,就没有人民生活水平的提升,一个国家、一个民族就会失去生存和发展的权利,就会被弱肉强食,失去"球籍"。邓小平深刻认识到,当下的中国与世界发达国家是有较大差距的,中国的发展与世界发达国家的差距之大,没有超常规的发展是不可能赢得人民群众的支持和拥护的,也不可能体现社会主义的优越性,社会主义在中国的发展壮大也就成了一句空话。实践证明,邓小平对改革发展中存在的风险和机遇的认识和把握,是充分正确的,为我们党和国家制定正确的路线、方针、政策,抢抓历史机遇,勇于接受挑战,充分发展自己,提供了依据和理论指导。

党的十四大以来,历届中央领导集体都很重视机遇与挑战问题。党的十五大提出,"我们面对着严峻的挑战,更面对着前所未有的有利条件和大好机遇"③,这里强调了严峻挑战下的机遇更值得把握和珍惜。党的十六大首次提出战略机遇期的概念,即"二十一世纪头二十年,对我国来说,是一个必须紧紧抓住并且可以大有作为的重要战略机遇期"④。战略机遇期意味着,中国既面临难得的历史机遇,同

---

① 《邓小平文选》第三卷,人民出版社 1993 年版,第 372 页。
② 《邓小平文选》第三卷,人民出版社 1993 年版,第 378 页。
③ 中共中央文献研究室编:《十五大以来重要文献选编》(上),中央文献出版社 2011 年版,第 3 页。
④ 中共中央文献研究室编:《十六大以来重要文献选编》(上),中央文献出版社 2011 年版,第 14 页。

时也面对着诸多能预料到和难以预料到的风险挑战。牢牢抓住和用好重要战略机遇期,是赢得主动、赢得优势、赢得未来的关键所在。2017 年 10 月,党的十九大提出,世界局势复杂多变,但"我国发展仍处于重要战略机遇期,前景十分光明,挑战也十分严峻"①,这里再次提到了"战略机遇期"。当前,百年未有之大变局中,我国面临的困难与挑战前所未有,"灰犀牛""黑天鹅"事件随时都会出现,但总体上我国仍处于重要的战略发展机遇期。习近平总书记一再强调要有战略思维、底线思维、大历史观,就是要用宏观的视野来看待当前百年未有之大变局的形势,坚决守住底线,紧紧抓住机遇,化危为机,在挑战中抢抓机遇,实现国家长期稳定协调发展。战略机遇期的提出和实践,不仅体现了中国共产党对社会主义事业长期性的充分认识,也体现了对社会主义初级阶段长期性的高度自觉,是中国共产党执政能力和领导水平不断提升的体现。

以上是我们对五组范畴关系的简要分析和探讨。在这五组范畴中,我们也尝试分析它们之间的逻辑关系,它们和其他范畴一起共同构成了邓小平理论的范畴体系。而在这个体系内部,"范畴与范畴之间存在着内在的、有机的联系"②。

在这五组范畴中,制度与体制范畴是最基本的、统领性的范畴,规制着其他范畴关系。制度与体制范畴决定速度与效益范畴,因为发展的速度与效益最终是由社会主义的本质来决定的。而速度与效益范畴,改革、发展与稳定范畴,有着密切的关系,没有改革、发展与稳定的社会环境,也就不可能有相对高速的发展速度,也不会带来较好的社会效益。反过来,速度和效益范畴也影响改革、发展与稳定范畴,一定的经济增长速度和切实的社会效益更能激发改革、发展,促进社会稳定。而民主和法治范畴则是制度与体制、速度与效益及改革、发展与稳定范畴的保障。机遇与挑战范畴则说明的是发展的外部环境,与上述四组范畴也有普遍的密切的联系。因此,五组范畴之间是相互联系、相互作用、相互影响,甚至相互转化的关

---

① 中共中央文献研究室编:《十九大以来重要文献选编》(上),中央文献出版社 2020 年版,第 1 页。
② 赵智奎:《邓小平理论的范畴体系》,河南人民出版社 2001 年版,第 28 页。

系,与其他范畴一起共同构建了邓小平理论丰富的范畴体系。①

第二节　南方谈话文本的若干重要命题

命题(proposition),是有真假的语句,是通过肯定或否定来说明某物存在或不存在的语句。在普通逻辑中,是表示对思维对象有所断定的思想的语句。一般讲,命题通常是陈述句,所表达的内容,即其所表达的思想,一般称为命题的意义,而命题的真或假称为真实性的值。② 邓小平南方谈话,通篇体现着唯物辩证法的思想,有不少类似肯定句或判断句的命题,这些句子往往总结了一个重要观点,往往在文中起到提纲挈领或者总结肯定性作用,给人以深刻的思考和启迪。

南方谈话文本六个部分中,有众多的命题出现,在某种意义上,可谓是命题的集合。如"革命是解放生产力,改革也是解放生产力""基本路线要管一百年,动摇不得""计划和市场都是经济手段""要警惕右,但主要是防止'左'""发展才是硬道理""知识分子是工人阶级的一部分""坚持两手抓,两只手都要硬""在整个改革开放过程中都要反对腐败""形式主义也是官僚主义""中国是维护世界和平的坚定力量"③。把这些命题随机选择抽取出来,加以哲学阐释,是从哲学角度理解南方谈话的重要思路之一。

一、计划和市场都是经济手段

在南方谈话中,邓小平提出当时让大家感到震惊的一个命题——"计划和市场都是经济手段"④。之所以震惊,是因为传统观念认为,计划才是社会主义特有的

---

① 参见赵智奎:《邓小平理论的范畴体系》,河南人民出版社2001年版,第34页。
② 参见金炳华等编:《哲学大辞典(修订本)》,上海辞书出版社2001年版,第1017页。
③ 《邓小平文选》第三卷,人民出版社1993年版,第370—383页。
④ 《邓小平文选》第三卷,人民出版社1993年版,第373页。

计划经济形态,而市场就是指资本主义特有的市场经济。计划和市场是不相容的两对带有阶级对立的范畴。邓小平以其非凡的政治勇气和理论勇气,结合马克思主义观点,鲜明地提出计划和市场都是一种经济手段,不存在阶级性、对立性,两者都能为社会主义和资本主义所用。

客观地讲,计划和市场是属于不同属性的范畴,性质不同,所代表的体制不同,一个是计划经济体制,一个是市场经济体制。马克思主义经典作家认为,计划作为一种自觉的、有意识的活动,是私有制废除后建立的一种新的社会制度的目标或者一种选择。马克思提到,"生产者将按照共同的计划自觉地从事社会劳动",恩格斯也提出"为了共同的利益、按照共同的计划、在社会全体成员的参加下来经营"[1],列宁则直接认为要"建立起大规模的社会化的计划经济"[2]。在这里,我们把计划作为计划经济体制的特称或者简称,计划经济体制只是经济运行的一种机制,也是经济制度的表现形式之一,本身不具备社会制度的属性,没有阶级性。我国长期以来沿袭苏联的高度集中的计划经济体制,认为那样才是正统的社会主义特有的经济体制。实际上,这是对马克思主义经典作家的理论教条化、"本本主义"式的理解了。

计划作为一种经济体制运行的机制、手段和方法,本身有着很多优点,具有社会主义的优越性,因为在国家宏观的计划调节下,能够制定和完成国家中长期经济社会发展规划的任务,能够集中力量办大事,能够在经济运行中适时进行调节和纠偏,因此体现计划经济的调节功能。但在现代化的社会生产方式下,单纯的计划经济体制会限制社会生产力的发展。中华人民共和国成立后,因循前苏联的高度集中的计划经济体制,在后期也显示出其越来越多的局限性,其教训警示犹在。

市场属于经济学的范畴,有广义和狭义之分。广义市场是指一切经营活动的总和,狭义市场则是指商品经营活动的场所。市场是社会生产力发展到一定阶段时经济发展的必然产物,其表现在物与物之间的交换关系,本质上则体现的是人和

---

[1] 《马克思恩格斯选集》第一卷,人民出版社2012年版,第302页。
[2] 《列宁全集》第十三卷,人民出版社1987年版,第124页。

人之间的社会经济关系。市场具有调节的功能，表现为市场机制，自身作为一个整体，在实践中组成市场体系。市场体系在运行中体现以下功能：资源配置功能、利益调节功能、信息交换传递功能和平衡供求关系功能。① 市场经济体制就是指市场对资源配置起基础性作用的体制。邓小平提到的计划和市场，指的就是市场经济体制。

历史地看，我们国家对计划和市场的关系的认识经历了一个较长的过程（见表3-1，根据有关资料整理），这个认识过程体现了解放思想、实事求是的思想路线，是党对社会主义建设规律认识深化的结果。1956年9月，毛泽东赞成陈云提出的"三个主体、三个补充"②的思想，这种思想反映了我们党对计划和市场关系的初步认识，也是对苏联高度集中的计划经济体制的一种突破。

对于计划和市场两者之间的优劣，邓小平进行了长期的思考和探索，他认为，计划和市场都是一种经济手段，而不是社会主义和资本主义的本质区别。早在1979年11月，邓小平就指出，社会主义也可搞市场经济，"我们是计划经济为主，也结合市场经济，但这是社会主义的市场经济"③。这里，邓小平强调了社会主义的主体作用。

1992年年初，邓小平在南方谈话中提出了"计划和市场都是经济手段"④的重要命题，体现了一位伟大的政治家的高瞻远瞩和非凡胆略，廓清了人们对计划和市场的片面认识，深刻阐述了计划和市场的辩证关系，大大解放了人们的思想，有力回击了当时社会的不同质疑。计划和市场作为不同的经济发展手段，在邓小平看来，二者不具有阶级属性，不是社会主义和资本主义固有的标签。此后，党的十四大、十五大、十六大、十七大、十八大一直在沿用并深化市场在资源配置中的基础性作用，且随着市场经济的不断完善而有着不同的表述（见表3-1）。党的十八届三

① 参见赵智奎：《邓小平理论的范畴体系》，河南人民出版社2001年版，第135页。
② 即国家经营和集体经营是主体，一定数量的个体经营为补充；计划生产是主体，一定范围的自由生产为补充；国家市场是主体，一定范围的自由市场为补充。
③ 《邓小平文选》第二卷，人民出版社1994年版，第236页。
④ 《邓小平文选》第三卷，人民出版社1993年版，第373页。

中全会第一次提出要求市场在资源配置中起决定性作用和更好发挥政府作用,反映了我们党对政府和市场关系的认识的深化(也是对计划和市场关系认识的深化)。

表 3-1　党的几代领导集体对社会主义市场经济认识的变化

提出时间	提出人	计划经济和市场经济的关系	认识
1979 年 11 月	邓小平	市场经济只存在于资本主义社会,只有资本主义的市场经济,这肯定是不正确的	突破对传统社会主义经济的认识
1992 年 1 月	邓小平	计划和市场都是经济手段,计划多一点还是市场多一点,不是社会主义和资本主义的本质区别	计划经济 ≠ 社会主义 市场经济 ≠ 资本主义
1992 年 6 月	江泽民	倾向于"社会主义市场经济体制"的提法	邓小平赞成
1992 年 10 月	党的十四大	明确提出经济体制改革的目标是建立社会主义市场经济体制,看到市场具有自身弱点和消极方面,必须加强和改善国家对经济的宏观调控	
1997 年 9 月	党的十五大	提出建立比较完善的社会主义市场经济体制的目标,使市场在国家宏观调控下对资源配置起基础性作用	
2002 年 11 月	党的十六大	提出在更大程度上发挥市场在资源配置中的基础性作用	
2007 年 10 月	党的十七大	提出从制度上更好发挥市场在资源配置中的基础性作用	
2012 年 11 月	党的十八大	提出在更大程度更广范围发挥市场在资源配置中的基础性作用	
2013 年 11 月	党的十八届三中全会	《中共中央关于全面深化改革若干重大问题的决定》提出,经济体制改革是全面深化改革的重点,核心问题是处理好政府和市场的关系,使市场在资源配置中起决定性作用和更好发挥政府作用	
2017 年 10 月	党的十九大	提出加快完善社会主义市场经济体制,经济体制改革必须以完善产权制度和要素市场化配置为重点,创新和完善宏观调控,发挥国家发展规划的战略导向作用	

提出时间	提出人	计划经济和市场经济的关系	认识
2010 年 10 月	党的十九届五中全会	提出充分发挥市场在资源配置中的决定性作用,更好发挥政府作用,推动有效市场和有为政府更好结合	
2022 年 10 月	党的二十大	进一步明确:坚持和完善社会主义基本经济制度,充分发挥市场在资源配置中的决定性作用,更好发挥政府作用	
2024 年 7 月	党的二十届三中全会	聚焦构建高水平社会主义市场经济体制,充分发挥市场在资源配置中的决定性作用,更好发挥政府作用	

党的十四大之后的几代领导集体都高度重视政府和市场的关系,把两者关系的处理作为完善社会主义市场经济体制的重要组成部分。1998 年 12 月,江泽民提出,"市场机制和宏观调控,都是社会主义市场经济体制的重要内容,二者是统一的,不能把它们割裂开来、对立起来"[1]。2012 年 11 月,胡锦涛强调,"经济体制改革的核心问题是处理好政府和市场的关系,必须更加尊重市场规律,更好发挥政府作用"[2]。2014 年 5 月,习近平总书记提出要讲辩证法、两点论,正确认识和分析市场和政府的关系,"看不见的手"和"看得见的手"都要合理发挥有效作用,实现两者有机统一、互相促进,共同推动经济和社会各方面持续健康发展。他认为,市场的决定作用和更好发挥政府作用是有机统一、相互支撑的,不能互相对立和否定。既要尊重市场经济规律,利用市场解决有关问题,又要发挥政府宏观调控、承担责任的作用,市场激发活力,政府把控方向,两者相辅相成,互为补充,共同提高社会生产力,实现社会物质极大丰富,提高人民生活水平和获得感、幸福感、安全感。

市场经济和社会主义有机结合,是我们共产党的伟大创举。我们要在社会主义根本制度下发展市场经济,任何时候都要在社会主义前提下发展,"坚持我们的制度优越性,有效防范资本主义市场经济的弊端"[3]。

---

① 《江泽民文选》第二卷,人民出版社 2006 年版,第 257 页。
② 《胡锦涛文选》第三卷,人民出版社 2016 年版,第 628—629 页。
③ 《习近平关于社会主义经济建设论述摘编》,中央文献出版社 2017 年版,第 64 页。

二、在整个改革开放过程中都要反对腐败

邓小平对腐败现象是极为痛恨的。在南方谈话中，他强调"在整个改革开放过程中都要反对腐败"①，这源自他对腐败的深刻认识，对党和国家发展的高度负责。腐败是人类社会的顽疾，只要有权力就可能导致腐败。"权力导致腐败，绝对权力导致绝对腐败"②，这说明腐败来自特权以及特权阶层。邓小平在南方谈话中，深刻认识到改革开放中资产阶级自由化思想的侵入，金钱至上、权力至上、利益至上的观念会腐蚀共产党的初心和使命，因此，提出了廉政建设问题，强调提出"在整个改革开放过程中都要反对腐败"③的命题。

腐败具有历史性、长期性、渗透性、顽固性，在人类历史长河中，腐败现象在阶级社会的任何时代都有表现。腐败的特性决定了它与共产党的初心和使命格格不入，但腐败又能以各种形式侵犯党的肌体。有学者认为，中国的腐败有其存在的现实基础，就是中国渐进式改革中"催生的一系列经济矛盾"④。随着改革的深入发展，腐败现象也在不断地改变形式，越来越具有隐秘性、团体化和复杂化。腐败既有人的趋利性因素，也有体制性因素，因此，除了加强自律，更要加强制度建设，让制度筑牢腐败的笼子。

在现代化的进程中，没有良好的制度约束，现代化也体现其历史局限性，表现在：人过度追逐物质财富而在一定程度上破坏自然，造成环境的污染；人对物质财富的过度崇拜异化为物对人的统治，使人的生存变为物化生存；在市场力量发挥主导作用的过程中，在过于追逐物质财富的过程中，造成了贫富不均、两极分化，人与人之间物质利益化；在市场力量起主导作用的地方，产生了金钱至上的思想，进而会诱发人的物欲、贪婪，腐败现象必然出现。人们在追名逐利过程中，把手段当成目的，用手段遮蔽目的，使工具理性高于价值理性，人被异化为物的主宰。⑤

---

① 《邓小平文选》第三卷，人民出版社 1993 年版，第 379 页。
② [英]阿克顿：《自由与权力》，侯建、范亚峰译，译林出版社 2014 年版，第 294 页。
③ 《邓小平文选》第三卷，人民出版社 1993 年版，第 379 页。
④ [美]魏德安：《双重悖论》，蒋宗强译，中信出版社 2014 年版，第 112 页。
⑤ 参见韩庆祥：《中国道路及其本源意义》，中国社会科学出版社 2019 年版(2021 年重印)，第 207 页。

改革开放初期，我们在注重解放人的逻辑的历史进程中，由于对人的约束即法制和德治的步伐没有完全跟进，结果在一定程度上出现了社会发展失衡和无序的现象。一些人放松了世界观、人生观、价值观的改造，异化为物的奴隶，出现了许多社会丑恶现象和腐败现象。绝对权力引起绝对腐败，市场经济的逐利性和无序竞争性如果没有法制加以约束，就会造成腐败盛行。①

基于社会主义初级阶段长期性这一历史判断，邓小平深刻认识到社会主义现代化建设进程的长期性与复杂性，并由此推论出反腐败斗争必然具有同等属性。他主张，将反腐败斗争贯穿社会主义现代化建设的全过程。早在1977年7月，邓小平就指出，"要搞好我们的党风、军风、民风，关键是要搞好党风"②。1982年4月，他在中央政治局会议上明确提出打击经济犯罪和反腐败是"一个长期的经常的斗争，至少是伴随到实现四个现代化的那一天"③。1989年9月和1992年年初，邓小平在两次谈话中都强调了"整个改革开放过程中都要反对腐败"④。从世界社会主义运动史来看，党风问题历来是关系党的兴衰存亡的重大问题。如果党内滋长了一大批腐败的权贵集团，最终将会丧失党的初心，丧失民心。邓小平警醒地说过，如果不注意，不刹住这股歪风，党和国家总有一天会变颜色。邓小平强调党要管党，从严治党，要求政治局常委会的同志要"聚精会神地抓党的建设，这个党该抓了"⑤，要把改革开放和惩治腐败两手一起抓，都要硬。"两手抓"的思想反映了我们对社会主义现代化建设客观规律的正确认识。对陈云同志提出的"执政党的党风问题是有关党的生死存亡的问题"⑥这句话，邓小平非常赞赏，并非常清醒地提出"中国要出问题，还是出在共产党内部"⑦，党内腐败与党风廉政建设有着密切的

---

① 参见韩庆祥：《中国道路及其源意义》，中国社会科学出版社2019年版（2021年重印），第208—209页。

② 中共中央文献研究室编：《邓小平年谱》第四卷，中央文献出版社2020年版，第163页。

③ 中共中央文献研究室编：《邓小平年谱》第五卷，中央文献出版社2020年版，第112页。

④ 《邓小平文选》第三卷，人民出版社1993年版，第327页；中共中央文献研究室编：《邓小平年谱》第五卷，中央文献出版社2020年版，第642页。

⑤ 《邓小平文选》第三卷，人民出版社1993年版，第314页。

⑥ 《陈云文选》第三卷，人民出版社1995年版（2015年重印），第273页。

⑦ 《邓小平文选》第三卷，人民出版社1993年版，第380页。

关系,提醒大家要有清醒的认识。另外,他还强调,党风廉政建设和艰苦奋斗精神教育是解决党风问题、端正社会风气的一个固本强基的重要手段,要求用法律武器来同腐败现象做斗争;加强法制建设,构筑预防腐败的法律法规体系并加以严格执行是进行制度反腐的重要手段。邓小平的反腐败理论深刻回答了在改革开放新的历史条件下我们党如何加强廉政建设的基本问题,丰富和发展了党的反腐倡廉理论,是邓小平理论的重要组成部分,也是新时期党风廉政建设和反腐败斗争的重要指针。

共产党几代领导集体都高度重视反腐败问题。中华人民共和国成立后,以毛泽东同志为主要代表的中国共产党人领导人民反对腐败最大的运动就是"三反""五反",并且处理了刘青山、张子善两个党内的高官,有力震慑了腐败分子。江泽民也强调"整个改革开放过程中都要反对腐败"[1],强调不解决腐败问题,党和政府就会脱离群众。胡锦涛从加强党的建设科学化水平高度,强调要"惩防并举、注重预防",否则就会失去人民信任和执政基础。进入新时代以来,以习近平同志为核心的党中央强调"反腐败斗争永远在路上",坚持反腐无禁区、巡视全覆盖,"以系统施治、标本兼治的理念正风肃纪反腐","跳出治乱兴衰的历史周期率",确保"中国特色社会主义巍巍巨轮行稳致远"[2]。

三、形式主义也是官僚主义

在南方谈话中,邓小平同志在批评形式主义时,强调"形式主义也是官僚主义"[3],这是第一次论述了两者的关系,是一个深刻的命题。形式主义,是一种工作作风,一种思想方法,强调只看事物表象,不去分析事物本质,颠倒了唯物辩证法内容决定形式、形式反过来为内容服务,内容和形式相统一的原理。客观上讲,唯心主义形而上学是形式主义的思想理论基础,习惯势力和传统文化负面影响是形式主义的社会历史根源。

---

①　《江泽民文选》第一卷,人民出版社 2006 年版,第 322 页。
②　中共中央文献研究室编:《习近平关于全面从严治党论述摘编(2021 年版)》,中央文献出版社 2021 年版,第 386 页。
③　《邓小平文选》第三卷,人民出版社 1993 年版,第 381 页。

形式主义(formalism),即片面追求形式而忽视内容的一种形而上学的观点、方法和作风。形式主义者把形式和内容机械地割裂开来,极端夸大事物的形式,抹杀内容对形式的决定作用。在实际工作中表现为只图虚名,不讲实效,满足于做追求形式的表面文章。① 我们讨论形式主义,主要从辩证的认识论上着手,探讨其形式与内涵。恩格斯指出:"如果不把唯物主义方法当做研究历史的指南,而把它当做现成的公式,按照它来剪裁各种历史事实,那它就会转变为自己的对立物。"②

对于官僚主义(bureaucratism),《大辞海·哲学卷》做了较为详细的解释③,它是历史性概念,是剥削阶级的遗产,旧社会留下的坏作风。中国几千年的封建帝制和社会,近代以来的半殖民地半封建社会,"官老爷"作风、官僚主义有着深远的影响,有着深厚的社会基础。探讨官僚主义的起源,有"人性论""阶级论"④说,其表现形式多样,有"主观主义、命令主义、形式主义、文牍主义、事务主义、自由主义"等形式⑤。

从以上两者的含义中可以看出,从认识论角度看,形式主义和官僚主义有相同之处,两者都属于思想认识方面;从实践论角度看,两者都有着多样的表现方式,有着内在的统一性。形式主义的表现主要是由于官僚主义的存在,形式主义与官僚主义形影相随,两者表现形态相同、思想根源相同、社会危害也相同。形式主义借助官僚主义而滋生和蔓延;反过来,官僚主义倡导形式主义,又为形式主义做"保护伞"。形式主义和官僚主义共同生长,互为支撑,形式主义疯长,是官僚主义的外在表现。形式主义眼睛向上,注重表面文章,实质是名利心作怪,讨好上级,以求自身利益最大化。官僚主义从本质上是维护为官者自身利益,没有真正为民办实事、办

---

① 参见夏征农、陈至立主编,余源培等著:《大辞海·哲学卷》,上海辞书出版社2015年版,第126页。
② 《马克思恩格斯选集》第四卷,人民出版社2012年版,第595页。
③ 官僚主义,是指国家工作人员脱离实际、脱离群众、只知发号施令的坏作风。表现为不了解实际情况、不关心群众疾苦、独断专行、压制民主,以至专横跋扈、称王称霸等,还包括部门林立、机构臃肿、层次繁多、互相扯皮、人浮于事、虚职过多、工作效率低下等现象。参见夏征农、陈至立主编,余源培等著:《大辞海·哲学卷》,上海辞书出版社2015年版,第179页。
④ 参见张文等:《现代官僚主义及其防治对策研究》,线装书局2012年版,第2页。
⑤ 参见张文等:《现代官僚主义及其防治对策研究》,线装书局2012年版,第1页。

好事,以人民为中心。为官不为,为官乱为①,本质上也是一种官僚主义,也是一种腐败。官僚主义是一个世界通病,本质在于人性的弱点,根源在于"人的私欲、占有欲和权威欲"②。随着时代发展,形式主义和官僚主义的表现也在不断地进行花样翻新,诸如"二传手""玩空转""留痕派""一刀切"等。在我们党的认识论中,形式主义和官僚主义往往是在一起提及的。

形式主义和官僚主义都是社会主义所不允许的,与共产党人的初心和使命格格不入。毛泽东较早提出了反对形式主义和官僚主义,认为主观主义、宗派主义、党八股、新教条主义就是形式主义,提出要把"官僚主义方式这个极坏的家伙抛到粪缸里去"③。邓小平更是反对形式主义,指出了形式主义表现为"追求表面文章,不讲实际效果、实际效率、实际速度、实际质量、实际成本"④;也讲了官僚主义的表现和危害⑤,强调必须下决心革除。江泽民讲"官僚主义引发形式主义,形式主义助长官僚主义"⑥,成为影响国家事业发展的一大祸害。胡锦涛讲要大兴求真务实之风,改进工作方式和领导作风,切实反对形式主义和官僚主义。

形式主义、官僚主义之所以屡禁不绝,一个重要原因就是丢掉了全心全意为人民服务的根本宗旨,背离了实事求是的思想路线,从而导致工作目的的扭曲和工作

---

① "为官不为"主要表现为庸政、懒政和怠政。庸政主要是不能为、不善为,因循守旧,碌碌无为,患得患失,畏首畏尾,安于现状,不思进取,观念陈旧,墨守成规,情况不明,思路不清,执政信心不足、能力不强,施政方式粗糙,工作方法简单,主动意识不强,缺乏对新生事物的敏感性,新思路、新办法不多,不适应岗位职责要求等;懒政主要是不想为、慢作为,图安逸,怕担责,精神不振,懒散松懈,被动应付,得过且过、推诿扯皮,办事拖拉,标准不高、效率低下、态度冷漠,作风粗暴,纪律松弛,自由散漫,官僚和衙门作风严重,群众观念淡薄等;怠政主要是不敢担当,不负责任,失职渎职,消极怠工、拖延懈怠,政令不畅、虚夸浮漂,脱离实际,弄虚作假,编造事实,压着不办,隐瞒不报,等等。"为官乱为"主要表现为用权任性、越权越位,肆无忌惮,胡作非为,以权谋私、坑害群众,滥用职权、权力寻租,乱检查、乱收费、乱罚款、乱摊派,滥评比、滥培训,增加群众、企业和基层负担,等等。参见沈建波主编:《力戒形式主义官僚主义十二讲》,人民出版社 2019 年版,第 63—64 页。

② 张文等:《现代官僚主义及其防治对策研究》,线装书局 2012 年版,第 10 页。

③ 《毛泽东选集》第一卷,人民出版社 1991 年版,第 124 页。

④ 《邓小平文选》第二卷,人民出版社 1994 年版,第 100 页。

⑤ 官僚主义的主要表现和危害:高高在上,滥用权力,脱离实际,脱离群众,好摆门面,好说空话,思想僵化,墨守陈规,机构臃肿,人浮于事,办事拖拉,不讲效率,不负责任,不守信用,公文旅行,互相推诿,以至官气十足,动辄训人,打击报复,压制民主,欺上瞒下,专横跋扈,徇私行贿,贪赃枉法,等等。参见《邓小平文选》第二卷,人民出版社 1994 年版,第 327 页。

⑥ 《江泽民文选》第三卷,人民出版社 2006 年版,第 328 页。

方法的变形。克服形式主义、官僚主义,发扬人民民主,让权力在阳光下运行,让更多人参与民主管理,"只有当全体居民都参加管理工作时,才能把反官僚主义的斗争进行到底,直到取得完全的胜利"①。

党的历届中央领导集体都高度重视反对形式主义、官僚主义问题。2001 年 9 月,《中共中央关于加强和改进党的作风建设的决定》强调,"形式主义、官僚主义盛行……其消极影响和后果不可低估……就会损害党群关系和干群关系,甚至失去民心,丧失政权"②,把党风建设的主要任务突出总结为"八个坚持、八个反对"③。2012 年 1 月,胡锦涛在《保持党的纯洁性》中指出,形式主义和官僚主义"严重损害党的纯洁性,严重损害党同人民群众的血肉联系,严重影响党的执政地位巩固和执政使命实现"④,要坚持"四个结合"⑤,切实保持党的纯洁性。

进入新时代以来,以习近平同志为核心的党中央,进一步加深了对形式主义、官僚主义的深刻认识,把形式主义列为"四风"⑥之首,制定完善了一系列文件,重点对形式主义、官僚主义整治进行制度上的要求。2018 年 8 月和 2023 年 12 月,中共中央两次对《中国共产党纪律处分条例》进行了修订,体现了党中央反对"四风"问题制度化法治化建设的与时俱进;2018 年 9 月,中央纪委办公厅印发《关于贯彻落实习近平总书记重要指示精神集中整治形式主义、官僚主义的工作意见》,全面吹响了集中整治形式主义、官僚主义的号角。2018 年 10 月,中共中央办公厅印发了《关于统筹规范督查检查考核工作的通知》,在学风、会风、文风及检查调研方

---

① 《列宁选集》第三卷,人民出版社 2012 年版,第 770 页。

② 中共中央文献研究室编:《十五大以来重要文献选编》(下),中央文献出版社 2011 年版,第 235 页。

③ "八个坚持、八个反对"是指,坚持解放思想、实事求是,反对因循守旧、不思进取;坚持理论联系实际,反对照抄照搬、本本主义;坚持密切联系群众,反对形式主义、官僚主义;坚持民主集中制原则,反对独断专行、软弱涣散;坚持党的纪律,反对自由主义;坚持清正廉洁,反对以权谋私;坚持艰苦奋斗,反对享乐主义;坚持任人唯贤,反对用人上的不正之风。参见中共中央文献研究室编:《十五大以来重要文献选编》(下),中央文献出版社 2011 年版,第 236—237 页。

④ 中共中央文献研究室编:《十七大以来重要文献选编》(下),中央文献出版社 2013 年版,第 805 页。

⑤ "四个结合"是指,在新的形势下保持党的纯洁性,要坚持党要管党、从严治党,坚持强化思想理论武装和严格队伍管理相结合、发扬党的优良作风和加强党性修养与党性锻炼相结合、坚决惩治腐败和有效预防腐败相结合、发挥监督作用和严肃党的纪律相结合。参见中共中央文献研究室编:《十七大以来重要文献选编》(下),中央文献出版社 2013 年版,第 805—806 页。

⑥ "四风",指形式主义、官僚主义、享乐主义和奢靡之风。

面,重点整治频次过多过滥、浮于表面等突出问题。2019 年 3 月,中共中央办公厅印发《关于解决形式主义突出问题为基层减负的通知》,把 2019 年作为"基层减负年",强调解决一些困扰基层的形式主义问题,切实为基层减负。习近平强调,"形式主义、官僚主义同我们党的性质宗旨和优良作风格格不入,是我们党的大敌、人民的大敌"①,会使我们党失去根基和血脉,要求干部做到"为民、务实、清廉",增强使命感和责任感,牢记初心和使命,要用实事求是、求真务实的"思想方法、工作方法、领导方法"②去对待形式主义和官僚主义。整治形式主义绝不走形式,整治官僚主义绝不祖护"官僚",确保取得查处一个、警示一片、教育一方的效果。

四、中国是维护世界和平的坚定力量

在南方谈话中,邓小平提出"中国是维护世界和平的坚定力量"③这样的命题,是有其历史根据和政治基础的,也是中国特色社会主义本质在外交上的外化。早在 1985 年 3 月,邓小平会见日本访华团时就提出同样的表述④,强调"中国最希望和平"⑤,反对大国霸权主义。他同时指出,中国维护世界和平的力量是随着经济发展的水平而不断增强的,结合世界多极化趋势的发展,在毛泽东"三个世界"划分理论的基础上,对时代做出了和平与发展的伟大判断,符合人类发展的历史潮流,对时代主题进行了科学的判定。1990 年 12 月,邓小平在谈到国际问题时,讲到要韬光养晦,绝不当头,"永远不称霸"⑥,抓住有利时机发展自己,在和平共处五项原则的基础上有所作为。作为维护世界和平的负责任的大国,中国发展得越好,"世界和平越靠得住"⑦。和平与发展的时代主题是邓小平提出"中国是维护世界和平的坚定力量"这个命题的理论基础。中国属于第三世界,是发展中国家。对于中国来说,中国特色社会主义要发展壮大,离不开和平的国际环境,离不开快速发

---

① 《习近平关于力戒形式主义官僚主义重要论述选编》,中央文献出版社 2020 年版,第 19 页。
② 《习近平谈治国理政》第一卷,外文出版社 2018 年版,第 25 页。
③ 《邓小平文选》第三卷,人民出版社 1993 年版,第 383 页。
④ 参见《邓小平文选》第三卷,人民出版社 1993 年版,第 104 页。
⑤ 《邓小平文选》第三卷,人民出版社 1993 年版,第 104 页。
⑥ 中共中央文献研究室编:《邓小平年谱》第五卷,中央文献出版社 2020 年版,第 621 页。
⑦ 武市红、高屹主编:《邓小平与共和国重大历史事件》,人民出版社 2019 年版,第 429 页。

展的世界,迫切需要和平的发展环境。邓小平指出的"世界和平力量的增长超过战争力量的增长"①是中国争取和平发展时期的现实基础。

"中国是维护世界和平的坚定力量"这个命题,暗含着和平与发展的时代主题,要求中国必须加快发展,变得越来越强大,才能成为维护世界和平的坚定力量;如果中国不发展,或者发展缓慢,低于资本主义主要国家的发展速度,就体现不出世界和平力量的增长。和平,是全人类各个国家人民共同的向往,只有和平,才有稳定发展的可能,才有人们实现发展、追求幸福生活的环境和机会;也只有发展,才能有维护和平的经济力量和政治力量,也才能更好地维护和平。

和平,是一个政治概念,是一种自然状态,是人类孜孜以求的普遍权利。和平也是一种政治力量,是世界上希望和维护和平的正义的力量。人类的发展,是在不断追求和平中发展的,和平不是永久的,总是和战争交织在一起的,但和平是人类普遍追求的目标。自从有了阶级和国家,和平就和战争成为一对范畴,在相互交织中发展。马克思主义者认为,战争终究要被消灭,人类社会进步到阶级、国家、战争都消亡的未来的共产主义社会,就会实现永久的和平。

中国始终是维护世界和平的主要力量,这与中华民族的历史基因有关。中华民族不是一个好战强霸的民族,中国人民的血统里没有好战基因,中国历来都强调以和为贵,以和为美,美美与共,天下大同。党的几代领导集体都坚持奉行和平共处五项原则,把独立自主、和平外交作为外交政策的基本方针,并在此基础上不断拓展深化。江泽民提出,"中国共产党和中国人民始终同世界上一切爱好和平与自由的人民一道,共同促进世界和平与发展的崇高事业"②。胡锦涛强调,"为人类作出应有贡献,是中国共产党和中国人民早就作出的庄严承诺"③。以习近平同志为核心的党中央,着眼于百年未有之大变局的世界大势,创造性提出"建设开放型世界经济、构建人类命运共同体,促进全球治理体系变革……成为国际社会公认的世

---

① 《邓小平文选》第三卷,人民出版社1993年版,第127页。
② 《十五大以来重要文献选编》(下),中央文献出版社2011年版,第173页。
③ 《十七大以来重要文献选编》(下),中央文献出版社2013年版,第450页。

界和平的建设者、全球发展的贡献者、国际秩序的维护者"①。这些重要论述,反映了我们对中国在世界的历史定位认识的深化。

第三节　南方谈话文本的若干重要原理

马克思主义基本原理的含义,在《马克思主义大辞典》中有准确的表述,基本原理主要包括 11 个方面的内容。② 马克思主义基本原理是通过马克思主义经典著作阐发出来的。马克思主义经典著作是马克思主义基本原理及其思想发展的文本呈现,是马克思主义理论的载体。只有把马克思主义基本原理、马克思主义发展史、马克思主义经典著作有机统一起来,才能深刻理解和准确把握马克思主义基本原理及其精神实质。有基本原理也就有一般原理,且是在实践中不断得到印证和发展的。

邓小平南方谈话中的一些表述具有一般原理的特征,是邓小平理论的集中体现,是邓小平对治党治国经验的深刻总结,是指导中国特色社会主义事业的科学原理。例如,"社会主义制度能够集中力量办大事""科学技术是第一生产力""在整个改革开放的过程中,必须始终坚持四项基本原则""实事求是是马克思主义的精髓""实践是检验真理的唯一标准"③等。本节将选取几个重要原理进行集中阐述。

一、科学技术是第一生产力

在《邓小平文选》三卷本中,"科学技术"作为一个固定词语出现,通过筛查,第一卷出现 3 次,第二卷出现 128 次(体现最多的文献是邓小平《在全国科学大会开

---

① 《十九大以来重要文献选编》(上),中央文献出版社 2019 年版,第 727—728 页。
② 马克思主义基本原理是指马克思主义科学体系的基本理论和核心内容,是马克思主义基本立场、观点、方法的集中概括和理论表达,是马克思主义的灵魂和精髓,参见徐光春主编:《马克思主义大辞典》,崇文书局 2017 年版,第 14 页。
③ 《邓小平文选》第三卷,人民出版社 1993 年版,第 377—382 页。

幕式上的讲话》,出现97次),第三卷则出现30次。而体现"科学技术"和"生产力"关系的使用频次为,在第二卷中出现5次,在第三卷中出现7次。① 邓小平关于科学技术与生产力内在关系的认识,呈现出基于对科学技术在当代社会结构中定位与功能演变的研判而渐进深化的轨迹。

在南方谈话中,邓小平提出"科学技术是第一生产力"②。他是怀着对我们民族和国家前途命运的深切关注,从人类社会生产力发展规律的高度,从我国社会主义现代化建设战略的高度,充分说明了科学技术在社会生产力发展中的第一位的作用的。这一原理丰富了马克思主义的生产力理论,是对马克思主义关于科学技术论的继承和发展。科学技术在现代化生产中起着第一位的变革作用,科学能够通过技术和教育手段渗透和凝聚到生产力其他要素中去,具有强大的渗透和凝聚力量,使生产更智能化,加速发展生产力。近代以来,科学技术的迅猛发展,使得科学技术在推动社会生产力的发展方面起着举足轻重的作用,而且越来越被知识经济、信息经济、数字经济时代的发展所印证。

历史唯物主义认为,生产工具是由人制造和控制的,劳动者是生产的主体,科学技术的发明及其在生产过程中的应用是通过劳动者——脑力劳动和体力劳动——来实现的。列宁指出:"全人类的首要的生产力就是工人,劳动者。"③但不断走向现代化的人是用科学知识不断武装的人,这样的人就是在人类社会发展中能够起到决定性的作用的人。

人类社会发展的时代不同,生产力的发展的生长点也不同。近代社会以来,随着技术革命的迭起,科技在快速发展的社会中起着决定性的作用。现代化的实质是"用社会化的生产方式代替自然经济的生产方式",在"科技革命的激荡下由农业社会向工业社会转型的过程"④。因此,邓小平曾指出,实现四个现代化,社会主

---

① 作者通过对《邓小平文选》三卷本电子书的数据分析,得出以上结论,所有数据均含标题,均不含注释。
② 《邓小平文选》第二卷,人民出版社1993年版,第377页。
③ 《列宁选集》第三卷,人民出版社2012年版,第821页。
④ 杨耕:《东方的崛起——关于中国式现代化的哲学反思》,北京师范大学出版社2009年版,第112页。

义经济就必须有"大生产的技术基础"①,实现"科学技术的现代化"②。在邓小平的思考中,发展经济必须进行改革,建立起适合社会主义的生产力发展的市场经济体制,而科学技术是加强以经济建设为中心的社会发展的决定性力量。

党的几代领导集体都高度重视科学技术第一生产力的作用。江泽民指出这个论断是"伟大战略思想"③,是"科教兴国"战略决策的理论基础。胡锦涛提出要增强科技自主创新能力,建设创新型国家。新时代以来,习近平总书记强调"抓创新就是抓发展,谋创新就是谋未来",强调科技创新是"引领发展的第一动力"④,要大力实施创新发展驱动战略,大力倡导科学家精神⑤,在更大广度、更深程度上扩大开放,更加注重自主创新,提升核心竞争力,努力建设社会主义现代化科技强国。

二、实践是检验真理的唯一标准

在《邓小平文选》第三卷文本正文中,完整提出这句话的次数是 8 次⑥,使用"实践"一词的次数多达 58 次。在《邓小平文选》第二卷文本中,提到实践和真理标准关系句子的次数也是 8 次,使用"实践"一词的次数多达 75 次。1978 年 12 月 13 日,邓小平在被誉为"改革开放的宣言书"的著名讲话⑦中首次提出"实践是检验真理的唯一标准"问题,到 1992 年年初再次提出,⑧时间跨度 14 年,也正是改革开放以来 14 年的伟大实践,更加证明了这一原理的正确性。

邓小平提出"实践是检验真理的唯一标准"这一原理,是基于他对毛泽东关于

---

① 《邓小平文选》第二卷,人民出版社 1994 年版,第 150 页。
② 《邓小平文选》第二卷,人民出版社 1994 年版,第 86 页。
③ 江泽民:《论科学技术》,中央文献出版社 2001 年版,第 38 页。
④ 《习近平关于科技创新论述摘编》,中央文献出版社 2016 年版,第 7 页。
⑤ 2019 年 5 月 28 日,中共中央办公厅、国务院办公厅印发《关于进一步弘扬科学家精神加强作风和学风建设的意见》,文中提到科学家精神是"胸怀祖国、服务人民的爱国精神,勇攀高峰、敢为人先的创新精神,追求真理、严谨治学的求实精神,淡泊名利、潜心研究的奉献精神,集智攻关、团结协作的协同精神,甘为人梯、奖掖后学的育人精神"。
⑥ 《邓小平文选》第三卷正文中,完整提到"实践是检验真理的唯一标准"这句话分别在第 10、第 28、第 39、第 45、第 263、第 265、第 382 页。
⑦ 1978 年 12 月 13 日,邓小平在中央工作会议闭幕会上发表了题为《解放思想,实事求是,团结一致向前看》的重要讲话,这篇讲话成为即将召开的党的十一届三中全会的主题报告,在我们党的历史文献中被誉为"改革开放的政治宣言书"。
⑧ 参见《邓小平文选》第三卷,人民出版社 1993 年版,第 382 页。

实践的重要论述的深刻理解和认识,基于他倡导的改革开放十几年的伟大实践,基于他对马克思主义唯物辩证法的娴熟运用,基于他对我国社会主义建设规律探索中正反两方面经验和教训的深刻体悟。南方谈话文本中,在谈到经济发展能够再隔几年上一个台阶的时候,用了较多的笔墨和现实的数据来印证,就是证明我国经济建设在改革开放中的"台阶论"的正确性。事实上,客观地看,南方谈话中,邓小平同志提出的一系列重要的论断不就是改革开放14年来的实践所证明并将继续证明的真理吗!

毛泽东提出,"判断认识或理论之是否真理,不是依主观上觉得如何而定,而是依客观上社会实践的结果如何而定……实践的观点是辩证唯物论的认识论之第一和基本的观点"①。真理的检验不是一个理论问题而是一个实践的问题,检验真理就是检验认识的正确与否,是否与客观实际相符合,这只能通过实践过程中把主观的东西与客观的东西相比较来判断。在实践中,按照主观认识来"行事",如果达到了主观认识预判的结果,转化为客观的东西,那么这种认识就是符合客观实际的;反过来说,就是不符合客观实际的认识,是不正确的或者不完全正确的、错误的认识。②

即使是那些适用范围极其广泛的普遍真理,也不能作为检验新的认识正确与否的标准,因为这样适用范围广泛的理论,所反映的都是事物的普遍本质和一般规律。而人的认识往往是具体的特殊条件下的认识,普遍性的科学理论不可能穷尽事物的各种特殊规定性,用它来判定对特殊事物的认识是不是真理也是徒劳的。

三、实事求是是马克思主义的精髓

邓小平同志在南方谈话中指出"实事求是是马克思主义的精髓"③,这一重要原理高度集中概括了马列主义、毛泽东思想的实质,概括了马克思主义的唯物辩证法。历史地看,一部党的百年艰苦奋斗史,就是党不断地把马克思主义同中国革命

① 《毛泽东选集》第一卷,人民出版社1991年版,第284页。
② 参见张乾元、钟佩君主编:《重读〈实践论〉〈矛盾论〉:新时代下"两论"解读》,长江出版社2018年版,第7页。
③ 《邓小平文选》第三卷,人民出版社1993年版,第382页。

和建设实际相结合的历史,也是实事求是的思想路线指导党不断革新、发展壮大的历史。实事求是是党百余年来立党、兴党、强党的思想指南。关于实事求是,《邓小平文选》第二卷、第三卷文本中提及的次数多达 95 次,并多次论述实事求是是毛泽东思想的主要组成部分,是马克思主义的根本原则。

实事求是是对马克思主义认识论的高度集中与概括。实事求是中的"是",是由"实事"决定的。"是"不是天生的,需要人们在社会实践中去"求",通过实践发现、检验和发展真理。"求"是一个过程,是人的认识逐渐加深、深化的过程。实事求是不是故步自封,不是刻舟求剑,不是浅尝辄止,不是雾里看花,而是一切以时移世易、深入调研、求真务实为准。因此,实事求是又高度集中地概括了马克思主义的认识论。马克思主义诞生和发展的历史证明,马克思主义是在实事求是中创立的,也是在实事求是中继承和发展的。没有实事求是,也就没有马克思主义,也就没有对马克思主义的继承与发展。

实事求是是马克思主义的世界观和方法论的高度的有机统一。恩格斯讲"马克思的整个世界观不是教义,而是方法"①,列宁也指出,"对具体情况作具体分析"②,这都是强调实事求是的方法论意义。毛泽东同志指出:"事物的矛盾法则,即对立统一的法则,是唯物辩证法的最根本的法则。"③实事求是集中地概括了对立统一规律,"实事"本身体现着对立统一规律,而且,"求"和"是"本身也体现着对立统一规律,从唯物辩证法的角度来考察,这三者之间的内在联系,不但体现了物质决定意识,还体现了在一定条件下,意识对物质的反作用。因此,实事求是高度集中概括了唯物辩证法的实质。

关于实事求是,作为党的思想路线,在党的历史上有过两次讨论。第一次是在毛泽东同志领导下完成的,从延安整风开始到党的七大召开,其标志是毛泽东的两篇伟大的哲学著作《实践论》和《矛盾论》,深刻总结了右的错误,特别是王明"左"

---

① 《马克思恩格斯文集》第十卷,人民出版社 2009 年版,第 691 页。
② 《列宁选集》第四卷,人民出版社 2012 年版,第 213 页。
③ 《毛泽东选集》第一卷,人民出版社 1991 年版,第 299 页。

的错误,毛泽东把理论联系实际的作风确定为党的"三大作风"的第一项,在全党确立了实事求是的思想路线。第二次,是1977年到1981年党的十一届六中全会,在邓小平领导和主持下完成的。在这次讨论中,邓小平坚持正确评价毛泽东同志,支持关于真理标准大讨论,用大量的论述重新确立实事求是的思想路线,主持完成了党的历史上第二个历史决议,完成了党在指导思想上的拨乱反正,为新时期改革开放奠定了坚实的思想基础。两次讨论,都是在党的历史上指导思想发生严重错误,处于生死存亡的关键阶段进行的,而挽救和匡正党的指导思想的正是实事求是的思想路线。邓小平在评价毛泽东思想时,最看重和强调的就是实事求是,认为它是"毛泽东思想的出发点、根本点"①,是"毛泽东思想的一个基本组成部分"②,1977年7月,他刚一复出就明确提出"毛泽东思想的精髓是实事求是"③。

1992年年初,邓小平发表南方谈话,把实事求是的思想路线确立为马克思主义的精髓,这是在总结党的历史正反经验的基础上得出的正确结论,是指导我们党永葆青春活力的基本原理。毛泽东依靠实事求是找出了一条新民主主义革命的正确道路,邓小平依靠实事求是指导中国走向了改革开放的中国特色社会主义道路。

在党的几代主要领导人中,毛泽东把党的思想路线概括为"实事求是";邓小平把党的思想路线概括为"解放思想、实事求是";江泽民把党的思想路线概括为"解放思想、实事求是、与时俱进"④;胡锦涛把党的思想路线进一步概括为"解放思想、实事求是、与时俱进、求真务实"⑤;习近平总书记进一步坚持和发展了党的思想路线,提出"解放思想、实事求是、与时俱进、求真务实,坚持辩证唯物主义和历史唯物主义"⑥,赋予实事求是以新的时代内涵。这些概括所指的内容都是一致的,是一脉相承的,又是辩证发展的。

---

① 《邓小平文选》第二卷,人民出版社1994年版,第114页。
② 《邓小平文选》第二卷,人民出版社1994年版,第278页。
③ 《邓小平文选》第三卷,人民出版社1993年版,第10页。
④ 《十六大以来重要文献选编》(上),中央文献出版社2011年版,第9页。
⑤ 《十八大以来重要文献选编》(上),中央文献出版社2014年版,第7页。又见《中国共产党历次党章汇编:1921—2017》,中国方正出版社2017年版,第447—448、第494、第547页。
⑥ 《十九大以来重要文献选编》(上),中央文献出版社2019年版,第13页。

新时代,以习近平同志为核心的党中央也正是在实事求是路线的指引下,创立了习近平新时代中国特色社会主义思想,指引着全体中华儿女奋勇拼搏,"实现了第一个百年奋斗目标……正在意气风发向着全面建成社会主义现代化强国的第二个百年奋斗目标迈进"①。

通过以上分析,我们从南方谈话文本的一些范畴切入,论证了改革、发展、稳定范畴,制度与体制范畴,速度与效益范畴,民主与法制范畴,机遇与挑战范畴,旨在辩证地把握邓小平南方谈话的逻辑形式,反映它们之间的普遍联系和内在本质。正确把握范畴与范畴之间的关系,是我们认识和掌握中国特色社会主义建设伟大事业的现象之网的"网上纽结"②。继而本章通过对某些重要命题的分析,认识到邓小平关于中国改革开放和世界未来发展的各种科学论断,体现了马克思主义的认识论。这些科学论断正确地指导和引领了改革开放的伟大实践。同时,通过对一些重要原理的分析,认识到这些原理,都是在马克思主义中国化时代化的历史进程中不断被抽象、概括和总结出来的,它们都是马克思主义哲学中国化时代化的重要成果。这些也都是邓小平对继承和发展马克思主义的重大贡献。

诚然,本章的分析和论证或许只是初步的,甚至是肤浅的;但是,只要锲而不舍地坚持深入探索,就一定会不断获取南方谈话文本中的无数"珍宝"。同时,也必须认识到,能够对南方谈话文本的哲学意蕴进行考察,从中汲取中国化时代化马克思主义重要成果的哲学营养,不断提高自己的马克思主义哲学素质,进而反思南方谈话文本中关于中国道路、中国模式、中国经验的成就和意义,从而为以中国式现代化全面实现社会主义现代化强国,为新的伟大历史征程提供理论支撑和智力支持,这些都是我们马克思主义中国化学者的神圣职责,也是南方谈话文本自身的题中应有之义。

①　习近平:《在庆祝中国共产党成立 100 周年大会上的讲话》,人民出版社 2021 年版,第 2 页。
②　《列宁全集》第四十五卷,人民出版社 1990 年第 2 版,第 78 页。

第四章

南方谈话关于中国特色社会主义理论体系基石的阐述

众所周知，邓小平理论是中国特色社会主义理论体系的奠基性理论。学界普遍认为，邓小平理论有四块理论基石①，这四块理论基石也是中国特色社会主义理论体系的基石。在南方谈话中，邓小平创新性地提出了社会主义市场经济理论和社会主义本质理论，重申或者强调了社会主义初级阶段理论和改革开放理论，可以说南方谈话内在地体现了这四个理论。本章中，笔者结合实践，对南方谈话中体现的这四个理论进行相关论述和探讨。

第一节　社会主义初级阶段理论与党的基本路线

社会主义初级阶段理论是中国特色社会主义理论体系的基础性理论，"是邓小平理论的重要基石，是建设中国特色社会主义的全部依据"②。社会主义初级阶段理论，是中国实行改革开放的理论基石，是中国从 20 世纪 50 年代建立起社会主义基本制度到建成发达的社会主义现代化国家基本国情的科学概括，是党和国家制定社会主义现代化建设的发展战略和各项方针政策的根本出发点。在初级阶段理论的基础上，我们党深刻总结中华人民共和国成立以来，进行社会主义建设的成功经验和惨痛教训，以积极、审慎的态度做出了中国共产党历史上的第二个伟大历史决议，充分肯定了毛泽东思想和中华人民共和国成立以来的伟大成就，对社会主义初级阶段主要矛盾做出了正确认识和判断，实事求是地提出了"一个中心，两个基本点"的基本路线。南方谈话强调通过改革快速发展生产力，坚定维护党的基本路线，在中国特色社会主义道路上奋勇前进，这是邓小平关于社会主义如何走向现代化道路的思想的集中阐发。

---

① 即社会主义初级阶段理论、社会主义本质理论、社会主义市场经济理论、社会主义改革开放理论。参见靳辉明主编：《中国特色社会主义理论体系研究》，海南出版社 1998 年版，第 135—189 页。又见赵智奎：《邓小平理论的范畴体系》，河南人民出版社 2001 年版，第 322 页。

② 赵智奎主编：《改革开放 30 年思想史》（上），人民出版社 2008 年版，第 293 页。

一、社会主义初级阶段是提出党的基本路线的现实基础

在南方谈话中，邓小平讲，"我们搞社会主义才几十年，还处在初级阶段"①，国内外敌对势力还会不断地对我们进行干扰和破坏，社会主义的生产力还不发达，因此，"巩固和发展社会主义制度，还需要一个很长的历史阶段，需要我们几代人、十几代人，甚至几十代人坚持不懈地努力奋斗，决不能掉以轻心"②。在这里，邓小平再次强调要弄清楚我们所处的历史阶段，要在此基础上制定正确的方针政策，强调党的基本路线要长期坚持，绝对不能动摇。而且，不仅在南方谈话中，在整个《邓小平文选》第三卷中，邓小平都"非常重视这个坚持路线不动摇的问题"③。

社会主义发展阶段的问题曾经是困扰世界社会主义运动的一个非常重要的难题。马克思、恩格斯曾经对无产阶级夺取政权后的新社会做出过一些原则性的假设，比如马克思在《哥达纲领批判》（1875年）这部著作里，曾对共产主义社会有第一阶段和第二阶段两个阶段的划分，第一阶段是列宁所称的"社会主义"的阶段，第二阶段就是社会发展的"高级阶段"，并对其进行了初步的特征界定。④ 但在晚年时期，马克思、恩格斯坚持不断发展论的思想，并没有对未来社会主义的发展阶段做出任何慎重的判断。列宁在俄国革命取得胜利之后，对苏俄社会主义发展阶段曾有过"初级形式"和"最初阶段"，以及"低级阶段"和"中级阶段"之论述。⑤ 斯大林则在社会主义发展阶段问题上犯了"左"倾冒进主义错误，一方面较早取消了列宁制定的"新经济政策"，降低社会主义标准而过早宣布建成社会主义；另一方面又降低所谓的共产主义高级阶段的标准，急躁地宣布过渡到共产主义的时间表。苏俄的做法影响了包括中国在内的所有的社会主义国家，给世界社会主义运动带

---

① 《邓小平文选》第三卷，人民出版社1993年版，第379页。
② 《邓小平文选》第三卷，人民出版社1993年版，第379—380页。
③ 中共中央文献研究室科研管理部编：《邓小平著作是怎样编辑出版的》，中央文献出版社2010年版，第218页。
④ 参见黄楠森主编：《邓小平理论的哲学基础研究》，中国人民大学出版社2004年版，第110—111页。书中认为共产主义"第一阶段"的基本特征是脱胎于资本主义社会，带有资本主义"那个旧社会的痕迹"，但性质根本不同，生产力高度发展，实行社会主义单一公有制，实行按劳分配制度；而"高级阶段"的特征是劳动本身成为生活第一需要，个人全面发展，实行各尽所能、按需分配。
⑤ 参见《列宁选集》第四卷，人民出版社2012年版，第91、第154页。

来了难以估量的损失,也使得苏联过早"夭折"。

恩格斯指出,人类社会的每一个历史阶段都有其必然性,它对当时的历史时代和历史条件来讲,都有其存在的理由。① 毛泽东认为,"认清中国的国情,乃是认清一切革命问题的基本的根据"②。历史地看,在党的领导下,新民主主义革命的胜利,社会主义基本制度的确立,为当代中国进行社会主义现代化建设奠定了根本的政治前提和制度基础。在社会主义发展阶段的问题上,列宁提出过"初级形式"的概念,毛泽东也提出过"不发达的社会主义"的概念③。早在1957年,毛泽东就指出,"我国的社会主义制度还刚刚建立,还没有完全建成,还不完全巩固"④,后来又明确指出社会主义分为前后两个阶段,即"不发达"和"比较发达"两个阶段,而后一个阶段要比前一个阶段需要更长的建设时间⑤。这说明在毛泽东眼里,当时的社会主义是初级的社会主义,要建立强大的社会主义经济,他的估计是"要花一百多年"⑥,这与我们现在所说的第二个百年奋斗目标有着惊人的相似。时间到了邓小平这里,邓小平同志科学总结了中华人民共和国成立以来社会主义建设的成败得失,继承和发展了马克思主义生产力理论,实事求是地认为我们正处在社会主义的初级阶段,一切要依据这个判断来开展工作,社会主义初级阶段理论由此产生。

1980年4月,邓小平在总结中华人民共和国成立30周年经验时,认为"不要离开现实和超越阶段采取一些'左'的办法,这样是搞不成社会主义的"⑦,这是其实事求是思想的生动表现。1981年6月,党中央《关于建国以来党的若干历史问题的决议》明确提出"我们的社会主义制度还是处于初级的阶段"⑧的重要论断,党

---

① 参见《马克思恩格斯选集》第四卷,人民出版社2012年版,第223页。
② 参见《毛泽东选集》第二卷,人民出版社1991年版,第633页。
③ 石仲泉:《百年华诞与党对社会主义的艰辛探索》,《毛泽东邓小平理论研究》2021年第2期,第1—12页。
④ 《毛泽东文集》第七卷,人民出版社1999年版,第214页。
⑤ 参见《毛泽东文集》第八卷,人民出版社1999年版,第116页。
⑥ 《毛泽东文集》第八卷,人民出版社1999年版,第301页。
⑦ 《邓小平文选》第二卷,人民出版社1994年版,第312页。
⑧ 《〈关于若干历史问题的决议〉和〈关于建国以来党的若干历史问题的决议〉》,中共党史出版社2010年版,第53页。

的十二大报告、党的十二届六中全会,都对社会主义初级阶段的问题做了一些阐述。1987年4月,邓小平提出,"贫穷不是社会主义"①,与资本主义相比,我们的优越性并不突出,我们搞社会主义事实上还是"不够格"②的。1987年8月,邓小平指出,党的十三大要论述社会主义在中国是一个"初级阶段理论的社会主义",是"不发达的阶段"③。

党的十三大报告从两个层面充分论述了社会主义初级阶段的含义,并对"机械论"和"空想论"的错误做法进行了分析。④ 这种论断是客观的、辩证的、唯物的。从哲学上讲,社会主义初级阶段具有两重历史必然性,既是"中国社会历史发展的必然,也是中国社会主义发展的历史必然"⑤,具有两重统一性,既是"中国社会的普遍性与特殊性的统一,也是中国社会主义普遍性与现阶段中国社会主义特殊性的统一"⑥。

党的实事求是的思想路线要求我们制定方针政策必须以客观现实为基本依据,以服务最广大人民群众的根本利益为根本宗旨,而不能随心所欲,既不能忽略也不能超越初级阶段的客观事实。历史地看,社会主义初级阶段绝不是一个很短的历史时期,而是一个上百年的较长历史阶段,需要几代人甚至是十几代人的坚持不懈努力。党的十五大以来的历届代表大会都高度重视社会主义初级阶段理论,在这一理论指导和指引下,党的基本路线就有了基本的和坚实的理论支撑和现实依据。党的十八大指出,"建设中国特色社会主义,总依据是社会主义初级阶段,总布局是五位一体,总任务是实现社会主义现代化和中华民族伟大复兴"⑦。进入新

---

① 《邓小平文选》第三卷,人民出版社1993年版,第225页。
② 《邓小平文选》第三卷,人民出版社1993年版,第225页。
③ 邓小平指出:"我们党的十三大要阐述中国社会主义是处在一个什么阶段,就是处在初级阶段,是初级阶段的社会主义。社会主义本身是共产主义的初级阶段,而我们中国又处在社会主义的初级阶段,就是不发达的阶段。一切都要从这个实际出发,根据这个实际来制订规划。"参见《邓小平文选》第三卷,人民出版社1993年版,第252页。
④ 参见中共中央文献研究室编:《十三大以来重要文献选编》(上),人民出版社1991年版,第9—10页。
⑤ 黄楠森主编:《邓小平理论的哲学基础研究》,中国人民大学出版社2004年版,第133页。
⑥ 黄楠森主编:《邓小平理论的哲学基础研究》,中国人民大学出版社2004年版,第135页。
⑦ 中共中央文献研究室编:《十八大以来重要文献选编》(上),中央文献出版社2014年版,第10页。

时代,我们党审时度势,对初级阶段理论进行了新的历史定位,对社会主义主要矛盾的解释做出重大的调整,反映了我们党对初级阶段理论认识的深化。没有初级阶段理论,党的基本路线和指导方针就失去了基本的现实基础,就不能贯彻实事求是的思想路线,也不可能有社会主义现代化的目标,会葬送社会主义道路,这充分说明社会主义初级阶段的地位是极其重要的。

二、党的基本路线是解决社会主义初级阶段主要矛盾的集中体现

社会主义初级阶段是一种"生产力落后、商品经济不发达"①的特殊历史阶段,在我们国家具有特指性,这个阶段"至少需要上百年时间"。这个阶段是在社会主义中国历经 30 年的发展,虽然基本制度已经确立,但生产力水平相对低下,人民生活还不富裕的阶段,主要矛盾是"人民日益增长的物质文化需要同落后的社会生产之间的矛盾"②。

从社会主义初级阶段和社会主要矛盾关系上看,前者决定后者,两者同时又决定着党的路线方针政策,是客观和主观的关系。在深刻分析判断两者关系的基础上,邓小平科学提出了党的基本路线,是党的基本路线的"主要提出者"和"权威解释者"③,是对"两个基本点讲得最早、最多、最深刻的"④。1981 年 6 月,邓小平牵头完成了党的历史上的第二个历史决议,从指导思想上完成了拨乱反正,并且为党的基本路线的形成奠定了思想基础。随后几年的改革开放形势迅速发展,"发展得这么快,使人民高兴,世界瞩目"⑤,更加说明了党的十一届三中全会以来的政策方针的正确性,必须长期坚持。

基本路线问题一直是邓小平同志高度关注的问题。在南方谈话中,他旗帜鲜明地提出"基本路线要管一百年,动摇不得"⑥。基本路线所包括的"一个中心、两

① 中共中央文献研究室编:《十三大以来重要文献选编》(上),中央文献出版社 1991 年版,第 12 页。
② 中共中央文献研究室编:《十三大以来重要文献选编》(上),中央文献出版社 1991 年版,第 12 页。
③ 何云峰:《邓小平与党在社会主义初级阶段的基本路线》,《毛泽东研究》2014 年第 2 期,第 73—79 页。
④ 石仲泉:《百年华诞与党对社会主义的艰辛探索》,《毛泽东邓小平理论研究》2021 年第 2 期,第 1—12 页。
⑤ 《邓小平文选》第三卷,人民出版社 1993 年版,第 371 页。
⑥ 《邓小平文选》第三卷,人民出版社 1993 年版,第 370—371 页。

个基本点",是对中国现阶段社会基本矛盾运动规律的科学反映,它们紧密地结合在一起,构成一个完整的整体,是通向富强、民主、文明的社会主义现代化国家的胜利之路。党的基本路线的核心是关于生产力的观点。马克思主义认为,人类社会发展的动力是生产力的发展。基本路线符合马克思主义基本原理,是具有中国特色的、符合中国社会主义初级阶段要求的。在党的基本路线中,经济建设是中心、主体,是现阶段一切工作的出发点和归宿;"三个有利于"是检验我们一切工作的根本标准;"一个中心"是根本任务,这是由社会主义本质决定的;四项基本原则是保障,决定社会主义现代化建设的方向;改革开放是发展的动力基础,是解放和发展生产力的途径。基本路线要管一百年,我国正处于并且将长期处于社会主义初级阶段,这是由现阶段社会主要矛盾决定的。

党的基本路线是党的纲领在一定历史阶段的具体化,是为党在一定历史阶段的全部工作确定方向、目标和航道而规定的政治路线。基本路线是一个有机统一的整体,是指导中国社会发展的完整纲领。"一个中心、两个基本点"的核心内容与实质就是解放和发展生产力,提高人民生活水平。坚持党的基本路线,巩固和发展社会主义制度,首先是要尽快提高生产力,使社会物质财富快速增加,提高人民生活水平,充分体现社会主义的优越性,促进国家富强,保持社会政治稳定。1992年年初,邓小平在南方谈话中提出,用30年左右的时间,在各个方面形成一整套更加成熟、更加定型的制度。30多年来,历届党中央坚持实事求是的马克思主义认识论和方法论,沿着邓小平擘画的中国特色社会主义道路阔步前进,不断深化改革开放,构筑社会主义大厦的四梁八柱,取得了改革开放40多年来令世人瞩目的伟大成就。

党的十八大报告提出,"党的基本路线是党和国家的生命线"①。习近平总书记强调,"党的基本路线是国家的生命线、人民的幸福线"②。《关于新形势下党内政治生活的若干准则》也强调,基本路线是"党和国家的生命线、人民的幸福线,也

---

① 中共中央文献研究室编:《十八大以来重要文献选编》(上),中央文献出版社2014年版,第13页。
② 习近平:《在庆祝中国共产党成立95周年大会上的讲话》,2016年7月1日《人民日报》。

是党内政治生活正常开展的根本保证"①。党充分肯定基本路线的重要地位和重大意义,把其提高到"党的生命线和人民的幸福线的高度"②。改革开放40多年的辉煌成就雄辩地证明,党的基本路线是"国家的生命线、人民的幸福线,也是实现国家富强、民族振兴、人民幸福的成功线和胜利线"③。坚持党的基本路线,必须贯彻习近平总书记提出的"三不原则"——"不动摇""不偏离""不偏废"④。

生产力的快速发展推动社会主义初级阶段基本特征发生系统性演进,其质的规定性与量的规定性呈现辩证统一关系,深刻体现质量互变规律的客观作用。经过40多年的改革开放,我国已经成为世界第二大经济体,我国的历史方位发生阶段性变化,社会主要矛盾相应转变为"人民日益增长的美好生活需要和不平衡不充分的发展之间的矛盾"⑤。由改革开放初期的"物质文化"需要到新时代的"美好生活"需要,反映了社会财富的增加,人们生活水平的提高,人们物质生活和精神生活追求的变化,而从"落后的社会生产"到"不平衡不充分的发展"则反映了生产力的不断发展,体现了社会发展从长期的量的积累到缓慢的质的变化的规律。⑥ 历史地看,我们仍处于并将长期处于社会主义初级阶段,这是我们坚持党的基本路线不动摇的历史大逻辑。当然,正如邓小平在南方谈话中所说,在不断推进的改革开放伟大实践中,党的基本路线也要"该完善的完善,该修补的修补"⑦,这符合经济基础决定上层建筑的辩证规律,符合辩证的认识论规律。

党的十七大在党章中修改了党的基本路线和奋斗目标的表述内容,增加"和谐"一词⑧,反映了我们党对社会主义本质认识的深化。党的十九大深刻总结了新

---

① 《〈关于新形势下党内政治生活的若干准则〉〈中国共产党党内监督条例〉辅导读本》,人民出版社2016年版,第23页。
② 李正华:《新中国政治发展论略》,当代中国出版社2020年版,第292页。
③ 李正华:《新中国政治发展论略》,当代中国出版社2020年版,第293页。
④ 《习近平总书记重要讲话文章选编》,中央文献出版社、党建读物出版社2016年版,第11页。
⑤ 中共中央文献研究室编:《十九大以来重要文献选编》(上),中央文献出版社2019年版,第8页。
⑥ 参见中共中央文献研究室编:《十三大以来重要文献选编》(上),中央文献出版社1991年版,第12页。
⑦ 《邓小平文选》第三卷,人民出版社1993年版,第371页。
⑧ 参见中共中央文献研究室编:《十七大以来重要文献选编》(上),中央文献出版社2009年版,第45页。

时代建设中国特色社会主义的十四条"基本方略"①,党的第三个历史决议②深刻总结了我们党百年奋斗的十条"历史经验"③,这些都进一步加深了我们党对"三大规律"④的认识,是对新时代坚持和贯彻党的基本路线的具体深化。

三、南方谈话是对党的基本路线的坚定捍卫

在南方谈话文本中,我们能深刻感觉到邓小平话语体系的特点,即简短语言中善用否定性的词语表达坚定的肯定性。比如,关于基本路线坚定不移的"四个不",政策"不变""不能动";计划和市场关系的两个"不等于",坚持执行政策"不争论",坚持经济发展"不要阻挡";强调发展硬道理的两个"不敢"("不敢解放思想,不敢放开手脚"⑤);反对资产阶级自由化必须长期坚持,发展社会主义"决不能"懈怠,选人用人上"不能让",培养接班人还"不放心";坚定马克思主义,"不要惊慌";等等。⑥ 邓小平的这些语言,归根结底是强调:在改革开放推进社会主义伟大事业中,要坚持党的基本路线不动摇,坚持马克思主义精髓不动摇,坚持中国特色社会主义道路不动摇。南方谈话坚定了党坚持基本路线的决心,为中国改革开放大船摆正了航向。

邓小平不只是在南方谈话中讲到坚持党的基本路线的极端重要性,在之前的很多次谈话中也有提及。他深刻认识到,思想解放是一个艰难的过程,旧的封建思想、苏联教条主义、"左"和右等,都有其继发"土壤",其惯性思维在短期内难以消

---

① 十四条基本方略:坚持党对一切工作的领导;坚持以人民为中心;坚持全面深化改革;坚持新发展理念;坚持人民当家作主;坚持全面依法治国;坚持社会主义核心价值体系;坚持在发展中保障和改善民生;坚持人与自然和谐共生;坚持总体国家安全观;坚持党对人民军队的绝对领导;坚持"一国两制"和推进祖国统一;坚持推动构建人类命运共同体;坚持全面从严治党。参见中共中央文献研究室编:《十九大以来重要文献选编》(上),中央文献出版社 2019 年版,第 14—18 页。

② 这里指 2021 年 11 月 11 日,中国共产党第十九届中央委员会第六次全体会议通过的《中共中央关于党的百年奋斗重大成就和历史经验的决议》。

③ 十条历史经验:坚持党的领导;坚持人民至上;坚持理论创新;坚持独立自主;坚持中国道路;坚持胸怀天下;坚持开拓创新;坚持敢于斗争;坚持统一战线;坚持自我革命。参见《中共中央关于党的百年奋斗重大成就和历史经验的决议》,人民出版社 2021 年版,第 65—71 页。

④ "三大规律"是指党的执政规律、社会主义建设规律和人类社会发展规律。

⑤ 《邓小平文选》第三卷,人民出版社 1993 年版,第 377 页。

⑥ 参见《邓小平文选》第三卷,人民出版社 1993 年版,第 370—383 页。

除,资产阶级自由化思想极易腐蚀党的肌体,这些都将长期对党指导思想的正确性带来消极影响。在对待"左"和右的问题上,邓小平的态度很明确,就是不能"只提反'左'不提反右"①,更不能反右不反"左",既不能让"左"的隐蔽性遮住了双眼,也不能让右的势力迷惑了情感。南方谈话文本的讲述,都有其特殊的指向性,有着那个时代的印记,也是对后世继任者的一种政治交代,至今仍有着警示意义,因为这些现象仍然或隐或明地存在着。路线决定命运,在坚持正确的路线问题上,我们从来都不允许含糊。时代发展到今天,面对人们思想多元化、个体个性化,国际国内环境更趋复杂多变的形势,我们更要坚定不移地坚持党的基本路线一百年不动摇,为推动中华民族伟大复兴做出不懈努力。

从一定意义上讲,正是因为邓小平领导的拨乱反正,才有了我们党的百年奋斗历史上的第二个历史决议,才对党的八大上确立的路线有了更准确的认识和判断,这个认识和判断就是社会主义初级阶段理论。在这个理论指导下,才有了我们党的正确基本路线,这反映了我们党对社会主义建设规律认识的深化,是对我们党的初心和使命的赓续和坚守。

第二节　社会主义本质理论的阐明

在南方谈话中,邓小平明确提出,"社会主义的本质,是解放生产力,发展生产力,消灭剥削,消除两极分化,最终达到共同富裕"②,这是中国共产党人在马克思主义发展史上第一次对社会主义本质进行全面的论述③。马克思主义经典作家并没有直接谈到社会主义本质的问题,有的只是他们对未来共产主义形态的基本特

---

① 《邓小平文选》第三卷,人民出版社 1993 年版,第 38 页。
② 《邓小平文选》第三卷,人民出版社 1993 年版,第 373 页。
③ 参见冷溶:《邓小平理论与当代中国基本问题》,法律出版社 2000 年版,第 55 页。

征的描述:生产资料公有制,私有制被消灭;实行按劳分配;按照社会需要进行计划调节;过渡时期内实行无产阶级专政;在人的发展上,实行自由人的联合等。① 但这是建立在发达的资本主义国家的物质基础上的,与我国的社会现实相距甚远。列宁认为社会主义是一个实践的问题,是"人民追求'过好日子'的实践活动"②。从以上可以看出,在如何看待社会主义本质的认识问题上,马克思主义经典作家强调实践性和人民性,人类社会发展变革的终极途径是逐步提高社会生产力,未来共产主义社会的本质特征是人自由而全面的发展。

结合十几年的改革开放实践,借鉴中外发展生产力的经验,邓小平在重点分析计划与市场关系的基础上提出的社会主义本质理论,是邓小平理论的核心组成部分。在南方谈话中,邓小平先后提出了"三个有利于"评判标准和社会主义本质内涵,作为一种"全新的社会主义观,把社会主义建设的理论推进到了一个新的阶段"③。

一、破题:北方谈话

在邓小平南方谈话之前,还有一次可以与之相呼应的著名谈话,理论界称之为北方谈话④。北方谈话是"社会主义本质论的破题"⑤,"堪称中国特色社会主义道路的破题开篇"⑥,在社会主义本质论的发展史上有着重要的开篇意义。邓小平在外出视察工作的过程中,边看边谈,谈经验、提要求,指导着工作从而推动历史的进程,这是他留给我们的最为生动的工作方式。

邓小平北方谈话从 1978 年 9 月 13 日开始,至 20 日结束,历时 8 天,他先后到辽宁本溪,黑龙江大庆、哈尔滨,吉林长春,辽宁鞍山,河北唐山,天津市等地视察,发表了许多重要的谈话。这次视察是有着精心的设计安排的。从朝鲜回国前,国内正在为真理标准问题进行着大讨论,邓小平没有立即回到北京,而是顺道进行了

---

① 参见杨艺:《社会主义本质论》,吉林出版集团有限责任公司 2013 年版,第 12—14 页。
② 杨艺:《社会主义本质论》,吉林出版集团有限责任公司 2013 年版,第 20 页。
③ 黄楠森主编:《邓小平理论的哲学基础研究》,中国人民大学出版社 2004 年版,第 158 页。
④ 陈文清最早提出北方谈话的说法,参见陈文清:《论邓小平二十年前"北方谈话"的伟大意义》,《中共党史研究》1999 年第 2 期,第 22—26 页。
⑤ 周锟:《从"北方谈话"到"南方谈话"——邓小平对社会主义本质的认识历程》,《党的文献》2013 年第 6 期,第 58—65 页。
⑥ 何伟志:《新时代视域下的邓小平"北方谈话"》,《世纪桥》2020 年第 9 期,第 4—9 页。

一次实地考察,在考察途中边看边说,发表一些振聋发聩的讲话,这些讲话实际上为党的十一届三中全会召开奠定了思想基础。具体时间和简要讲话内容见表4-1。在这个被邓小平自己认为"到处点火"①的北方谈话中,邓小平是从另一条战线上支持真理标准讨论的,发表了关于思想解放、"开动脑筋"②,学习外国经验,搞好生产技术,坚持实事求是、一切从实际出发,不要搞平均主义,要有激励措施等重要论述。

表4-1　邓小平北方谈话时间和主要内容

时间	地点	讲话主要内容③
9月13日下午	本溪火车站	首先提出解放思想,吸取发达国家先进经验
9月14日上午	大庆油田	视察大庆油田,提出加强技术提升,搞好教育,注意污染,搞农林木副业,大庆工人工资要提高
9月15日上午	哈尔滨	同黑龙江省委领导人谈话,提出科学处理开荒问题;放开国营农场经营管理;企业不能搞平均主义;国家体制要改革,适应生产力发展要求
9月16日	长春	讲实事求是,一切从实际出发;谈企业管理不能平均主义,要鼓励先进;社会主义优越性的表现在于生产力迅速发展,满足人们物质文化生活需要
9月17日	沈阳	同辽宁省委负责人谈话;接见沈阳军区干部谈军队建设;强调实事求是,一切从实际出发,发展生产力,改善人民生活条件;提出搞好运动的"五条标准"
9月18日	鞍山	考察鞍钢炼铁厂,强调企业要改革和加强管理,加强技术革命,学习国外先进技术
9月19日	唐山	视察了开滦唐山矿、唐山钢铁公司,了解灾后重建情况,要求建设新唐山要重视长远发展规划
9月20日	天津	对天津市委领导谈解放思想,实事求是;不能搞平均主义,要有物质刺激,鼓励一部分人先富起来

关于社会主义本质论,在北方谈话中,邓小平并没有原话提出,但已经有了相近的实质性表述。在邓小平看来,1978年的中国,还是一个相对贫穷的国家。"搞了二十多年还这么穷,那要社会主义干什么?"④他强调,贫穷的社会主义是经不起

① 中共中央文献研究室编:《邓小平年谱》第四卷,中央文献出版社2020年版,第382页。
② 中共中央文献研究室编:《邓小平年谱》第四卷,中央文献出版社2020年版,第379页。
③ 参见中共中央文献研究室编:《邓小平年谱》第四卷,中央文献出版社2020年版,第373—388页。
④ 中共中央文献研究室编:《邓小平年谱》第四卷,中央文献出版社2020年版,第384页。

中国人"忍耐"的。对社会主义来讲,消灭剥削是应有之义,消灭贫穷却需要更多思考和实践努力。

1978年9月16日,在长春视察时,邓小平从历史唯物主义的角度,强调要"加速发展生产力",使其"以旧社会所没有的速度迅速发展,使人民不断增长的物质文化生活需要能够逐步得到满足",这样才是"社会主义制度优越性的根本表现"①。在邓小平看来,生产力发展和人民生活水平提高是"思考社会主义本质的两个基本点"②,实现"社会主义优越性"的主要途径之一就是破除平均主义,引进先进技术,注重体制机制改革。

1980年5月,邓小平把社会生产力和人民生活水平逐渐放到社会主义本质的角度去考虑,首次提出"社会主义本质"③的概念,认为在制定政策上,最终结果是要看"生产力是否发展,人民收入是否增加"④。首要在于坚持社会主义根本道路,通过国情适应性的政策供给解放和发展生产力,方能实现社会主义制度优越性的实践确证。这和在北方谈话中的提法有着异曲同工之处,体现了邓小平在这方面认识的深化。

二、不断解放和发展生产力

马克思主义经典作家认为,"当人们还不能使自己的吃喝住穿在质和量方面得到充分保证的时候,人们就根本不能获得解放"⑤。在生产力水平相对低下,人们温饱问题还没解决的时候,一切工作的目标指向就应该是如何提高生产力,改善人们生活水平。人只有在提高生产力的劳动中才能得到真正的解放。

生产力问题和生产实践问题是马克思主义者长期深入探究的重要问题。1984年6月,邓小平在会见日本代表团时指出,"社会主义必须是切合中国实际的有中

---

① 《邓小平文选》第二卷,人民出版社1994年版,第128页。
② 周锟:《从"北方谈话"到"南方谈话"——邓小平对社会主义本质的认识历程》,《党的文献》2013年第6期,第58—65页。
③ 1980年5月5日,邓小平在会见几内亚总统时提出:"社会主义是一个很好的名词,但是如果搞不好,不能正确理解,不能采取正确的政策,那就体现不出社会主义的本质。"参见中共中央文献研究室编:《邓小平年谱》第四卷,中央文献出版社2020年版,第629页。
④ 中共中央文献研究室编:《邓小平年谱》第四卷,中央文献出版社2020年版,第629页。
⑤ 《马克思恩格斯选集》第一卷,人民出版社2012年版,第154页。

国特色的社会主义",强调"马克思主义最注重发展生产力……社会主义初级阶段的最根本任务就是发展生产力"①。邓小平也从革命的角度强调,"生产力方面的革命也是革命,而且是很重要的革命,从历史的发展来讲是最根本的革命"②。因此,邓小平最看重生产力的发展,在《邓小平文选》三卷本中,在1148页的正文里提及"发展"一词的频率多达1066次;第三卷中,在383页的正文中提到"发展"多达558次。

毛泽东说过,如果社会主义不展现出比资本主义更大的优越性,不能实现富起来的愿望,就有被开除"球籍"的危险。邓小平更是把避免开除"球籍"与解放和发展生产力联系起来,认为中国的出路就在于改革开放,努力融入世界快速发展的通道,利用西方资本主义的先进科技和管理经验来发展中国的生产力。改革之所以强调改革体制,其实质就在于冲破体制对人的禁锢,从体制上为人松绑,赋予人以自主性或主体性。当初农村实行的家庭联产承包责任制,城市实行的现代企业制度,一定意义上就是改革传统陈旧的束缚生产力发展的体制,究其实质就是在"通过解放人来进一步解放和发展社会生产力"③。

适时调整经济基础和上层建筑诸方面的不适应环节,不断解放和发展生产力,是正确认识在我国社会主义初级阶段主要矛盾和基本矛盾之间的辩证统一关系得出的正确结论。邓小平在南方谈话中,把解放和发展生产力上升到社会主义本质特征的高度,这就为"一个中心、两个基本点"的基本路线奠定了坚实的理论基础。邓小平提出的解放和发展生产力理论,既涉及运用马克思主义基本原理解释社会主义社会的诸多重大理论原则问题,又涉及社会主义制度建立后,社会基本矛盾的理论内涵、矛盾性质及其属性,还涉及在国际国内复杂形势下,抓住时机、发展自己,不断发展、完善社会主义制度,不断改革、完善社会主义生产关系和上层建筑的重大社会实践问题。这个理论是对改革开放过程中的左右摇摆的思想的又一次拨

---

① 《邓小平文选》第三卷,人民出版社1993年版,第63页。
② 中共中央文献研究室编:《邓小平年谱》第四卷,中央文献出版社2020年版,第614页。
③ 韩庆祥:《中国道路及其本源意义》,中国社会科学出版社2019年版(2021年重印),第202页。

乱反正,对加速发展我国的社会主义生产力具有重大而深远的意义。

三、"三个有利于"的判断标准

在南方谈话中,邓小平提出了判断改革开放是否正确的主要标准,即"三个有利于"①。事实上,在邓小平一贯的长期思考中,并不是一开始就是这样完整表述的,这反映了他对改革开放是否正确的判断标准的认识在不断深入。

1983 年 1 月 12 日,邓小平曾经谈到,判断改革中各项工作,"都要有助于建设有中国特色的社会主义,都要以是否有助于人民的富裕幸福,是否有助于国家的兴旺发达,作为衡量做得对或不对的标准"②。1985 年 3 月,邓小平指出,"新的经济体制,应该是有利于技术进步的体制。新的科技体制,应该是有利于经济发展的体制"③,两者都是为了解放生产力,这是从体制改革的角度来讲的。同年 6 月 29 日,邓小平指出,深圳经济特区是新事物,作为一个"很大的试验",要利用"一切有利于发展社会生产力的方法"来发展社会主义,这是从改革发展的方向上来讲的。

1987 年 6 月 12 日,邓小平会见南斯拉夫客人时讲到,改革的目的是"要有利于巩固社会主义制度,有利于巩固党的领导,有利于在党的领导和社会主义制度下发展生产力"④,用一句话说就是"有利于贯彻执行党的十一届三中全会以来所制定的一系列路线、方针、政策"⑤。这个判断主要是从推动改革步伐的角度上说的,用的是肯定的语气。1992 年年初的南方谈话中,邓小平经过长期的总结与思考,针对国际上东欧剧变后中国社会发展遭受巨大影响、国内存在不少质疑改革的声音的情况,最终以三个"是否有利于"的形式来进行了总结性的回答。这种回答,从更广泛的角度上给人们廓清了改革发展方向上的迷雾,反击了认为改革是走资本主义道路的错误思潮,从理论上肯定了深圳的发展"姓'社'不姓'资'"⑥。

---

① "三个有利于",即"是否有利于发展社会主义社会的生产力,是否有利于增强社会主义国家的综合国力,是否有利于提高人民的生活水平"。参见《邓小平文选》第三卷,人民出版社 1993 年版,第 372 页。
② 中共中央文献研究室编:《邓小平年谱》第五卷,中央文献出版社 2020 年版,第 180 页。
③ 《邓小平文选》第三卷,人民出版社 1993 年版,第 108 页。
④ 《邓小平文选》第三卷,人民出版社 1993 年版,第 241 页。
⑤ 《邓小平文选》第三卷,人民出版社 1993 年版,第 241 页。
⑥ 《邓小平文选》第三卷,人民出版社 1993 年版,第 372 页。

马克思主义经典作家认为，"在一切生产工具中，最强大的一种生产力是革命阶级本身"①，在社会主义社会，人民群众是社会发展的主人。只有充分调动人民群众的生产积极性和工作热情，才能更好激发生产力，提高生产效率，促进社会主义向前发展。从一定意义上讲，中国的改革开放就是人的思想的解放，是人的解放，政治体制和经济体制的改革主要是为了解放和发展生产力。

邓小平提出的"三个有利于"标准，是邓小平坚持实践的观点，坚持实事求是的结果。作为深圳特区的缔造者，邓小平一直在关注着深圳的改革开放实践，他鼓励深圳在思想解放的道路上敢闯敢干，边发展边思考，边创新边总结，终于闯出了一条建设社会主义现代化大都市的康庄大道。"三个有利于"标准和社会主义本质是有着内在一致性和统一性的。"三个有利于"标准是邓小平既坚持科学社会主义关于生产力标准的基本原理，又进行了实事求是的中国化创新的结果。"三个有利于"标准，超越了苏联僵化的经济发展模式，摒弃了以姓"资"姓"社"为唯一标准的判断方式，符合"义利统一价值观"②，从哲学高度体现了 20 世纪的时代精神。③

在邓小平之后，历届党中央领导集体都把"三个有利于"作为检验各项工作正确与否的标准，并在此基础上不断产生新的科学理论，体现马克思主义中国化理论的继承性和创新性。2000 年 2 月，江泽民总书记提出"三个代表"重要思想；2003 年 7 月，胡锦涛总书记提出科学发展观，都是在坚持以人民为中心的基础上对"三个有利于"进行了新的阐释和深化。进入新时代以来，以习近平同志为核心的党中央，在全面深化改革的顶层设计上提出了"四个有利于"④标准，这是在指导思想一

---

① 《马克思恩格斯选集》第一卷，人民出版社 2012 年版，第 274 页。

② 义利统一价值观的本质特征是"功利当先，义在其中，义利统一，不可割裂；以解放和发展生产力为人与自然关系的首要价值目标；以最终走向共同富裕为人与人社会关系的首要价值目标；以物质文明与精神文明协调发展，造就全面发展的'四有'新人为主体发展的首要价值目标。"参见黄楠森主编：《邓小平理论的哲学基础研究》，中国人民大学出版社 2004 年版，第 420 页。

③ 参见黄楠森主编：《邓小平理论的哲学基础研究》，中国人民大学出版社 2004 年版，第 421 页。

④ 2016 年 12 月 5 日，习近平总书记在中央全面深化改革领导小组第三十次会议上提出"四个有利于"标准："多推有利于增添经济发展动力的改革，多推有利于促进社会公平正义的改革，多推有利于增强人民群众获得感的改革，多推有利于调动广大干部群众积极性的改革。"

脉相承基础上,对共产党执政规律、社会主义建设规律和人类社会发展规律认识的升华,推动新时代的全面改革航船行稳致远,为实现第二个百年奋斗目标和中华民族伟大复兴提供理论指导。

四、建设小康社会,逐步实现共同富裕

在南方谈话中,邓小平提出,社会主义的本质最终是要实现"共同富裕"①。共同富裕在邓小平的话语体系里,在《邓小平文选》第三卷中被提及 22 次,从 1985 年最早提及,到 1992 年被写进社会主义本质的完整表述里,时间跨度长达 7 年,这反映了邓小平对共同富裕和社会主义本质之间的关系处于不断的观察和思考中。

1985 年 3 月 7 日,邓小平把共同富裕和公有制占主体一并纳入我们"所必须坚持的社会主义的根本原则"②,这体现了他对社会主义本质的初步思考。1985 年 9 月,他在中国共产党全国代表大会上表示,共同富裕是"始终坚持两条根本原则"③之一。1990 年 12 月 24 日,邓小平在同部分中央领导人谈话时指出,"社会主义最大的优越性就是共同富裕,这是体现社会主义本质的一个东西",认为不能搞两极分化,否则"就可能出乱子"。④ 这就在认识上进一步深入了。到了 1992 年年初,他在深入总结东欧剧变和深圳改革试验区成功发展的基础上,提出了完整的"社会主义本质"的概念。

关于社会主义本质的表述,"解放生产力,发展生产力"是动力和手段,"消灭剥削,消除两极分化"是过程,"共同富裕"是最终结果,这体现了唯物主义的辩证实践过程。因此,共同富裕是一个过程,是长远目标,在长期的社会主义生产力发展的基础上,通过一定的途径才能达到。共同富裕的实现过程和阶段,就是邓小平的先富带后富的理论,就是实现"小康"的"三步走"战略,就是实现第二个百年奋斗目标的新的"两步走"战略。

"小康"一词是邓小平关于社会主义走向共同富裕社会过程中的一个阶段性

---

① 《邓小平文选》第三卷,人民出版社 1993 年版,第 373 页。
② 《邓小平文选》第三卷,人民出版社 1993 年版,第 111 页。
③ 《邓小平文选》第三卷,人民出版社 1993 年版,第 142 页。
④ 参见中共中央文献研究室编:《邓小平年谱》第五卷,中央文献出版社 2020 年版,第 622 页。

创造。在《邓小平文选》第二卷、第三卷正文文本中,"小康"一词先后出现了 42 次,这是经过邓小平的长期观察和思考并在一定数字计算的基础上提出来的,有着实事求是的实践特性。1979 年 12 月 6 日,邓小平第一次用"小康(小康之家)"来表述中国的四个现代化的未来样本,属于中国的"四个现代化的概念",是参照当时的社会发展情况预测的"国民生产总值人均一千美元"①的标准。1984 年,通过进一步的思考和中外对比,邓小平提出"中国式的现代化"概念——就是"小康社会"——人均国民生产总值 800 美元,实现目标的时间是在 20 世纪末,在现有的基础上"翻两番"②。这个人均数量上的降低,是考虑当时的发展水平并结合人口增长水平来测算的,体现了邓小平求真务实和精打细算的态度。

在实现小康的具体途径上,邓小平提出打破平均主义的框框,强调倡导一部分人、一部分地区先富起来,先富带动后富,这是符合中国特殊的国情的。从地理上看,中国西高东低,中东部地区历来就是生产力水平和生活水平较高的地区,历来都存在着贫富地区差别及富裕人口和相对贫穷人口之分。解放思想,就是要破除"贫穷的社会主义"③错误思想,就是要实现有差别的发展,先富起来的人民和地区起到示范作用,带动、激励和影响后富地区的人民,激发他们的生产生活热情,从而更加促进生产力的发展。关于小康社会概念的历史演进,笔者综合有关材料,制作出表 4-2,以便于对小康社会概念有个清晰了解。

---

① 《邓小平文选》第二卷,人民出版社 1994 年版,第 237 页。
② 《邓小平文选》第三卷,人民出版社 1993 年版,第 54 页。
③ 《邓小平文选》第二卷,人民出版社 1994 年版,第 231 页。

表4-2　小康社会概念的历史演进

阶段	时间	表述	提出者或报告人
小康社会	1979 年 12 月 6 日	邓小平在会见日本首相大平正芳时,首次提出了"小康"概念	邓小平
	1984 年 3 月 25 日	邓小平在会见日本首相中曾根康弘时指出,到 20 世纪末中国将建立一个小康社会,这个小康社会就是中国式的现代化	邓小平
	1982 年 9 月 1 日至 11 日,党的十二大确认了 20 世纪末人民生活达到小康水平的奋斗目标	从一九八一年到本世纪末的二十年,我国经济建设总的奋斗目标是,在不断提高经济效益的前提下,力争使全国工农业的年总产值翻两番,即由一九八〇年的七千一百亿元增加到二〇〇〇年的二万八千亿元左右。城乡人民的收入将成倍增长,人民的物质文化生活可以达到小康水平	胡耀邦
	1986 年 6 月 18 日	邓小平在《争取整个中华民族的大团结》的讲话中指出,中国的目标是到 2000 年建立小康社会。那么什么是小康社会呢?就是说人民虽然不富裕,但日子已经好过了	邓小平
	1987 年 10 月 25 日至 11 月 1 日,党的十三大将小康奋斗目标纳入到"三步走"战略之中	党的十一届三中全会以后,我国经济建设的战略部署大体分三步走。第一步,实现国民生产总值比 1980 年翻一番,解决人民的温饱问题。这个任务已经基本实现。第二步,到 20 世纪末,使国民生产总值再增长一倍,人民生活达到小康水平。第三步,到 21 世纪中叶,人均国民生产总值达到中等发达国家水平,人民生活比较富裕,基本实现现代化。然后,在这个基础上继续前进	
	1997 年 9 月 12 日至 18 日,党的十五大	党的十五大强调,从 1997 年到 2010 年,是我国实现第二步战略目标"人民生活水平达到小康水平",向第三步战略目标"基本实现现代化"迈进的关键时期	江泽民
全面建设小康社会	2000 年 6 月 9 日,党的文献中最早提出全面建设小康社会的奋斗目标	江泽民在全国党校工作会上提出,要全面建设小康社会并继续向现代化目标迈进。这是党的文献中最早提出全面建设小康社会的奋斗目标	江泽民
	2000 年 10 月 9 日,党的十五届五中全会提出,从 21 世纪开始,我国将进入全面建设小康社会的新阶段	我们已经胜利实现了现代化建设的前两步战略目标,经济和社会全面发展,人民生活总体上达到了小康水平。这是中华民族发展史上的一个新的里程碑。国民经济保持较快发展速度,经济结构战略性调整取得明显成效,经济增长质量和效益显著提高,为到 2010 年国内生产总值比 2000 年翻一番奠定坚实基础	江泽民

阶段	时间	表述	提出者或报告人
全面建设小康社会	2002 年 11 月 8 日,党的十六大提出了全面建设惠及十几亿人口的更高水平的小康社会	转变发展方式取得重大进展,在优化结构、提高效益、降低消耗、保护环境的基础上,实现人均国民生产总值到 2020 年比 2000 年翻两番。今后五年是全面建设小康社会的关键期。我们要坚定信心,埋头苦干,为全面建设惠及十几亿人口的更高水平的小康社会打下更加牢固的基础	江泽民
	2007 年 10 月 15 日至 21 日,党的十七大	我们已经朝着十六大确立的全面建设小康社会的目标迈出了坚实步伐,今后要继续努力奋斗,确保到 2020 年实现全面建成小康社会的奋斗目标	胡锦涛
	2012 年 11 月 8 日,党的十八大报告首次提出"全面建成小康社会"的宏伟目标	到 2020 年实现国内生产总值和城乡居民人均收入比 2010 年翻一番。纵观国际国内大势,我国发展仍处于可以大有作为的重要战略机遇期。我们要准确判断重要战略机遇期内涵和条件的变化,全面把握机遇,沉着应对挑战,赢得主动,赢得优势,赢得未来,确保到 2020 年实现全面建成小康社会宏伟目标	胡锦涛
	2012 年 11 月 17 日	习近平总书记在十八届中共中央政治局第一次集体学习时说,我们要建成的全面小康,是"干部清正、政府清廉、政治清明"的全面小康	习近平
	2013 年 8 月 19 日	习近平总书记在全国宣传思想工作会上指出,全面建成小康社会意味着国家的物质和精神力量都要增强,人民的物质和精神生活都要改善	习近平
	2013 年 12 月 12 日至 13 日	习近平总书记在中央城镇化工作会议上说,我们要建成的全面小康,是"望得见山、看得见水、记得住乡愁"的全面小康	习近平
	2014 年 12 月 13 日至 14 日,习近平总书记在江苏调研时首次并提"四个全面"	协调推进全面建成小康社会、全面深化改革、全面推进依法治国、全面从严治党,推动改革开放和社会主义现代化建设迈卜新台阶	习近平
	2016 年 8 月 19 日至 20 日	习近平总书记在全国卫生与健康大会上再次强调,全面小康离不开全民健康。缺少"五位一体"中的任何一方面,都不能说是全面建成了小康社会	习近平

161

续表

阶段	时间	表述	提出者或报告人
全面建成小康社会	2016年12月21日	习近平总书记在中央财经领导小组第十四次会议上的讲话指出：全面建成小康社会，不是一个"数字游戏"或"速度游戏"，而是一个实实在在的目标。在保持经济增长的同时，更重要的是落实以人民为中心的发展思想，想群众之所想、急群众之所急、解群众之所困，在学有所教、劳有所得、病有所医、老有所养、住有所居上持续取得新进展。人民群众关心的问题是什么？是食品安不安全、暖气热不热、雾霾能不能少一点、河湖能不能清一点、垃圾焚烧能不能不有损健康、养老服务顺不顺心、能不能租得起或买得起住房等	习近平
	2017年10月18日至24日，党的十九大提出全面建成小康社会后分两个阶段安排	党的十九大对2020年全面建成小康社会以后，作了两个阶段的战略安排。第一步，从2020年到2035年，在全面建成小康社会的基础上，再奋斗15年，基本实现社会主义现代化，这就把原来"三步走"战略的最后目标提前了15年。第二步，从2035年到21世纪中叶，在基本实现现代化的基础上，再奋斗15年，把我国建成富强民主文明和谐美丽的社会主义现代化强国	习近平
	2019年4月22日	习近平总书记主持召开中央财经委员会第四次会议强调：全面建成小康社会取得决定性进展，要正确认识面临的短板问题，聚焦短板弱项，实施精准攻坚。全面完成脱贫攻坚任务，把扶贫工作重心向深度贫困地区聚焦，在普遍实现"两不愁"的基础上，重点攻克"三保障"面临的最后堡垒	习近平
	2021年7月1日	习近平总书记在庆祝中国共产党成立100周年大会上的讲话中，代表党和人民庄严宣告，经过全党全国各族人民持续奋斗，我们实现了第一个百年奋斗目标，在中华大地上全面建成了小康社会，历史性地解决了绝对贫困问题，正在意气风发向着全面建成社会主义现代化强国的第二个百年奋斗目标迈进	习近平

　　1978年12月13日，邓小平第一次提出允许一部分人和地区通过诚实劳动提高收入，"生活先好起来"，产生示范效应，从而使全国各族人民"比较快地富裕起来"，并认为这是"影响和带动整个国民经济的大政策"。① 1978年到1992年，在邓

---

① 参见中共中央文献研究室编：《邓小平年谱》第四卷，中央文献出版社2020年版，第451页。

小平的14年的讲话、谈话中,提出先富带后富相关表述的共有10次①,最后在南方谈话中,邓小平做了详尽、准确的表述②,形成了完整的共同富裕理论。邓小平把先富带后富和防止两极分化结合起来,就是看到了有差别的富裕之后,"两极分化自然出现"③,这是他提出的将来要解决的历史大课题。

邓小平提出小康社会目标后,经过几代领导人带领全体中华儿女接续奋斗,2000年国家实现了总体小康④;通过实施西部大开发、东北振兴等区域协调发展战略,以及实施精准扶贫,打赢最终的脱贫攻坚战,到2020年年底,中国历史上第一次消除了绝对贫困,实现了全面建成小康社会的伟大成就。当前,新时代的中国正在向着第二个百年奋斗目标——全面建成社会主义现代化强国,实现中华民族伟大复兴的宏伟目标昂首阔步前进!

第三节　社会主义市场经济理论的开创

社会主义市场经济理论是整个邓小平理论体系中极其重要的部分,是中国特色社会主义区别于世界上其他社会主义国家经济体制的鲜明特征。我们党关于市场经济的思考,是伴随着改革开放的实践而发展、完善的。党的十四大最终确立我国社会主义经济体制改革的目标是建立社会主义市场经济体制。邓小平关于社会主义市场经济的理论,是马克思主义中国化时代化的一个典范,是对马克思列宁主义、毛泽东思想的继承和发展,是着眼于建设中国特色社会主义、立足于当代中国

---

① 本数据是笔者查阅《邓小平文选》第二、第三卷后进行的统计。
② 参见《邓小平文选》第三卷,人民出版社1993年版,第373—374页。
③ 中共中央文献研究室编:《邓小平年谱》第五卷,中央文献出版社2020年版,第662页。
④ 《中共中央关于制定国民经济和社会发展第十个五年计划的建议》指出:"我们已经实现了现代化建设的前两步战略目标,经济和社会全面发展,人民生活总体上达到了小康水平,开始实施第三步战略部署。这是中华民族发展史上一个新的里程碑。"参见中共中央文献研究室编:《十五大以来重要文献选编》(中),中央文献出版社2011年版,第487页。

实际、总结国内外经验教训的重大成果,是探索中国特色社会主义道路的一个伟大创举。

一、社会主义市场经济理论的提出

在南方谈话文本中,虽然邓小平只提到了一次"市场经济",还是在同计划经济对比的时候提出的,但是有着现实基础的。因为,在当时有些人看来,深圳、珠海等特区实行的是资本主义市场经济。邓小平同志旗帜鲜明地指出了"计划和市场都是经济手段",而不是两种社会制度的本质区别。这些话语,"石破天惊",开启了人们对社会主义市场经济的探索。

马克思和恩格斯设想的社会主义,是从高度发达的资本主义国家那里得到先进的生产力,从而通过计划形式来使人们获得个人发展的必需,实现自由联合体。在马克思主义经典作家那里,社会主义只有计划经济这一种经济形式。在前苏联,列宁也只是暂时实行了新经济政策,不久就被废除;斯大林只是把商品经济限制在很小的范围内,苏联的模式属于"传统社会主义"①。

中华人民共和国成立之后,其经济发展模式"以苏为鉴",几乎把苏联模式完全套用在中国经济上面。到了 1956 年 4 月,毛泽东看到了苏共二十大暴露的一些社会主义建设的缺点和错误,写出了《论十大关系》,并在中央政治局会议上做了讲话,总结苏共的错误,提出要吸取教训,充分调动一切有利于经济发展的因素,服务社会主义建设。陈云结合毛泽东的观点,提出了"三个主体,三个补充"②的主张。这个主张对中国经济发展少走弯路具有重要意义。

中国的经济体制改革,伴随着改革开放,直到 1992 年党的十四大确定建立社

---

① 所谓"传统社会主义",是指 20 世纪所有共产党执政国家普遍实行的社会主义模式。这种模式起于列宁、成于斯大林,一般把它称为"斯大林模式"。传统社会主义实行共产党高度集权的无产阶级专政,消灭私有制和市场作用,实行生产资料公有制、全面的计划经济和按劳分配,推行优先发展重工业的强制工业化,与之相适应,严密控制思想舆论,对外部世界基本封闭。参见萧冬连:《筚路维艰:中国社会主义路径的五次选择》,社会科学文献出版社 2014 年版。

② "三个主体,三个补充":在工商业经营方面,国家经营和集体经营是主体,附有一定数量的个体经营作为补充;在生产的计划性方面,计划生产是工农业生产的主体,按照市场变化而在国家计划许可范围内的自由生产作为补充;在社会主义的统一市场里,国家市场是主体,附有一定范围国家领导的自由市场作为补充。参见陈锦华:《国事忆述》,中共党史出版社 2005 年版,第 221 页。

会主义市场经济体制,前后经历了 14 个年头。而这 14 年里,也是邓小平思考计划和市场关系的时间,他围绕着市场经济问题发表了 10 次重要谈话(见表4-3)。

表 4-3 邓小平关于计划与市场关系的十次论述

序次	时间	与谈对象	具体内容
第 1 次	1979 年 11 月 26 日	会见美国不列颠百科全书出版公司编委会副主席吉布尼和加拿大麦吉尔大学东亚研究所主任林达光	"说市场经济只存在于资本主义社会,只有资本主义的市场经济,这肯定是不正确的。社会主义为什么不可以搞市场经济,这个不能说是资本主义。""市场经济,在封建社会时期就有了萌芽。社会主义也可以搞市场经济。"
第 2 次	1980 年 1 月 16 日	在中共中央召集的干部会议上讲话	指出要实行"计划调节和市场调节相结合"。这句话被人改为"在计划经济指导下发挥市场调节的辅助作用",后来在编入《邓小平文选》第二卷时,才恢复了原话
第 3 次	1982 年 7 月 26 日	同国家计委负责同志谈话	强调:"计划与市场的关系问题如何解决?解决得好,对经济的发展就很有利,解决不好,就会糟。"
第 4 次	1984 年 10 月 22 日	在中央顾问委员会第三次会议上的讲话	《中共中央关于经济体制改革的决定》提出社会主义经济是"公有制基础上的有计划的商品经济"的论断,是"写出了一个政治经济学的初稿,是马克思主义基本原理和中国社会主义实践相结合的政治经济学",并称这个决定为"纲领性文件"
第 5 次	1985 年 10 月 23 日	会见美国时代公司总编辑格隆瓦尔德	指出"社会主义和市场经济之间不存在根本矛盾","把计划经济和市场经济结合起来,就更能解放生产力,加速经济发展。"
第 6 次	1987 年 2 月 6 日	同几位中央负责同志谈话	强调:"计划和市场都是方法嘛。只要对发展生产力有好处,就可以用。它为社会主义服务,就是社会主义的;为资本主义服务,就是资本主义的。"
第 7 次	1989 年 6 月 9 日	接见首都戒严部队军以上干部时的讲话	号召:"我们要继续坚持计划经济与市场经济相结合,这个不能改。实际工作中,在调整时期,我们可以加强或者多一点计划性,而在另一个时候多一点市场调节,搞得更灵活一些。"

序次	时间	与谈对象	具体内容
第8次	1990年12月24日	与江泽民、杨尚昆、李鹏等中央负责同志谈话	告诫全党:"必须从理论上搞懂,资本主义与社会主义的区分不在于是计划还是市场这样的问题,社会主义也有市场经济,资本主义也有计划控制。""不要以为搞点市场经济就是资本主义道路,没有那回事。计划和市场都得要。不搞市场,连世界上的信息都不知道,是自甘落后。"
第9次	1991年1月28日至2月18日	视察上海时的谈话	批评:"一说计划经济就是社会主义,一说市场经济就是资本主义"的思想认识,再次重申"不是那么回事,两者都是手段,市场也可以为社会主义服务。"
第10次	1992年1月18日至2月21日	在武昌、深圳、上海等地的谈话要点	"计划多一点还是市场多一点,不是社会主义与资本主义的根本区别。计划经济不等于社会主义,资本主义也有计划;市场经济不等于资本主义,社会主义也有市场。计划和市场都是经济手段。"对计划与市场做了明确的论述

注:材料来自《邓小平文选》第二卷、第三卷。

这里选取其中几次进行简要叙述。1979年11月,邓小平指出,"社会主义也可以搞市场经济"①。把市场经济当作方法,这是已知文献资料中首次提出这样的观点。同年3月8日,陈云在讲话中也提出苏联和中国的计划经济都存在"没有市场调节"②的缺点。1985年10月,邓小平强调指出,"社会主义和市场经济之间不存在根本矛盾"③,把计划经济和市场经济有机结合,进行一系列改革,并不改变社会主义的性质,是能够促进生产力的发展的。1990年12月24日,邓小平在同党内几位领导人的谈话中指出,社会主义和资本主义都有计划,也都有市场,对社会主义来说,"计划和市场都得要",强调两者的区分"不在于是计划还是市场"④,这里强调了计划和市场不是资本主义和社会主义的本质区别。这次重要的讲话有力地支持了主张市场化改革的一方,批驳了否定市场化改革的另一方,再次起到了拨正

① 中共中央文献研究室编:《邓小平年谱》第四卷,中央文献出版社2020年版,第580—581页。
② 《陈云文选》第三卷,人民出版社1995年版(2015年重印),第245页。
③ 《邓小平文选》第三卷,人民出版社1993年版,第148—149页。
④ 《邓小平文选》第三卷,人民出版社1993年版,第364页。

航向的作用。1991 年年初,邓小平视察上海,对计划经济和市场经济的关系又做了分析,他强调,"两者都是手段"①,都可以为社会主义服务。在南方谈话中,邓小平把以前说过的话集中叙述一遍,但语气更重,条理也更清晰,是对反对改革的一批人的针锋相对的批驳,起到了石破天惊的效果。这也为后来党的十四大确定建立社会主义市场经济体制提供了思想理论基础。从 1978 年仍然流行的"计划经济"概念,到改革初期的"商品经济"和"计划经济"相结合,再到 1992 年中共十四大"社会主义市场经济"概念的确立,思想一次次在交锋中碰撞,在实践中得到检验。

客观地说,中国采取的是渐进式的改革模式,这种模式又体现出几个优势:一是经济改革先于政治改革,政府在经济领域进行改革,确保能够保持经济运行平稳发展;二是经济改革不是一步到位,不做"休克疗法",不会"一揽子"解决,而是具有探路性质,允许有不同情况的竞争和比较,从中总结问题,消除隐患;三是改革具有试验性,先在局部地区试验,成功了总结后再推广;四是改革一般都是在"体制"外的增量改革,改革成功了再倒逼体制内的改革。渐进式改革也给执政党、干部队伍和普通民众一个学习和适应的过程,一个逐步取得共识的过程。② 这与邓小平提出的"允许看,但要坚决地试"③是同一个道理。市场经济体制改革也经历了这样一个漫长的试验、总结、调整、再试验、再总结的过程,而在整个过程中,邓小平始终以政治家高超的领导艺术掌控着改革航船的航向。到了 1992 年年初,在改革开放 14 年后经济体制改革向何处去、改革性质如何定的重要关头,邓小平坚定地给予了决定性的回答。

南方谈话后,党中央迅速做出反应,把邓小平南方谈话的要点以党内文件下发,但在对待计划和市场的关系上,理论界还是不敢捅破最后一层"窗户纸"。1992年 6 月 12 日,江泽民把在省部级干部进修班上的讲话情况向邓小平做了汇报,并

---

① 《邓小平文选》第三卷,人民出版社 1993 年版,第 367 页。
② 参见萧冬连:《探路之役:1978—1992 年的中国经济改革》,社会科学文献出版社 2019 年版,第 292 页。
③ 《邓小平文选》第三卷,人民出版社 1993 年版,第 373 页。

表示个人倾向于使用"社会主义市场经济"的提法,邓小平予以了肯定。① 随后有
30个省(市、自治区)同意这个用法。1992年10月,党的十四大以正式文件形式对
这个说法进行了确认。②

从1993年11月党的十四届三中全会开始,中国进入了全面建设社会主义市
场经济的新阶段。此后,改革开放有了明确的经济体制改革目标,党的十五大、十
六大,一直到党的十九大,都在围绕着如何完善社会主义市场经济体制而展开全面
的深化改革,核心是如何协调政府和市场的关系,从市场的基础性作用到决定性作
用和更好发挥政府作用,反映了中国共产党对社会主义市场经济理论认识的深化。

二、经济发展的"台阶论"

在南方谈话文本第三部分,邓小平同志5次谈到了"台阶",而且用了很具体的
事实和数据来印证经济发展"隔几年上一个台阶,是能够办得到的"③。

历史唯物主义认为,人类社会发展不是平坦笔直前进的大道,而是在不断的反
复中曲折前进,是螺旋式上升和波浪式前进的。中国共产党在探索社会主义建设
规律中,也经历了曲折、反复,在不断学习、尝试、失败、总结中前进。邓小平就是这
样一位伟大的历史人物,在深刻总结社会主义建设规律与经验教训的基础上提出
改革开放的伟大决策,在社会主义经济建设发展途径上创造性提出了"台阶论"策
略,符合唯物辩证法和认识论,在中国共产党探索社会主义规律进程中具有深远的
指导意义。

我们从邓小平生平思想的发展脉络来看,从权威的文本《邓小平文选》和《邓
小平年谱》中能找到邓小平关于"台阶论"的相关论述。早在1975年9月,邓小平
在协助周恩来进行各方面工作全面整顿时,首次提到了"台阶"的概念,他指出,发
现一个好干部苗子,要"让他一个台阶一个台阶地上来"④,这里主要还是指干部成

---

① 参见中共中央文献研究室编:《邓小平年谱》第五卷,中央文献出版社2020年版,第645页。
② 参见龚育之:《从毛泽东到邓小平》(增订版),中共党史出版社2002年版,第466页。
③ 《邓小平文选》第三卷,人民出版社1993年版,第376页。
④ 《邓小平文选》第二卷,人民出版社1994年版,第36页。

长方面,要有成长的平台和阶梯,有利于干部逐渐适应工作,锻炼成长有了经验后再赋予更高的职位,这样既有利于工作,也有利于个人的成长,还有利于为国家培养后备人才。1977年5月,邓小平正式复出前,在同中央两位同志的谈话中也提到,"还是要讲台阶论"①,这是第一次提到"台阶论"。但邓小平也强调,"不能老守着关于台阶的旧观念"②,要善于打破常规,创造新的台阶,以便更有利于干部的成长。这里指干部的新老更替和国家制度的改革,要注重提拔年轻人,创造条件给予锻炼的平台(也就是台阶),对于优秀的干部,上"台阶"也可以快一点,让更多年轻后备人才尽快成长起来。

邓小平的这种人才使用的"台阶论",也直接影响到他对中国经济发展的认识。最初,邓小平对经济发展速度表现出很大的敏感,这是因为,他深知,"大跃进"期间不切实际地追求发展速度带来的惨痛教训不能重演,既不能追求"过急的目标"③,也不能"发展太慢",因为那样"也不是社会主义"④。但发展速度又不能过快,在快与慢之间要有平衡,要有调整和调节,但是要"按经济规律办事",调整是"为了创造条件",使发展速度又快又扎实,追求速度与效益的统一。⑤ 1982年5月,邓小平在总结近年来的经济发展经验时指出,过去"左"的错误导致了经济发展速度变慢了,要在集中精力搞建设的同时注重把经济发展速度慢慢搞上去,争取一个较快的发展速度。⑥

邓小平最看重实践,善于在实践中总结和发现规律。他对发展速度的长期思考,对于改革开放实践的调查和分析,孕育了他"台阶论"的思想。在这样的速度发展和台阶式发展的辩证认识中,1987年10月党的十三大制定了国民经济发展"三步走"的战略规划,有了"翻两番"的认识,"翻两番"也具有了台阶的性质和特征。1991年8月,邓小平在谈到国际国内局势时,提到经济发展在"波浪式前进"

---

① 中共中央文献研究室编:《邓小平年谱》第四卷,中央文献出版社2020年版,第161页。
② 《邓小平文选》第二卷,人民出版社1994年版,第324页。
③ 《邓小平文选》第三卷,人民出版社1993年版,第305页。
④ 《邓小平文选》第三卷,人民出版社1994年版,第255页。
⑤ 参见中共中央文献研究室编:《邓小平年谱》第四卷,中央文献出版社2020年版,第564页。
⑥ 参见中共中央文献研究室编:《邓小平年谱》第五卷,中央文献出版社2020年版,第119—120页。

中,会"有一个飞跃,跳一个台阶"①,这就强调了速度与台阶的辩证法,也是"快与好的辩证统一"②。

我们党制定国家经济发展"三步走"策略,在每一步的进程中内含着"台阶论"的过程,而每一步的完成也标志着上了一个新台阶,是发展的阶段性质的变化。"三步走"是设计的一个过程,台阶是过程中体现质变的标志。贯穿于两者的是适度的发展速度,而实现速度和效益、上台阶和"三步走"的方式则是改革开放,提高生产力。

广而言之,"台阶论"有着普遍的哲学指导意义,小到一个人的人生设计,大到一个国家的近远期规划,都需要有一个辩证的、符合实际的发展目标和切实可行的进度设计。无论是国家经济建设、党的建设还是整个社会主义现代化建设,都有一个发展速度问题,尤其是对于中国这样一个社会主义国家。在这方面,邓小平为我们树立了一个值得尊敬、值得学习的榜样。党的十八大以来,习近平总书记提出了应对百年未有之大变局的新发展理念,这与邓小平提出的经济发展思想是一脉相承的关系。新时代,在以习近平同志为核心的党中央领导下,积极践行新发展理念新的"三步走"和新的"台阶论"为我们精准、科学谋划了未来几十年的发展蓝图,我们也必将勠力同心、英勇奋斗,不忘初心、牢记使命,一起奔向未来!

三、"傻子瓜子"与民营经济的勃兴

关于"傻子瓜子"问题及其本人年广久(号称"中国第一商贩"),在邓小平的话语体系中3次被提到和批示,在改革开放历史中有着重要的象征意义。南方谈话中,邓小平第三次提到了"傻子瓜子"③,其意在以此为例谈保持农村改革政策的不变,变了就会动摇人心,削弱人们的积极性,影响改革大局。1979年,党中央为了

---

① 中共中央文献研究室编:《邓小平年谱》第五卷,中央文献出版社2020年版,第629页。
② 周锟:《关于经济发展台阶论的再思考——谈邓小平关于经济发展速度的辩证思想》,《邓小平研究》2018年第4期,第48—55页。
③ 原文为"农村改革初期,安徽出了个'傻子瓜子'问题。当时许多人不舒服,说他赚了一百万,主张动他。我说不能动,一动人们就会说政策变了,得不偿失。像这一类的问题还有不少,如果处理不当,就很容易动摇我们的方针,影响改革的全局"。参见《邓小平文选》第三卷,人民出版社1993年版,第371页。

缓解就业压力,积极扶持城镇集体经济和个体经济发展,开启了在公有制经济为主的形势下的多种经济发展并存的时代。当时所谓的"个体户"如雨后春笋般在全国各地涌出。安徽芜湖的个体户年广久注册了"傻子瓜子"商标,开始了经历曲折的个体经营。①

"一颗瓜子千斤重"②,正是由于邓小平的支持,个体经营户才雨后春笋般迅速蓬勃发展起来。从邓小平三次"帮助""傻子瓜子"年广久的例子来看,我们不仅能看到以年广久为代表的个体经济(后来称"民营经济")在计划经济体制下的艰难发展过程,也能真实感受到邓小平在改革开放中的远见卓识,以及他对待新生事物的实事求是的态度和科学的精神。2021年6月,年广久在接受采访中谈道,邓小平讲话不是为"傻子"一个人,而是为了全国人民。年广久的人生,代表了中国一代个体经营者的命运,被称为中国早期个体私营经济的"晴雨表"。当时《安徽工人报》记者田柏强电话采访了年广久,写出《傻子致信邓小平》一文,引起强烈反响。舒咏平后来做过统计,仅这篇文章国内就有200多家媒体转载。年广久后来建立了"傻子瓜子"博物馆,记录了一代个体经营户曲折的发展历史。在这里,个人历史和国家民营经济发展史深度交汇,博物馆的一句主题词见证了那段历史:"党旗下的向日葵。"③

改革开放后,中国经济区别于世界上其他国家的特殊经济现象是乡镇企业、个体经济等民营经济④的异军突起。当今社会,企业家是经济活动的重要主体和动力。按照马克思"经济是基础,政治是上层建筑"的观点,人们可以说,没有企业家

---

① 参见本书编写组:《中国共产党简史》,人民出版社、中共党史出版社2021年版,第235页。
② 武市红、高屹主编:《邓小平与共和国重大历史事件》,人民出版社2019年版,第329页。
③ 中央广播电视总台编著:《见证:我亲历的改革开放》,中国方正出版社2018年版,第43页。
④ 综合相关资料来看,民营经济指国有独资经济以外的所有经济经营形式。本书认为,最早的乡镇企业、个体私有经济也是民营经济的一部分。1993年5月,中国民(私)营经济研究会在民政部注册登记成立,业务主管单位为中央统战部,由全国工商联具体指导其各项工作业务开展。在2014年7月召开的中国民(私)营经济研究会第四次会员代表大会上,中国民(私)营经济研究会更名为中国民营经济研究会。2019年12月,中国民营经济研究会第五次会员代表大会在北京召开,会上通过由全国工商联作为研究会的业务主管单位。《2025年全国人民代表大会常务委员会工作报告》提出,2025年将围绕健全社会主义市场经济法律制度,制定民营经济促进法。

群体的崛起,就没有国家的崛起。①

客观上讲,南方谈话的发表促进了中国民营企业迅速兴起。南方谈话一是为民营经济的发展提供了路线、方针上的保证和支持;二是不以姓"资"姓"社"为标准,为民营经济的发展提供了思想保证;三是为民营经济的发展提供了市场的理念;四是关于社会主义本质的新概括为民营经济的发展提供了理论依据;五是为民营经济发展提供了战略策略上的保证——科学技术是第一生产力的著名论断,以及提出的科技兴国、科技致富、尊重科技人才的思想,极大地解放了人们的思想、鼓舞了人心。广大民营企业家以其敏锐的市场嗅觉,在其完成资本的原始积累之后,开始把第二次创业的希望寄托在产业升级和技术创新上。在南方谈话中,邓小平亲自视察了珠海的民营企业(乡镇企业)——亚洲仿真公司,给当时的私营企业界带来了轰动效应。

据统计,1992 年南方谈话之后,中国民营科技企业数量猛增到 2.7 万余家,比 1991 年增长 35%。② 一个著名的案例是,南方谈话发表后的 3 月 1 日,时任江阴市华西村党委书记吴仁宝凌晨 3 点紧急开会,学习邓小平重要讲话精神,及时分析当时的形势,抓住改革开放机遇,利用时间差、信息差大量采购原材料,创造了"一个会赚了一个亿"的经典商业案例。同时,充分利用资本市场,建立华西村股份有限公司,所持"华西村"股票于 1999 年在深圳市成功上市,成为全国第一家以村命名的上市公司。而吴仁宝本人,也是"实事求是"派,是靠实事求是、与时俱进带领华西村共同致富的典范。

"九二派",是一个带着特殊年代色彩徽标的称呼,特指 1992 年年初邓小平发表振聋发聩的南方谈话之后,国内一大批知识分子、教师、政府干部等公职人员、"体制内精英"受到南方谈话精神鼓舞,纷纷辞职涌入创业大军,形成一股商业浪潮。这一历史事件中的主角就被称为"九二派"。1992 年发生的三个具有转折意

---

① 参见郑永年:《中国的当下与未来:读懂我们的现实处境与 30 年大趋势》,中信出版社 2019 年版,第 83 页。

② 参见陈明显主编:《邓小平南方谈话与中国经济社会发展》,中共中央党校出版社 2002 年版,第 98 页。

义的事件①,成为"中国经济发展的分水岭"②,也可以说成为当代意义上的中国企业家走上历史舞台的标志。俞敏洪、朱新礼、胡宝森、郭凡生、苗鸿冰、王梓、冯仑等人是其中的代表,其中还有不少人包括年广久在内被评为"改革开放40年百名杰出民营企业家"。

"傻子瓜子"和"九二派",成为中国民营经济发展史上的标志性印记。也是在1992年之后,个体经济、私营经济、乡镇企业等民营经济开始在体制外成为中国经济快速发展的重要引擎,逐渐得到党和国家政府的认可和支持,民营经济走上了发展的快车道。正如习近平总书记所说,"一九九二年邓小平同志南方谈话发表后,兴起了新一轮创业兴业、发展民营经济的热潮,很多知名大型民营企业都是这个时期起步的"③。中国的民营企业得到了前所未有的发展,在中国当代呈现出"五六七八九"④的重要特征,成为推动社会主义经济健康平稳发展的重要力量。

1987年1月,中共中央下发文件,确认农村私人企业的地位,肯定它是"社会主义经济结构的一种补充形式"⑤。1988年4月通过宪法修正案,肯定私营经济的地位,指出它是"社会主义公有制经济的补充"⑥。1999年3月通过的宪法修正案,指出"法律规定范围内的个体经济、私营经济等非公有制经济,是社会主义市场经济的重要组成部分"⑦。党的十六大报告提出要毫不动摇"支持和引导非公有制经济发展"⑧。党的十七大报告提出"两个毫不动摇",强调要"坚持和完善公有制为

---

① 三个历史性事件:一是邓小平南方视察,二是《股份公司暂行条例》和《有限责任公司暂行条例》颁布,三是1992年年底的中共十四大确定了建立社会主义市场经济的目标。参见陈海:《九二派"新士大夫"企业家的商道和理想》,中信出版社2012年版,第14页。

② 陈海:《九二派"新士大夫"企业家的商道和理想》,中信出版社2012年版,第14页。

③ 习近平:《在民营企业座谈会上的讲话》。参见中共中央文献研究室编:《十九大以来重要文献选编》(上),中央文献出版社2019年版,第671页。

④ 即"贡献了百分之五十以上的税收,百分之六十以上的国内生产总值,百分之七十以上的技术创新成果,百分之八十以上的城镇劳动就业,百分之九十以上的企业数量。"参见中共中央文献研究室编:《十九大以来重要文献选编》(上),中央文献出版社2019年版,第673页。

⑤ 中共中央文献研究室编:《十二大以来重要文献选编》(下),人民出版社1988年版,第1237页。

⑥ 中共中央文献研究室编:《十三大以来重要文献选编》(上),人民出版社1991年版,第216页。

⑦ 中共中央文献研究室编:《十五大以来重要文献选编》(上),中央文献出版社2011年版,第712页。

⑧ 中共中央文献研究室编:《十六大以来重要文献选编》(上),中央文献出版社2011年版,第19页。

主体、多种所有制经济共同发展的基本经济制度"。①

党的十八大以来,党中央更加重视民营经济的发展,注重弘扬企业家精神。党的十九大更是把"两个毫不动摇"写入"新时代坚持和发展中国特色社会主义的基本方略"②。有了国家法律的规定和支持,中国民营企业不会"退场",只会愈加壮大,必将在中国特色社会主义现代化建设中发挥更加积极的作用。

四、不断完善社会主义市场经济体制

在南方谈话中,邓小平结合改革开放 10 多年来的实践,结合自身的思考和认识,充分论证了计划与市场的关系,阐述了中国建立社会主义市场经济的可能,给继任者——以江泽民同志为主要代表的中国共产党人思考经济体制改革提供了理论依据。社会主义市场经济理论,是马克思主义经济学理论新的飞跃,是马克思主义中国化时代化在经济领域的突出标志,是社会主义历史上具有创新意义的经济形态。社会主义市场经济,社会主义是主体,是本质核心,市场经济是方式,是手段,是过程。当前有观点认为,市场经济是主体,社会主义是形容词,这种说法是不对的,极易混淆视听,迷惑世人。市场经济作为经济体制的一种形式,没有制度属性。

历史地看,我们对社会主义经济建设规律的认识经历了一个漫长、曲折的过程,大致经历了四个阶段。

（一）第一个阶段（1949 年—1992 年）,社会主义市场经济体制萌芽与确立时期:计划与市场的左右徘徊

这个时期时间跨度比较长,40 多年,是以毛泽东同志为主要代表的中国共产党人和以邓小平同志为主要代表的中国共产党人探索和确立社会主义市场经济体制的时期。中华人民共和国成立以后到 1978 年,我国主要的经济发展模式靠学习苏联模式,即高度集中的计划经济体制。客观来说,计划经济体制曾经做出了不可

---

① 即"毫不动摇地巩固和发展公有制经济,毫不动摇地鼓励、支持、引导非公有制经济发展"。参见中共中央文献研究室编:《十七大以来重要文献选编》(上),中央文献出版社 2009 年版,第 20 页。
② 中共中央文献研究室编:《十九大以来重要文献选编》(上),中央文献出版社 2019 年版,第 672 页。

磨灭的贡献,而且其后期的弊端是由特殊的历史原因和我们对社会主义经济规律认识的不成熟造成的。毛泽东较早发现了计划经济体制的弊端,主要在《论十大关系》中简单论述了中央和地方、生产者和经营者、公有制与非公有制等的关系,但没有深入研究,由于历史的局限,也没有在实际中推行下去。但这可以视为我们国家探索社会主义市场经济的理论起点和萌芽阶段。顾准在 1957 年发表的论文中,较早地提出了在社会主义经济核算方面,"价值规律是明显地起作用的",因而成为我国提出社会主义市场经济理论的第一人。[1]

1978 年至 1992 年,是我们国家探索并确立社会主义体制改革目标的时期。其中 1978 年至 1988 年,长期传统的惯性思维和改革开放实践过程中的思想碰撞,使得我们国家在探索计划与市场、计划经济与商品经济的关系中不断曲折反复,在计划经济和市场调节之间翻来覆去,总体没有突破计划经济的思维框架。1989 年至 1992 年,由于国际上东欧剧变,国内发生政治风波,资产阶级自由化思想泛滥,改革开放性质遭到怀疑甚至否定,核心焦点在于计划和市场的关系上。邓小平结合 14 年来改革开放的实践,加上长期的理论思考,旗帜鲜明地指出了计划和市场只是手段,不是姓"社"姓"资"的本质区别。党的十四大最终在邓小平理论的指导下确立了社会主义市场经济体制的改革目标。

(二)第二个阶段(1993 年—2002 年),社会主义市场经济体制建立与发展时期:市场在宏观调控下发挥基础性作用

1993 年 11 月,党的十四届三中全会召开,标志着社会主义市场经济体制的建立。党的十四届三中全会明确国有企业要建立现代企业制度,平等和非公有制企业进行市场竞争。党的十五大修改的宪法从法律上规定我国社会主义初级阶段实行的是"公有制为主体,多种所有制经济共同发展的基本经济制度"[2]。党的十六大指出要"大力发展国有资本、集体资本和非公有资本等参股的混合所有制经

---

① 参见顾准:《顾准经济文选》,中国时代经济出版社 2011 年版,第 28 页。
② 中共中央文献研究室编:《十五大以来重要文献选编》(上),中央文献出版社 2011 年版,第 711 页。

济","使股份制成为公有制的主要实现形式"①,这就解决了社会主义和市场经济结合的问题。有了框架和相结合的方向,社会主义市场经济体制建设就进入了正常发展的轨道。

(三)第三个阶段(2003年—2012年),社会主义市场经济体制初步完善时期:市场发挥更大基础性作用

党的十六大宣布,我国已基本建立社会主义市场经济体制。《中共中央关于完善社会主义市场经济体制若干问题的决定》出台,标志着中国经济体制改革进入完善社会主义市场经济体制的新时期,国家经济进入科学发展轨道。在中国特色社会主义理论的指引下,我们党不断加快建设现代市场体系,深化行政管理体制等各个领域的改革,加强和改善党的领导,转变执政方式和领导方式,提高"四种能力"②,积极转变政府职能,让市场在资源配置中发挥更大的基础性作用。国家经济迅速发展,2011年跃升为世界第二大经济体。

(四)第四个阶段(2012年至今),社会主义市场经济体制加快完善时期:市场的决定作用和更好发挥政府作用

进入新时代以来,社会主要矛盾发生阶段性的变化,国家经济发展进入新常态、新阶段,全面深化改革进入深水区,国际形势瞬息万变,不确定不稳定因素增多,世界进入百年未有之大变局。形势倒逼改革,在进一步完善中国社会主义市场经济体制的伟大实践中,习近平新时代中国特色社会主义经济思想应运而生。党的十九大报告中指出,要以完善产权制度和要素市场化配置为重点,加快完善社会主义市场经济体制,让市场在资源配置中起决定性作用,同时更好地发挥政府作用。要积极践行新发展理念,坚持以人民为中心,加强以市场为中心的利益关系改革,扎实推进供给侧结构性改革。坚持底线思维、辩证思维、法治思维、系统思维,

---

① 中共中央文献研究室编:《十六大以来重要文献选编》(上),中央文献出版社2011年版,第466页。
② 即"科学判断形势的能力、驾驭市场经济的能力、应对复杂局面的能力、依法执政的能力和总揽全局的能力"。参见中共中央文献研究室编:《十六大以来重要文献选编》(上),中央文献出版社2011年版,第480页。

牢固树立大历史观,着力防范经济领域里的"灰犀牛"和"黑天鹅"事件发生。2020年3月和5月,党中央先后下发《中共中央、国务院关于构建更加完善的要素市场化配置体制机制的意见》《中共中央、国务院关于新时代加快完善社会主义市场经济体制的意见》两个重要文件,对加快完善要素市场化和社会主义市场经济体制做出了顶层设计和科学擘画。随着改革的深入,中国特色社会主义市场经济体制将更加完善。

综上所述,邓小平"创造性地构建了社会主义市场经济理论的基本框架"①,无疑是社会主义市场经济的开创者、奠基者。正是他首先辨析了计划和市场的关系,提出了社会主义也可以有市场,对深圳、厦门等特区的理论总结,才有了社会主义市场经济的确立和发展。可以说,改革开放40多年的实践,正是社会主义市场经济从产生到不断完善的过程,中国特色社会主义道路将越来越宽广。

第四节　改革开放理论的形成与发展

近代以来,中国历经了3次开放。第一次是被迫性开放,即1840年鸦片战争以后的开放,客观上促成了中华民族的觉醒,开始了近代化的探索进程。第二次是主动开放,"请进来",即党的十一届三中全会之后在邓小平领导下的改革开放,实现了中国人民物质生活的丰富发展,解决了"挨饿"的问题。第三次开放是新时代的开放,不仅"请进来"更要"走出去",不仅是更加主动地开放,而且是很多领域的单边开放,让世界更加了解中国、认识真实的中国,这是为了解决"挨骂"的问题。

没有信心就没有未来,没有理想就没有未来,个人如此,城市亦然,国家也一样。发展是硬道理。邓小平做出改革开放的伟大决策,就是来自邓小平对和平与

---

① 周进:《邓小平南方谈话与中国特色社会主义》,北京人民出版社2023年版,第152页。

发展两大世界主题的信心。中国的发展与世界发展息息相关,共荣共生。改革开放理论是邓小平理论的主要组成部分,也是邓小平对中国化马克思主义的理论贡献之一。没有改革开放和改革开放理论的指导,中国特色社会主义发展就不会像今天这样,甚至可以说,正是改革开放理论催生了中国特色社会主义。

一、改革是中国的第二次革命

邓小平同志是改革开放的总设计师。对于改革,他是坚定的倡导者。在南方谈话文本中,"改革"被提及了34次,"改革"和"开放"在一起,成为邓小平在南方谈话话语体系里极其重要的部分。

辩证唯物主义认为,任何事物都不可能永远不会改变,事物是普遍联系的矛盾集合体,在内外矛盾运动中不断向前发展。理论是客观现实的反映,时移世易,理论随着社会的变化而不断地更新。资本主义社会如此,社会主义社会也是如此。恩格斯指出,"所谓'社会主义社会'不是一种一成不变的东西,而应当和任何其他社会制度一样,把它看成是经常变化和改革的社会"①。没有一个不会变化的社会,人类历史唯一不变的就是"变化"。

1978年后,以邓小平同志为主要代表的中国共产党人,吸取历史教训,实行了改革开放的伟大决策,主动融入世界多极化的现代化发展体系,使人民走上了独立自主的中国特色社会主义道路。历史地看,如果说新民主主义革命和社会主义革命是中国共产党领导的第一次革命,是社会革命,那么改革开放就是中国共产党领导的第二次革命,是体制革命。在邓小平看来,"改革是中国的第二次革命"②,"改革的性质同过去的革命一样,也是为了扫除发展社会生产力的障碍,使中国摆脱贫穷落后的状态"③。

对于中国的第二次革命来说,受僵化的计划经济体制和东欧剧变的影响,是中国进行改革的现实思想因素;当时社会生产力整体低下,人民生活水平相对低下,

---

① 《马克思恩格斯选集》第四卷,人民出版社2012年版,第601页。
② 《邓小平文选》第三卷,人民出版社1993年版,第113页。
③ 《邓小平文选》第三卷,人民出版社1993年版,第135页。

社会主义国家综合国力处于第三世界行列,是中国进行改革的现实物质因素。改革之所以被称为"第二次革命",是因为它从根本上改变了束缚生产力发展的旧的经济体制,在社会各方面从经济基础到上层建筑乃至人们的思想观念,引起深刻而广泛的变化。从某种意义上讲,人们的思想意识发生深刻变化是最重要的改革,是人的现代化发展进程中的标志性变化之一。改革开放是中国融入世界经济发展洪流的必然选择。

改革具有系统性和周延性特点。经济体制的改革必然会带动上层建筑、政治体制、文化体制等各方面的改革。这是一个巨大的系统性工程,会牵涉各方面的利益关系,但为了发展社会主义生产力,改革必须勇往直前。

改革具有高风险性特点。改革是中国特色社会主义的一个全新的事物,在世界社会主义发展史上也没有先例可资借鉴。人们对改革的认知和实践还都缺乏基本的经验,但改革时机不能再等,必须采取"摸着石头过河""大胆试、大胆闯"的方法和精神,在实践中积累经验,超常规发展,不断创新、不断前进。因此,邓小平特意嘱咐,改革没有不冒风险的事,谁也不能有百分之百的把握,等有了百分之百的把握,时机早就错失掉了。

此外,改革还具有试验性特点。改革中"摸着石头过河"的做法,向人们展示了改革是一项前无古人的伟大试验,在试验中探索规律,在试验中收获成功。全新的事业、全新的道路,需要大胆而心细,需要思想解放又有底线思维。国家先推行改革试点,后总结经验,成功了就进行大力推广,从此中国改革走上了一条渐进式的道路。深圳,在党中央的政策支持下勇敢闯出一条新路,经过40多年的发展,一跃成为全中国最具有发展活力的建设中国特色社会主义先行示范区。反过来讲,如果没有当年邓小平的南方谈话,没有深圳在南方谈话之后的大刀阔斧改革与发展,就不可能有现在的深圳,甚至可以说,深圳的成败也决定了当代改革开放的成败。

改革同样具有创造性和创新性特点。改革是在摸索中进行的,没有现成的图纸,因此,每一项成功或者失败的改革都是一种创新。人民是历史的推动者,在充满号召力和诱惑力的改革号角声中,在马克思主义理论结合中国大地的伟大实践中,整个改革过程就是充满创造性创新性的发展过程。从理论上讲,改革本身就是创造,改革的辩证法也是创造的辩证法。

正如习近平总书记所说,改革开放是伟大觉醒,"孕育了我们党从理论到实践的伟大创造",是伟大革命,"推动了中国特色社会主义事业的伟大飞跃"①。历史以雄辩的事实证明,改革开放在实现中华民族伟大复兴中具有里程碑的地位,在党的发展史、中华民族发展史和中国特色社会主义发展史上都具有特别重要的地位。②

二、全方位改革开放格局的形成与发展

邓小平作为世界上杰出的政治家、战略家和外交家,是中国改革开放的总设计师。邓小平对外开放政策的哲学理论基础是马克思主义的世界历史理论。资本的发展,生产力和交往方式的变革使整个世界成为统一的市场。邓小平对时代主题的判断,是改革开放政策实施的现实依据。和平与发展的时代主题和统一的世界市场要求中国再也不能闭关锁国,否则将被开除"球籍"。邓小平正是顺应了这一世界大势,继承和发展了马克思主义世界历史理论和以毛泽东同志为主要代表的中国共产党人的外交思想,做出改革开放的伟大决策。通过梳理40多年来的改革开放史,将一些关键节点汇总,做成图表,可以更清晰地显示改革开放的发展脉络(见表4-4)。

---

① 中共中央文献研究室编:《十九大以来重要文献选编》上,中央文献出版社 2019 年版,第 721 页。
② 参见韩庆祥:《中国道路及其本源意义》,中国社会科学出版社 2019 年版(2021 年重印),第 199 页。

表4-4　中国改革开放发展脉络

时间	决策者	内容	意义
1978 年 12 月	党的十一届三中全会	做出改革开放的伟大抉择	划时代意义
1980 年 5 月	国务院	决定将深圳、珠海、汕头和厦门为四个经济特区	首批四个经济特区
1980 年		形成了对外开放格局,即经济特区、沿海开放区、沿江开放港口城市、沿边开放城镇、内地省会开放城市的开放体系	标志我国对外开放新格局的确立
1982 年	党的十二大	提出建设有中国特色的社会主义,坚持改革开放,提出三大历史任务,抓紧四件工作	改革开放有了具体的目标和指向
1984 年	国务院	大连、秦皇岛、天津等 14 个沿海城市被批准为全国第一批对外开放城市	
1985 年 2 月	党中央、国务院	批准《长江、珠江三角洲和闽南厦漳泉三角地区座谈会纪要》	对内搞活、对外开放的具有重要战略意义的布局
1988 年 年初	党中央	将辽东半岛和山东半岛全部对外开放,同已经开放的大连、秦皇岛、天津、烟台、青岛等连成一片,形成环渤海开放区	
1988 年 4 月	国务院	设立海南经济特区	第五个经济特区
1992 年 6 月	党中央、国务院	决定开放长江沿岸 5 个城市。随后批准 17 个省会为内陆开放城市。同时,逐步开放内陆边境的沿边城市	全方位格局进一步扩大
1992 年 10 月	国务院	设立上海浦东新区、其他国家级新区	成为新一轮改革重要标志
1997 年 9 月	党的十五大	对外开放是一项长期的基本国策,要以更加积极的姿态走向世界,完善全方位、多层次、宽领域的对外开放格局,发展开放型经济,增强国际竞争力	
1997 年 12 月	全国外资工作会议	江泽民提出,"引进来"和"走出去"是我们对外开放基本国策两个紧密联系、相互促进的方面,缺一不可	
2000 年 10 月	党的十五届五中全会	提出实施"走出去"战略,努力在利用国内外两种资源、两个市场方面有新的突破	

续表

时间	决策	内容	意义
2001 年 11 月	世界贸易组织第四届部长级会议	中国加入世界贸易组织	融入世界经济体系,有利于扩大对外开放
2010 年 5 月	中央新疆工作会议	正式批准霍尔果斯、喀什设立经济特区	国家第六、七大经济特区
2012 年 11 月	党的十八大	提出构建人类命运共同体理念	新时代改革开放的指针
2013 年 11 月	党的十八届三中全会	中共中央关于全面深化改革若干重大问题的决定	全面深化改革的重要标志
2015 年 5 月	党中央、国务院	中共中央、国务院关于构建开放型经济新体制的若干意见	构建开放型经济新体制
2018 年 2 月	党的十九届三中全会	中共中央关于深化党和国家机构改革的决定	推进国家治理体系和治理能力现代化
2018 年 4 月	党中央、国务院	批复《河北雄安新区规划纲要》	推动京津冀协同发展
2018 年 7 月	党中央、国务院	《粤港澳大湾区发展规划纲要》发布	新时代推动全面开放新格局的尝试
2018 年 11 月	党中央、国务院	《中共中央、国务院关于建立更加有效的区域协调发展新机制的意见》	加强顶层设计,推动国家区域协调发展战略有效实施
2020 年 5 月	中共中央政治局常务委员会	会议指出,要深化供给侧结构性改革,充分发挥我国超大规模市场优势和内需潜力,形成国内国际双循环相互促进的新发展格局。	
2022 年 10 月	党的二十大	坚持深化改革开放。深入推进改革创新,坚定不移扩大开放,着力破解深层次体制机制障碍,不断彰显中国特色社会主义制度优势,不断增强社会主义现代化建设的动力和活力,把我国制度优势更好转化为国家治理效能。	
2024 年 7 月	党的二十届三中全会	《中共中央关于进一步全面深化改革、推进中国式现代化的决定》	提出进一步全面深化改革的主题、指导思想、总目标、重大原则、改革举措、根本保证

从表4-4中,可以得到这样的认识,中国改革开放从一开始的先行先试到后来的顶层设计,从沿海到沿江,从沿边到内陆省会城市,从点到面(带)到区域协调,全方位、多层次、宽领域改革开放的格局一步步形成,伟大的实践一步步上升为制度和理论,成为推动中国特色社会主义伟大事业的主要引擎和动力源。实践中的中国特色社会主义是在一步步改革开放中不断发展的,改革开放伴随着马克思主义中国化理论的不断演进和不断深化,是"中国人民和中华民族发展史上的一次伟大革命","推动了中国特色社会主义事业的伟大飞跃"[1]。2018年12月,习近平总书记在改革开放40周年庆祝大会上指出,"变革和开放总体上是中国的历史常态。中华民族以改革开放的姿态继续走向未来,有着深远的历史渊源、深厚的文化根基"[2]。习近平总书记提出的改革开放40年"九条宝贵经验"[3],概括了坚持和发展中国特色社会主义的重要规律,既是改革开放40多年来的经验总结,也是新的历史关头将改革开放进行到底的动员令,是谱写新时代改革开放新篇章的基本遵循和行动指南。

形象地说,改革开放从20世纪80年代的最初1.0版到南方谈话之后的2.0版,再到2008年世界金融危机之后的3.0版,到现在的京津冀协同发展、雄安新区、粤港澳大湾区等区域协调发展战略,可以说上升到了4.0版,未来的中国将在改革开放中获得更加新的更大的发展,为实现伟大复兴的中国梦提供强大力量。[4]

三、改革开放的示范:深圳、浦东新区

在40多年来的改革开放历史进程中,有两个地区与邓小平息息相关,它们就

---

①　中共中央文献研究室编:《十九大以来重要文献选编》(上),中央文献出版社2019年版,第721页。

②　中共中央文献研究室编:《十九大以来重要文献选编》(上),中央文献出版社2019年版,第738页。

③　九条宝贵经验:第一,必须坚持党对一切工作的领导,不断加强和改善党的领导。第二,必须坚持以人民为中心,不断实现人民对美好生活的向往。第三,必须坚持马克思主义指导地位,不断推进实践基础上的理论创新。第四,必须坚持走中国特色社会主义道路,不断坚持和发展中国特色社会主义。第五,必须坚持完善和发展中国特色社会主义制度,不断发挥和增强我国制度优势。第六,必须坚持以发展为第一要务,不断增强我国综合国力。第七,必须坚持扩大开放,不断推动共建人类命运共同体。第八,必须坚持全面从严治党,不断提高党的创造力、凝聚力、战斗力。第九,必须坚持辩证唯物主义和历史唯物主义世界观和方法论,正确处理改革发展稳定关系。参见中共中央文献研究室编:《十九大以来重要文献选编》(上),中央文献出版社2019年版,第729—736页。

④　参见郑永年:《大趋势:中国下一步》(增订版),东方出版社2019年版,第276页。

是深圳和浦东新区。深圳和浦东新区是邓小平政治智慧留下的伟大遗产,是我们国家改革开放的历史见证,也必将是我们进一步深化改革、扩大开放,努力实现社会主义现代化强国的地区发展样板。而新发展阶段,国家"十四五"规划将支持"浙江高质量发展建设共同富裕示范区"①,是在第二个百年征程推进高质量共同富裕,实现社会主义现代化的重大决策。

(一)深圳:建设中国特色社会主义先行示范区

深圳,是一个因改革开放而成立的年轻的城市,主要是指深圳经济特区,1980年8月26日,经第五届全国人民代表大会常务委员会第十五次会议批准成立。1980年到2000年,深圳特区 GDP 年均递增 31.2%,创造了令世界惊叹的"深圳速度"。截至 2023 年年末,深圳下辖 9 个行政区和 1 个新区,总面积 1997.47 平方千米,常住人口 1779.01 万人。

1979 年至 2023 年,深圳的 GDP 增长趋势如图 4-5 所示。1979 年深圳市的GDP 为 1.96 亿元,2021 年的 GDP 已经突破 3 万亿元,达到 34606.4 亿元,40 年增长超万倍,成为中国第三个超过 3 万亿元的城市。在联合国发布的《全球城市竞争力报告》中,深圳城市竞争力指数排名全球第四,中国第一,而在国内的《城市综合经济竞争力报告》和《中国十大最具发展潜力城市排名》中也均列全国首位。

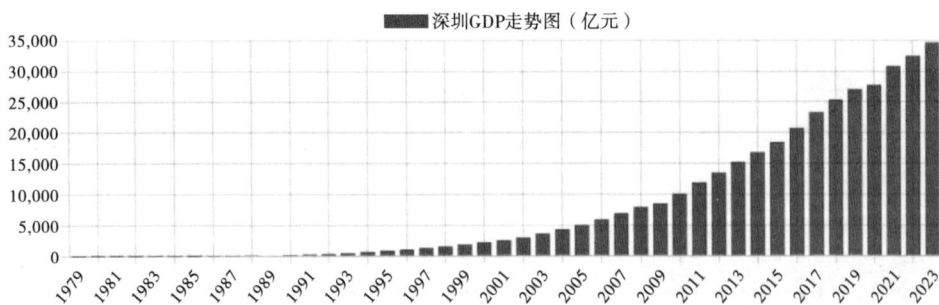

图 4-5　深圳 GDP 走势图(1979—2023 年)

注:资料来自聚汇数据。

---

① 《中华人民共和国国民经济和社会发展第十四个五年规划和 2035 年远景目标纲要》,人民出版社 2021 年版,第 97 页。

邓小平同志是直接促成深圳特区建立并取得令世人瞩目的辉煌成就的第一人。1997年2月19日,邓小平同志逝世,举国悲痛。在深圳著名的邓小平巨幅画像下面,在成千上万朵黄色的菊花簇拥的挽联、唁信中,有一片纸上写的一句话格外引人注目:"永远铭记您——深圳之父!"①深圳在我们国家的发展中占据着非常重要的地位,是一个具有使命性的城市。40多年来,深圳从无到有,从"深圳高度"到"深圳速度",从"深圳速度"到"深圳质量",深圳成功从一个小渔村发展为世界级的大都市。不仅在中国,在整个世界版图上,深圳也是一个生机勃勃、充满生命力的城市,是科技创新和制造业的中心。深圳的发展雄辩地证明,邓小平当年的改革开放政策是伟大的、正确的!深圳的故事就是中国改革开放成功故事的一个缩影,是中国整体故事的一个折射,是最好的发展样本之一。

改革开放40多年后的2019年8月,中共中央给予深圳以新的定位,赋予其"建设中国特色社会主义先行示范区"的新使命。其目的是在之前2月中央发布的"粤港澳大湾区发展规划"的基础上,充分发挥地区优势,实现从"组装制造"到"创新制造"的华丽转型,着力打造一个世界级技术和经济发展平台,在未来现代化建设中继续发挥示范引领的作用。

2010年9月6日,胡锦涛在深圳经济特区建立30周年庆祝大会上的讲话中指出,深圳的发展成就,是"改革开放以来我国实现历史性变革和取得伟大成就的生动缩影"②。2020年10月14日,习近平总书记在庆祝深圳经济特区建立40周年

---

①　深圳特区报社编:《邓小平与深圳特区——来自〈深圳特区报〉的报道》,中国青年出版社1997年版,第146页。这是跟随邓小平深圳之行拍照的摄影师江式高,在邓小平巨幅画像广场上拍的一幅照片上的一个花圈上的字条。

②　中共中央文献研究室编:《十七大以来重要文献选编》(中),中央文献出版社2011年版,第926页。

大会上总结了深圳发展的"十条经验"①,既是对深圳40年来发展的经验总结,又是深圳今后作为"先行示范区"发展的根本遵循。新时代,党又给深圳赋予了"率先实现社会主义现代化"的新的历史使命②。

正如美国经济学家道格拉斯·C.诺思(Douglass C. North)所言,"制度是决定长期经济绩效的根本因素"③。深圳的成功恰恰在于它不但有市场经济优势,还有社会主义优势,形成了两者的复合优势。深圳的现代基础设施日趋完善,高楼大厦拔地而起,人才四方汇聚,高科技日新月异,它超越发达资本主义国家的经济制度,也必将创造出更高的经济发展绩效。④

未来深圳的发展,须在党中央的坚强领导下,坚持"顶层设计"和"摸着石头过河"的有机结合。"顶层设计"要求深圳不能偏离中国特色社会主义和社会主义市场经济发展方向,"摸着石头过河"则要求深圳继续创新,探索社会主义现代化建设的规律,继续发挥敢闯敢试的精神,为自身和国家进一步发展打开新局面,力争在2050年成为中国特色社会主义现代化国家建设中现代化城市发展的标杆性示范城市。

(二)浦东新区:社会主义现代化建设引领区

浦东新区位于上海市东部,西靠黄浦江,东临长江入海口,面积1210平方千

---

① "十条经验":一是必须坚持党对经济特区建设的领导,始终保持经济特区建设正确方向。二是必须坚持和完善中国特色社会主义制度,通过改革实践推动中国特色社会主义制度更加成熟更加定型。三是必须坚持发展是硬道理,坚持敢闯敢试、敢为人先,以思想破冰引领改革突围。四是必须坚持全方位对外开放,不断提高"引进来"的吸引力和"走出去"的竞争力。五是必须坚持创新是第一动力,在全球科技革命和产业变革中赢得主动权。六是必须坚持以人民为中心的发展思想,让改革发展成果更多更公平惠及人民群众。七是必须坚持科学立法、严格执法、公正司法、全民守法,使法治成为经济特区发展的重要保障。八是必须践行绿水青山就是金山银山的理念,实现经济社会和生态环境全面协调可持续发展。九是必须全面准确贯彻"一国两制"基本方针,促进内地与香港、澳门融合发展、相互促进。十是必须坚持在全国一盘棋中更好发挥经济特区辐射带动作用,为全国发展做出贡献。参见中共中央文献研究室编:《十九大以来重要文献选编》(中),中央文献出版社2021年版,第761页。

② 新的历史使命是建设好中国特色社会主义先行示范区,创建社会主义现代化强国的城市范例,提高贯彻落实新发展理念能力和水平,形成全面深化改革、全面扩大开放新格局,推进粤港澳大湾区建设,丰富"一国两制"事业发展新实践,率先实现社会主义现代化。参见中共中央文献研究室编:《十九大以来重要文献选编》(中),中央文献出版社2021年版,第762页。

③ [美]道格拉斯·C.诺思:《制度、制度变迁与经济绩效》,格致出版社2008年版,第85页。

④ 参见鄢一龙:《中国道路辩证法——社会主义探索四个三十年》,浙江人民出版社2017年版,第104页。

米,现辖 12 个街道、24 个镇,截至 2023 年年底,浦东新区常住人口 581.11 万人。30 多年来,浦东新区全面落实承担的国家战略任务,从制度创新、经济发展、政府治理、绿色生态四个维度着力推进首创性改革、引领性开放、开拓性创新,努力在高水平改革开放、高质量发展、高品质生活等方面走在全国前列。截至 2023 年年底,浦东新区 GDP 实现 16715.15 亿元,相比 1990 年的 60 亿元,30 年增长了近 280 倍。人均 GDP 为 4.1 万美元,是全国人均的 3 倍多。习近平总书记曾指出,"浦东以全国 1/8000 的面积创造了全国 1/80 的国内生产总值、1/15 的货物进出口总额"①。

历史上,孙中山先生曾在《建国方略》中有在浦东建设一个"东方大港"的设想。著名民主人士黄炎培也曾多方筹集善款在浦东铺设铁路,期望浦东有较快发展。这些美好愿望过去都没能实现。浦东新区,是在邓小平的亲自关注下建立、发展起来的。1990 年 3 月,邓小平同几位领导同志讲,"上海是我们的王牌,把上海搞起来是一条捷径"②。1990 年 4 月,党中央、国务院正式开发开放浦东。1991 年年初,邓小平视察上海,强调"抓紧浦东开发,不要动摇"③。1994 年 2 月 19 日,邓小平离开上海时,还对上海市委领导讲,要抓住"最后一次机遇"④,加快上海的发展。在党中央的坚强领导和决策支持下,上海市委、市政府适时提出"开发浦东、振兴上海,服务全国、面向世界"的战略发展方针,解放思想、创新思路、敢为人先,实现了新时期浦东新区改革开放的历史性跨越。⑤ 浦东新区在国家战略要求和政策支持下,成立了全国第一个金融贸易区、第一个出口加工区、第一个保税区、第一家证券交易所等,深刻体现出浦东新区在改革开放中作为"排头兵中的排头兵"的担当。30 多年过去了,上海人民没有辜负邓小平的殷切期望,弥补了他老人家的遗憾,浦东新区的发展足以告慰他老人家!

---

①　习近平:《在浦东开发开放 30 周年庆祝大会上的讲话》,新华网客户端,2020 年 11 月 12 日。
②　中共中央文献研究室编:《邓小平年谱》第五卷,中央文献出版社 2020 年版,第 608 页。
③　中共中央文献研究室编:《邓小平文选》第三卷,人民出版社 1993 年版,第 366 页。
④　中共中央文献研究室编:《邓小平年谱》第五卷,中央文献出版社 2020 年版,第 666 页。
⑤　参见中共上海市委党史研究室编著:《邓小平在上海》,上海人民出版社 2014 年版,第 240 页。

30多年来,党中央历届领导人时刻关注浦东新区的发展。党的十四大、十五大报告中曾专门提出要继续推动浦东新区建设,提出要"以上海浦东开发开放为龙头……尽快把上海建成国际经济、金融、贸易中心之一,带动长江三角洲和整个长江流域地区经济的新飞跃"①。江泽民总书记先后19次到浦东视察、指导工作。党的十六大、十七大均强调要发挥浦东新区在制度创新以及扩大开放方面先行先试的重要作用。2013年9月18日,国务院颁布《中国(上海)自由贸易试验区总体方案》,支持浦东机场综合保税区等片区的快速发展,为国家"扩大开放和深化改革探索新思路和新途径"②。

新时代赋予浦东新区改革开放新使命。2020年11月12日,习近平代表党中央强调指出,要努力把浦东新区建设"成为更高水平改革开放的开路先锋、全面建设社会主义现代化国家的排头兵"③。2024年1月,中共中央办公厅、国务院办公厅印发了《浦东新区综合改革试点实施方案(2023—2027年)》,明确指出要在重点领域和关键环节改革上赋予浦东新区更大自主权,为浦东新区打造社会主义现代化建设引领区提供支撑,使其在全面建设社会主义现代化国家、推进中国式现代化中更好发挥示范引领作用。

浦东新区是上海改革开放的一张名片,是"中国改革开放的象征"和"上海现代化建设的缩影"。成立上海浦东新区,是中国改革开放关键时期做出的重大战略决策,具有极其重要的战略意义,体现在"四个一"上:一面旗帜,是继续扩大改革开放,展示中国决心和信心的旗帜;一张王牌,是上海引领中国参与全球化的王牌;一个龙头,是上海带动整个长江流域地区经济协同发展的龙头;一块试验田,是上海自贸试验区彰显全面深化改革以及扩大开放的试验田,充分发挥浦东新区的窗口作用和示范意义。

四、浙江高质量发展建设共同富裕示范区

浙江省位于中国东南沿海、长江三角洲南翼,东临东海,南接福建,西与江西

---

① 中共中央文献研究室编:《十四大以来重要文献选编》(上),中央文献出版社2001年版,第19页。
② 中共中央文献研究室编:《十八大以来重要文献选编》(上),中央文献出版社2014年版,第400页。
③ 习近平:《在浦东开发开放30周年庆祝大会上的讲话》,新华网客户端,2020年11月12日。

省、安徽省相连,北与上海市、江苏省为邻,是中国面积较小的省份之一,也是中国经济最活跃的省份之一,人均可支配收入连续 21 年位居中国第一。2021 年 3 月,国家"十四五"规划①赋予浙江高质量发展建设共同富裕示范区的重大使命,这实际上赋予了浙江为实现第二个百年奋斗目标先行探路的政治任务。

自古以来,浙江就是祖国南方的富庶地区。浙江从 1994 年起,GDP 数值已连续 17 年位居全国第四。2023 年,浙江省生产总值达 82553 亿元,比上年增长 6.0%。全体及城乡居民人均可支配收入分别为 63830 元、74997 元和 40311 元,比上年分别增长 5.9%、5.2%和 7.3%,城乡收入比 1.86②,是全国最低的省份之一。这是建设共同富裕示范区的前提条件。从地理版图上看,浙江省虽然面积不大,却拥有平原(杭嘉湖平原、宁绍平原)、盆地(金衢盆地)、海岛(舟山群岛)、丘陵(浙西南)等各种地貌。其"七山一水二分田"地形结构,类似于一个缩小版的中国,从中孕育了多样化的城乡类型,而这种多样化的城乡类型恰好能够为中国其他城市推进共同富裕发展提供可参照的样板。

2021 年 7 月 19 日,《浙江高质量发展建设共同富裕示范区实施方案(2021—2025)》为浙江省发展提出了"四个战略定位"③,未来的发展,将为全国探索出一套可复制可推广的制度经验,实现"先富带动后富,最终达到共同富裕"的目标。从毛泽东提出的"共同的富""共同的强"④到邓小平提出的完整的共同富裕思想,再到 2035 年"全体人民共同富裕取得更为明显的实质性进展"⑤,这是几代党中央领导集体团结带领人民向着实现共同富裕的目标不懈努力、砥砺奋进的真实写照。

改革开放 40 多年来,深圳特区、浦东新区、浙江省取得的举世瞩目的伟大成就,为"中国特色社会主义制度优势提供了最鲜活的现实明证,为改革开放和社会

---

① 全称为《中华人民共和国国民经济和社会发展第十四个五年规划和 2035 年远景目标纲要》,2021 年 3 月 11 日,十三届全国人大四次会议表决通过。

② 有关数据来自浙江省统计局网站。

③ 四个战略定位:高质量发展高品质生活先行区;城乡区域协调发展引领区;收入分配制度改革试验区;文明和谐美丽家园展示区。参见《浙江高质量发展建设共同富裕示范区实施方案(2021—2025)》。

④ 中共中央文献研究室编:《毛泽东文集》第六卷,人民出版社 1999 年版,第 495 页。

⑤ 中共中央文献研究室编:《十九大以来重要文献选编》(中),中央文献出版社 2021 年版,第 790 页。

主义现代化建设提供了最生动的实践写照"①。未来,深圳特区、上海浦东新区将积极融入国家粤港澳大湾区发展规划,浙江省也将在实现共同富裕的道路上先行先试,三个地区将在中国现代化道路上发挥更大、更重要的作用,为实现社会主义现代化的第二个百年奋斗目标做出更积极的贡献。

第五节　深入持久加强党的执政能力建设

对于邓小平来说,恐怕世界上很少有哪一位政治家能像他那样有那么多的坎坷经历。政治上的"三落三起"都发生在我们党内部,这不得不让邓小平对中国的政治生态有别的政治家难以企及的反思和思考。在他第三次复出后,也是人生中最辉煌 20 年的晚年时光里,他对中国的未来倾注了全部的心血。从某种意义上说,他最关心的是党的领导。在南方谈话里,他给中国政坛的继任者做出了关于党的执政能力和执政规律方面的政治交代,至今仍有着重要的指导意义。现实地看,党的建设工作主要围绕着"解决好提高党的领导水平和执政水平、提高拒腐防变和抵御风险能力这两大历史性课题"②来开展。

一、中国要出问题,还是出在共产党内部

邓小平深刻认识到,中国历史的书写、中国社会主义的发展、中国人民的命运,都在于中国共产党。邓小平一生中多次提到中国要出问题,主要还是在共产党内部。1980 年元旦,邓小平在出席全国政协新年茶话会上指出,"党的领导,是四项基本原则中带根本性的一条","搞社会主义现代化建设,必须保证党的领导"③。

---

① 习近平:《在浦东开发开放 30 周年庆祝大会上的讲话》,新华每日电讯,2020 年 11 月 13 日。
② 《中共中央关于党的百年奋斗重大成就和历史经验的决议》,人民出版社 2021 年版,第 22 页。
③ 中共中央文献研究室编:《邓小平年谱》第四卷,中央文献出版社 2020 年版,第 588 页。

1991 年 10 月,邓小平指出中国"真正要出问题,是我们内部出问题"①,1992 年南方谈话中,邓小平又一次提到了中国的问题,指出"中国要出问题,还是出在共产党内部"②。这是他深入思考当时国际国内局势之后,对共产党执政规律的正确探索和认识。

纵观党的百余年奋斗史和发展史,党从幼年到成熟,经历过多次生死存亡的危急关头,这些关键时期纵然有党在理论上不成熟的因素,但也有人为的错误路线造成的后果。正是以邓小平同志为主要代表的中国共产党人,为中国开辟了以改革开放为发展途径的中国特色社会主义道路,从执政规律上找到了一条领导中国人民走上幸福发展的康庄大道。但是,在和平与发展的时代主题下,在与世界接轨的改革开放过程中,党是否具备了正确引领中国人民发展的执政能力,这是令邓小平担心的。

在邓小平的执政理念里,一方面要吸取东欧剧变的惨痛教训,另一方面要顺应时代大势,在坚持马克思主义真理的前提下,以改革开放的姿态去主动融入世界,改变自己。他提出"关键在人"③,实际上提出了人的哲学、人的现代化转型问题。从人的哲学角度看,苏东共产党没有做到以人民为中心、执政为民,从而失去了党的执政基础,也得不到人民群众的支持和拥护,这是东欧剧变的根本原因。社会主义的兴衰、社会主义现代化能否实现,关键就在于人。所以,邓小平始终关注接班人的培养,认为党的建设关键是理论建设和接班人建设。这种关于人的论断,既充满强烈的时代感和历史的凝重感,又凸显了他作为战略家的远见卓识。

在毛泽东思想、邓小平理论的正确指引下,以江泽民同志、胡锦涛同志等为主要代表的中国共产党人在党的执政规律上进行了卓有成效的探索,先后形成了"三个代表"重要思想、科学发展观等重要理论,成为中国特色社会主义理论体系的重要组成部分。这些理论都在党的执政规律建设上做出了突出的贡献。在党领导全

---

①　中共中央文献研究室编:《邓小平思想年谱:(1975—1997)》,中央文献出版社 1998 年版,第 458 页。
②　中共中央文献研究室编:《邓小平思想年谱:(1975—1997)》,中央文献出版社 1998 年版,第 462 页。
③　《邓小平文选》第三卷,人民出版社 1993 年版,第 380 页。

国各族人民进行中国特色社会主义现代化建设中,不同时期、不同发展阶段,党面临着诸多的执政问题,归结为一句话,就是党如何永葆先进性。中国共产党要成为与时俱进的马克思主义政党,就必须提高执政能力和执政水平,应对来自国内外、党内外不同方面的挑战。

物必先腐,而后虫生。马克思主义哲学认为,任何事物的发展都是由内因起决定作用,外因只是内因发展的条件,但外因的发展和作用不容忽视。人的发展必然是自律和他律相互作用的结果,作为一个领导全国人民共同发展的政党也是如此。因此,在党的建设和执政规律的探索上,江泽民强调要加强党的建设,以"三个代表"重要思想为指导,深入开展"三讲"教育活动,提出党的建设新的伟大工程。胡锦涛提出要坚持和牢记"两个务必",加强党的先进性和纯洁性建设的重要论断,先后开展了保持共产党员先进性教育活动、学习实践科学发展观活动、创先争优活动等,要求各级党组织和领导干部做到"权为民所用,情为民所系,利为民所谋"①,提高党的执政能力和先进性,真正全心全意为人民服务。

新时代以来,以习近平同志为核心的党中央,面对世界百年未有之大变局的形势,对党的建设提出了更高的要求。习近平总书记提出"治国必先治党,治党务必从严"②,党的领导是"党和国家的根本所在、命脉所在,是全国各族人民的利益所系、命运所系"③,把党的领导提高到中国特色社会主义最本质特征、中国特色社会主义制度最大优势的高度来认识。党坚持以"加强党的长期执政能力建设、先进性和纯洁性建设为主线,以党的政治建设为统领,以坚定理想信念宗旨为根基"④,抓住"关键少数",修订和完善了一系列全面从严治党的规章制度,实现了党的革命性重塑,全面推动了党的建设。

二、建设一个好的中央领导集体

在南方谈话中,邓小平提到帝国主义把"和平演变"的机会放在我们党的第四

---

① 中共中央文献研究室编:《十六大以来重要文献选编》(上),中央文献出版社 2011 年版,第 84 页。
② 《中共中央关于党的百年奋斗重大成就和历史经验的决议》,人民出版社 2021 年版,第 21 页。
③ 《中共中央关于党的百年奋斗重大成就和历史经验的决议》,人民出版社 2021 年版,第 27 页。
④ 《中共中央关于党的百年奋斗重大成就和历史经验的决议》,人民出版社 2021 年版,第 30 页。

代、第五代人身上,强调要按照"四化"标准选拔"德才兼备的人进班子"①,其实质就是强调加强中央领导集体建设,确保选出"人民公认""坚持改革开放路线并有政绩的人"②进入领导机构里,推动改革开放持续稳定发展。

邓小平在晚年有过多次关于党中央要有一个好的中央领导集体的论述。早在1975年9月,邓小平就对时任山西省委书记王谦说过,"重要的是要把领导班子整顿好,关键是用好人"③。1989年11月,邓小平会见日中经济协会访华团时讲,"重要的是领导班子要团结"④,指出新的中央领导班子要坚持既定的方针政策不变,及时总结,带领中国继续快速发展。这里强调了领导班子要团结的重要思想。一个好的团结努力的中央领导集体,就能抵挡任何乱子,就会在全国成为一种引领和榜样。邓小平要求"任何一个领导集体都要有一个核心,没有核心的领导是靠不住的"⑤。政治局常委会是关键中的关键,保持一个团结坚强的领导核心,保持五六十年,中国"将是不可战胜的"⑥。"核心"概念的重新使用,不仅仅是权力集中的制度体现,更重要的是强调政治责任问题。在任何政治体系中,政治责任都是最重要的。⑦ 在培养接班人问题上,邓小平强调老干部要把"选拔和培养中青年干部,作为第一位的、庄严的职责"⑧,强调干部接续培养的重要性。在顺利交接权力和培养接班人方面,尼克松非常赞赏邓小平,他在回忆录中谈到,"我比以往任何时候更加确信,邓小平是当代最重要的领导人之一"⑨。

改革开放后,党中央一直高度重视中央领导集体建设。邓小平关于建设一个好的中央领导集体的论述,在江泽民、胡锦涛执政时期也得到了贯彻和发展。1987

---

① 《邓小平文选》第三卷,人民出版社1993年版,第380页。
② 《邓小平文选》第三卷,人民出版社1993年版,第380—381页。
③ 中共中央文献研究室编:《邓小平年谱》第四卷,中央文献出版社2020年版,第97页。
④ 中共中央文献研究室编:《邓小平年谱》第五卷,中央文献出版社2020年版,第596页。
⑤ 《邓小平文选》第三卷,人民出版社1993年版,第310页。
⑥ 《邓小平文选》第三卷,人民出版社1993年版,第365页。
⑦ 参见郑永年:《中国的当下与未来:读懂我们的现实处境与30年大趋势》,中信出版社2019年版,第223页。
⑧ 《邓小平文选》第二卷,人民出版社1994年版,第360页。
⑨ 转引自丁晓平、方健康编选:《邓小平印象》,中国青年出版社2011年版,第24页。

年 10 月党的十三大胜利召开,党中央首次建立"中央政治局常委向中央政治局、中央政治局向中央全会定期报告工作的制度",以便"加强对党的领导人的监督和制约"①。江泽民曾经提出,党的高级干部,尤其是中央领导干部要讲政治,自觉维护党中央权威,在"政治问题上,一定要头脑清醒"②。2002 年至今,党中央把中央政治局集体学习"作为一项制度长期坚持"③,以加强中央领导干部的学习,建立学习型政党。胡锦涛强调党的领导干部要树立正确政绩观、利益观,加强党性修养是"领导干部改造主观世界的终身课题"④。

党的十八大以来,以习近平同志为核心的党中央,着力加强党中央权威和集中统一领导,坚持以党的政治建设为统领,不断完善党的领导制度体系,改善党的领导方式,形成了风清气正、科学有效的坚强领导集体,赢得了全体人民的衷心拥护和支持。党中央明确提出,"东西南北中,党是领导一切的"⑤,"党中央集中统一领导是党的领导的最高原则"⑥。党中央修订《关于新形势下党内政治生活的若干准则》,出台《中央政治局关于加强和维护党中央集中统一领导的若干规定》,充分发挥党"总揽全局、协调各方的领导核心作用",要求党的领导干部切实提高政治判断力、政治领悟力、政治执行力,带领全体中国人民向着第二个百年奋斗目标奋勇前进。⑦ 党的十八大以来,党中央先后开展党的群众路线教育实践活动、"三严三实"专题教育、"两学一做"学习教育、"不忘初心、牢记使命"主题教育、党史学习教育等,抓住"关键少数",每年召开领导干部专题民主生活会,不断用党的创新理论武装全党,推进学习型政党建设。⑧

---

① 中共中央文献研究室编:《十三大以来重要文献选编》(上),人民出版社 1991 年版,第 51 页。
② 江泽民:《论党的建设》,中央文献出版社 2001 年版,第 185—186 页。
③ 《胡锦涛文选》第二卷,人民出版社 2016 年版,第 14 页。中央政治局集体学习,是指中共中央政治局定期学习制度。中共中央总书记主持并发表讲话,中央政治局全体成员参加,邀请有关部门负责人、专家学者,就经济、政治、历史、文化、社会、科技、军事、外交等问题进行专题讲解。参见中共中央宣传部:《中国共产党的历史使命与行动价值》,人民出版社 2021 年版,第 72 页。
④ 《胡锦涛文选》第三卷,人民出版社 2016 年版,第 198 页。
⑤ 中共中央文献研究室编:《十九大以来重要文献选编》(上),中央文献出版社 2019 年版,第 74 页。
⑥ 《中共中央关于党的百年奋斗重大成就和历史经验的决议》,人民出版社 2021 年版,第 28 页。
⑦ 参见《中共中央关于党的百年奋斗重大成就和历史经验的决议》,人民出版社 2021 年版,第 28 页。
⑧ 参见《中共中央关于党的百年奋斗重大成就和历史经验的决议》,人民出版社 2021 年版,第 30—31 页。

历史证明,中国的改革开放和社会主义现代化事业,离不开一个领导核心,离不开一个具有开拓精神、具有坚定的马克思主义信仰并且能够创造性地使马克思主义中国化时代化的党中央领导集体。

三、精神文明和制度反腐

南方谈话文本第四部分中,邓小平重点谈了精神文明建设问题,要坚持两手抓,要靠法制来反腐,这就把精神文明和制度反腐放在一起了。之所以将精神文明和制度反腐放在一起来论述,是因为两者之间有内在逻辑关系。两者都属于上层建筑的范畴,都对经济基础有着反作用,制度反腐是加强精神文明建设的一项重要内容之一,两者都存在着教育的问题。1982 年 9 月,邓小平阐述我们国家走有中国特色的社会主义道路,要在很长一段时间内做"四件工作",其中两项就是"建设社会主义精神文明;打击经济领域和其他领域内破坏社会主义的犯罪活动"①。精神文明和反腐败工作是内在地结合在一起的。社会主义精神文明是中国特色社会主义区别于资本主义的本质特征,腐败是与社会主义精神文明格格不入的,是社会主义必须摒弃的对象,而制度性反腐是我们党长期反腐败斗争的顶层设计。前文已经论述,腐败是一个社会的顽疾,不仅自阶级社会产生以来就有,而且随着社会的发展更加显示出隐秘性和复杂性特征。建设社会主义精神文明和加强制度性反腐是统一于中国特色社会主义现代化建设的题中应有之义,两者从正反两方面来指导和规制着社会主义发展的方向,因此,两者不可偏废,缺一不可。

（一）精神文明:凝聚实现伟大复兴的精神力量

社会主义精神文明是对资本主义精神文明的"一种否定和扬弃"②,是人类精神文明发展的重要阶段,是迄今为止最为先进的文明。精神文明,是邓小平较早关注的问题。1980 年 12 月,邓小平就讲过,精神文明,"不但是指教育、科学、文化(这是完全必要的),而且是指共产主义的思想、理想、信念、道德、纪律,革命的立

---

① 《邓小平文选》第三卷,人民出版社 1993 年版,第 3 页。
② 赵智奎:《精神文明建设论》,江西高校出版社 2003 年版,第 4 页。

场和原则"①;同时,他还强调:"没有这种精神文明……怎么能建设社会主义?"②1983 年 4 月,邓小平讲建设精神文明时强调,"最根本的是要使广大人民有共产主义的理想,有道德,有文化,守纪律"③。在邓小平的一系列"两手抓"的工作要求和方法论里,抓建设和抓法制、抓改革开放和抓打击各种犯罪活动,都是把精神文明和物质文明放在同等位置上去考虑的,是唯物辩证法的科学运用。

1982 年 9 月,党的十二大把社会主义精神文明建设提升为建设社会主义的一个战略方针,强调社会主义精神文明是社会主义制度优越性的重要表现,没有这种精神文明,就不可能建设社会主义。④ 1986 年 9 月,党的十二届六中全会通过了改革开放以来第一个关于加强社会主义精神文明建设的专门决议。⑤ 该决议强调精神文明建设的定位是必须"坚持四项基本原则",为"促进全面改革和实行对外开放"服务。⑥ 1994 年 9 月,江泽民指出,任何时候都"不能以牺牲精神文明为代价来换取经济的发展"⑦,强调精神文明建设的重要性。2008 年 12 月,胡锦涛也强调,"任何时候都不能以牺牲精神文明为代价换取经济的一时发展",要"把社会主义核心价值体系贯穿到国民教育和精神文明建设全过程"⑧,同时,加强廉政文化建设。

2018 年 3 月 11 日,宪法修正案明确规定把精神文明列入"五大文明"⑨协调发展,作为我们党全面建成社会主义现代化强国目标的实施策略。"五大文明"和党中央"五位一体"总体布局是内在一体的,强调了社会主义的本质属性。2019 年 11 月,中共中央、国务院印发《新时代爱国主义教育实施纲要》,对爱国主义的总体要

---

① 《邓小平文选》第二卷,人民出版社 1994 年版,第 367 页。
② 《邓小平文选》第二卷,人民出版社 1994 年版,第 367 页。
③ 《邓小平文选》第三卷,人民出版社 1993 年版,第 28 页。
④ 参见张士义:《打铁必须自身硬:改革开放四十年党建史》,天地出版社 2018 年版(2019 年重印),第 170 页。
⑤ 参见《中共中央关于社会主义精神文明建设指导方针的决议》,1986 年 9 月 28 日,中国共产党第十二届中央委员会第六次全体会议通过。
⑥ 参见中共中央文献研究室编:《十二大以来重要文献选编》(下),人民出版社 1988 年版,第 1175 页。
⑦ 中共中央文献研究室编:《十四大以来重要文献选编》(中),中央文献出版社 2001 年版,第 22 页。
⑧ 《胡锦涛文选》第三卷,人民出版社 2016 年版,第 164 页。
⑨ 这里的"五大文明"是指物质文明、政治文明、精神文明、社会文明、生态文明。

求、基本内容、教育对象、教育载体、氛围营造和组织领导做了详细的规定,强调要把爱国主义教育贯穿国民教育和精神文明建设全过程。2021 年 7 月,习近平指出,精神文明是人类文明新形态的主要表现之一,提升了精神文明的发展内涵。精神文明将和其他文明一起,在中国特色社会主义道路上展示出中华文明和现代文明创造性结合和创新性发展的绚丽光彩。

党的十九大报告指出,"革命理想高于天。共产主义远大理想和中国特色社会主义共同理想,是中国共产党人的精神支柱和政治灵魂"①。习近平总书记强调,"精神是一个民族赖以长久生存的灵魂"②,新时代的精神文明建设,必须坚持马克思主义指导,坚持远大理想和共同理想和谐统一,把控意识形态主导权,占据主流话语权,推动传统文化和时代精神的传承创新,"不忘本来、吸收外来、面向未来,更好构筑中国精神、中国价值、中国力量,为人民提供精神指引"③。党的二十大明确物质文明和精神文明相协调是中国式现代化的重要特征之一,"物质富足、精神富有是社会主义现代化的根本要求",强调要广泛践行社会主义核心价值观,提高全社会文明程度。④

(二)制度反腐:形成科学的权力机构

对于任何一项工作来说,制度建设都"带有根本性、全局性、稳定性和长期性"⑤。腐败是全人类的顽疾和共同的敌人,也属于"政治之癌"⑥,任何现代政党和现代国家都应当摒弃。在中国的政治话语体系里,"亡党亡国"常被形容腐败的危害性,只有持之以恒、旗帜鲜明反腐,执政党才有可能实现政局稳定、长治久安。也只有不断完善反腐的制度体系,加强反腐倡廉文化建设,才能将权力关进制度的笼子,才能有效遏制腐败,建设风清气正的社会发展坏境,推动社会主义现代化律

---

① 中共中央文献研究室编:《十九大以来重要文献选编》(上),中央文献出版社 2019 年版,第 44 页。
② 习近平:《论中国共产党历史》,中央文献出版社 2021 年版,第 146 页。
③ 中共中央文献研究室编:《十九大以来重要文献选编》(上),中央文献出版社 2019 年版,第 16 页。
④ 参见《高举中国特色社会主义伟大旗帜 为全面建设社会主义现代化国家而团结奋斗——在中国共产党第二十次全国代表大会上的报告》,人民出版社 2022 年版,第 22、第 44 页。
⑤ 中共中央文献研究室编:《十四大以来重要文献选编》(中),中央文献出版社 2001 年版,第 27 页。
⑥ 李永忠:《论制度反腐》,中央编译出版社 2016 年版,第 2 页。

设。邓小平在南方谈话中提出廉政建设"还是要靠法制"①,其实质就是加强制度反腐。

1980年8月,邓小平在著名的"8·18"②讲话中一针见血地提出"权力过分集中"是官僚主义、腐败产生的重要原因,同时还讲到,制度问题"更带有根本性、全局性、稳定性和长期性","关系到党和国家是否改变颜色"③,至今在国家权力制度改革中仍有警示意义。邓小平也说过,"最大的失误是教育"④,而领导干部是受教育的主体,反腐的重点也在领导干部。对于在改革开放中出现的腐败现象,邓小平认为主要通过教育和法律"两个手段来解决"⑤,而且不是很快就能解决,也不是某几个人讲话就能起到效果,需要长期的努力,需要加强民主和法制的体系建设,才能逐步解决。

1997年1月,江泽民在中共中央纪律检查委员会第八次全体会议上强调,反对腐败的斗争是"严重政治斗争",关系着能否赢得党心民心,关系着"党和国家前途命运",这个工作做不好,就会有"亡党亡国的危险"⑥。2011年7月1日,胡锦涛在庆祝中国共产党成立90周年大会上表示,"坚决惩治和有效预防腐败"是党的一项必须"抓好的重大政治任务","关系人心向背和党的生死存亡"。⑦ 党的十六届四中全会提出建立"标本兼治、综合治理,惩防并举、注重预防"⑧的惩治腐败体系,为新时期加强反腐工作提供了遵循。

党的十八大以来,习近平总书记用一系列的行动和规划为党的制度反腐铺设了坚实的路径。党中央深刻总结中外反腐经验,制定中央八项规定,坚持"徙木立

① 《邓小平文选》第三卷,人民出版社1993年版,第379页。
② 1980年8月18日,邓小平发表著名讲话《党和国家领导制度的改革》。参见《邓小平文选》第二卷,人民出版社1994年版,第320页。
③ 《邓小平文选》第二卷,人民出版社1994年版,第321、333页。
④ 中共中央文献研究室编:《邓小平年谱》第五卷,中央文献出版社2020年版,第578页。
⑤ 《邓小平文选》第三卷,人民出版社1993年版,第148页。
⑥ 江泽民:《论党的建设》,中央文献出版社2001年版,第236页。
⑦ 《胡锦涛文选》第三卷,人民出版社2016年版,第533—534页。
⑧ 中共中央文献研究室编:《十六大以来重要文献选编》(中),中央文献出版社2011年版,第595页。

信",以"得罪千百人,不负十四亿"①的意志,彰显反腐决绝之心,高压反腐,铁腕巨锤,打破古代"刑不上大夫"传统,坚持治标和治本相结合,用"四两拨千斤"的战术战法,廓清了政治生态,取得阶段性的压倒性胜利。2013 年 1 月,习近平总书记提出"把权力关进制度的笼子里"②的反腐要求。2014 年 1 月,习近平总书记进一步明确了"形成科学的权力结构"③的反腐目标。2018 年 3 月,国务院机构改革,国家监察委员会正式成立,国家反腐败工作进入新的制度反腐阶段。2019 年 10 月,党中央提出"构建一体推进不敢腐、不能腐、不想腐体制机制"④(即"三不一体"),使之成为新时代党和国家反腐基本方针。2020 年 1 月,习近平总书记指出"三不一体"不仅是"反腐败斗争的基本方针,也是新时代全面从严治党的重要方略"⑤,这是制度反腐建设中的一个重大发展。2021 年 1 月,习近平总书记进一步把"三不一体"作为战略目标要求坚定不移推进。从"基本方针、重要方略"到"战略目标",表明党中央在制度反腐的认识上进一步深化。⑥ 随着制度反腐的不断深入,更多有效的规章制度将出台并得到有力执行,国家权力机构将进一步优化,形成科学、高效的权力运行机构的目标一定会实现。

精神文明和制度反腐,是中国共产党人加强党的自我革命的一体两面——扬清激浊。在实现党的第二个百年奋斗目标的历史征程中,在世界百年未有之大变局的时代背景下,我们党如何跳出"历史周期率",实现长期执政,赢得人民拥护,如何在波谲云诡的世界政坛中站稳脚跟,坚定高举社会主义大旗,党的自我革命做出了响亮的回答。

---

① 中共中央宣传部:《中国共产党的历史使命与行动价值》,人民出版社 2021 年版,第 69 页。
② 中共中央文献研究室编:《十八大以来重要文献选编》(上),中央文献出版社 2014 年版,第 136 页。
③ 《习近平谈治国理政》第一卷,外文出版社 2018 年版,第 395 页。
④ 中共中央文献研究室编:《十九大以来重要文献选编》(中),中央文献出版社 2021 年版,第 296 页。
⑤ 中共中央文献研究室编:《十九大以来重要文献选编》(中),中央文献出版社 2021 年版,第 388 页。
⑥ 参见李雪勤、王冠:《"三不一体":反腐败基本方针的重大继承和创新》,《毛泽东邓小平理论研究》2021 年第 4 期,第 1—10 页。

第六节　始终坚持四项基本原则

邓小平提出四项基本原则,是对马克思主义政治哲学的运用和发展,也是邓小平理论的一个重要组成部分。[①] 在邓小平的政治话语体系里,他在这个问题上"讲得最早、最多、最深刻"[②],直到晚年仍没有停止思考。在南方谈话中,邓小平提出"在整个改革开放的过程中,必须始终注意坚持四项基本原则"[③],可见其在邓小平眼中的地位。四项基本原则是社会主义中国赖以存在的政治基础,是团结和凝聚全国各族人民的精神支柱,是"成套设备"[④],是实现社会主义现代化的前提和保证。随着时代的变化,四项基本原则的内涵和外延也在不断变化,但根本的内容不会改变。坚持党的领导一直而且永远是四项基本原则的核心,这是被党的百年奋斗史所证明了的,是人民的选择和历史的选择。人类社会发展到今天,世界多极化趋势受到单边主义、民粹主义的挑战,逆全球化潮流呈现不容小觑的发展态势。中国特色社会主义进入新时代,中国成为世界第二大经济体,日益走近世界舞台中央,发挥着举足轻重的作用,中美关系的复杂变化时刻影响着世界局势和发展动向。在这样的时代背景下,四项基本原则仍然是我们党立于不败之地的制胜法宝。本节将从反对资产阶级自由化,正确运用人民民主专政的力量,既要防"左",又要反右,以及用中国历史教育青年四个方面来重点论述加强四项基本原则的重要性。

---

① 参见黄楠森主编:《邓小平理论的哲学基础研究》,中国人民大学出版社 2004 年版,第 261 页。

② 刘金田:《邓小平在 1992》,江苏人民出版社 2022 年版,第 177 页。刘金田认为,这个比喻内涵深刻。第一,四项基本原则是实现社会主义现代化的系统保障。第二,四项基本原则相互协调运转才能有效发挥整体效能。第三,党的领导是四项基本原则这个"成套设备"的"主机"。第四,四项基本原则既然是"成套设备",就要不断"维护"、不断"更新"、不断处于"先进水平"。

③ 《邓小平文选》第三卷,人民出版社 1993 年版,第 379 页。

④ 中共中央文献研究室编:《邓小平年谱》第五卷,中央文献出版社 2020 年版,第 661 页。

一、旗帜鲜明反对资产阶级自由化

资产阶级自由化思想,或者叫资产阶级自由化思潮,是伴随着中国改革开放由西方资本主义国家传入中国的一种思潮,在中国出现于20世纪80年代后期。邓小平早就对此有深刻认识,认为它是与四项基本原则相对立的,是"四个坚持的对立面"①,其实质就是追求资产阶级自由,"要中国全盘西化,走资本主义道路"②。在南方谈话中,邓小平更是提出警醒,"反对资产阶级自由化……不止二十年"③,必须长期保持高压态势。时代发展到今天,在中国主流话语体系里虽然少见这样的词语,但资产阶级自由化思潮依然存在,更加具有隐秘性和多变性特点,属于资产阶级意识形态内容,依然与社会主义格格不入。

在《邓小平文选》第三卷中,直接以论述"资产阶级自由化"为标题的讲话有两篇,分别是1985年五六月的谈话和1986年12月30日的谈话,而"资产阶级自由化"出现的频次达56次。④ 这足以证明邓小平对资产阶级自由化的重视。1989年5月,邓小平在同两位中央领导人的谈话中指出,"反对资产阶级自由化","任何时候都没有让过步"⑤。在邓小平看来,随着改革开放的不断发展,中国吸取先进经验、独立自主实现本国的现代化过程中,社会主义和资本主义的斗争将是长期的、复杂的,资产阶级自由化对我们的侵蚀将长期存在,任何时候都不能让步。纵观当今世界历史,资本主义世界是不会对社会主义有容忍之地的,总会千方百计采取各种方式对社会主义国家进行武装干预或者"和平演变"。邓小平一再提出反对资产阶级自由化就是对毛泽东反对"和平演变"思想的继承和发展。毛泽东在1957年2月就曾经提出,社会主义和资本主义两种制度在意识形态方面的胜负斗争,

①　刘金田:《邓小平在1992》,江苏人民出版社2022年版,第183页。
②　《邓小平文选》第三卷,人民出版社1993年版,第207页。
③　《邓小平文选》第三卷,人民出版社1993年版,第379页。
④　1985年五六月的谈话题目是《搞资产阶级自由化就是走资本主义道路》,1986年12月的谈话题目是《旗帜鲜明地反对资产阶级自由化》,参见《邓小平文选》第三卷,人民出版社1993年版,第123、194页。另据杜先颖统计,《邓小平文选》三卷本中,改革开放以来,邓小平先后直接提及"自由化""资产阶级自由化""资产阶级自由化思想""资产阶级自由化思潮"的频数为80余次。参见杜先颖:《邓小平批判资产阶级自由化思潮的四个论域》,《邓小平研究》,2021年第4期,第14—25页。
⑤　《邓小平文选》第三卷,人民出版社1993年版,第299页。

"还需要一个相当长的时间才能解决"①。

自社会主义中国成立之日起,以美国为首的西方资本主义国家就从未对中国停止过各种形式的"和平演变"。从已经披露的资料来看,西方资本主义国家较早地开始长期在苏联共产党内部散布资产阶级自由化思想,培植亲西方势力的权贵阶层,从而使苏共蜕化变质。邓小平在南方谈话中讲,"资产阶级自由化泛滥","垮起来可是一夜之间啊"②!因此,"防止和反对和平演变,是长期的历史任务",需要"采取相应的措施"③。2020 年 6 月 30 日,《中华人民共和国香港特别行政区维护国家安全法》④颁布实施,香港特区严格执行相关法律,有效维护了香港的繁荣稳定。

反对资产阶级自由化,邓小平的方式是一靠宣传教育,二靠法律约束、惩治。邓小平讲,在改革开放中,要用两手来做,"一手搞改革开放;一手搞'四个坚持',反对资产阶级自由化"⑤,就是要"经常用四项基本原则教育人民"⑥。另外,要"讲法制","不但对绝大多数犯罪分子是一种教育,对全党、全国人民也是一种教育"⑦。正是党的几代领导集体坚持反对资产阶级自由化,持之以恒加强意识形态安全建设,才使得我们坚定走在中国特色社会主义的康庄大道上,而没有"走改旗易帜的邪路"⑧。

2013 年 11 月,习近平总书记指出,"意识形态工作是党的一项极端重要的工作"⑨,必须牢牢掌握这项工作的领导权,否则苏联历史悲剧将会重演。2014 年 4 月,习近平总书记首次提出总体国家安全观的概念,并把政治安全放在国家安全体

---

① 《毛泽东文集》第七卷,人民出版社 1999 年版,第 231 页。

② 《邓小平文选》第三卷,人民出版社 1993 年版,第 379 页。

③ 逄先知:《关键在党:党的建设与党的历史》,生活·读书·新知三联书店 2019 年版,第 83 页。

④ 2020 年 6 月 30 日,十三届全国人大常委会第二十次会议通过了《中华人民共和国香港特别行政区维护国家安全法》,国家主席习近平签署第 49 号主席令予以公布。

⑤ 中共中央文献研究室:《邓小平年谱》第五卷,中央文献出版社 2020 年版,第 630 页。

⑥ 《邓小平文选》第三卷,人民出版社 1993 年版,第 201 页。

⑦ 《邓小平文选》第二卷,人民出版社 1994 年版,第 254 页。

⑧ 中共中央文献研究室编:《十八大以来重要文献选编》(上),中央文献出版社 2014 年版,第 514 页。

⑨ 中共中央文献研究室编:《习近平关于总体国家安全观论述摘编》,中央文献出版社 2018 年版,第 106 页。

系中的首位。反对资产阶级自由化,是保证国家政治安全的题中应有之义。党的十九届四中全会提出,要坚持"马克思主义在意识形态领域指导地位的根本制度"①,就是要牢固树立在意识形态领域的主导地位,旗帜鲜明地抵制资产阶级意识形态,确保我们国家意识形态安全。党的二十大报告指出,意识形态工作是为国家立心、为民族立魂的工作,要牢牢掌握党对意识形态工作的领导权,建设具有强大凝聚力和引领力的社会主义意识形态。②

二、正确运用人民民主专政的力量

1949 年 7 月 1 日,毛泽东亲笔撰写的《论人民民主专政——纪念中国共产党二十八周年》发表在《人民日报》上,以庆祝中国共产党成立 28 周年。这篇充满哲学意蕴的理论文章为我国人民民主专政的国体奠定坚实的理论基石。1982 年起,我国历经 6 次宪法修正,都将"人民民主专政"作为重要内容予以坚持。邓小平人民民主专政思想是邓小平理论的重要组成部分。在他看来,人民民主专政是"马克思主义的一个基本观点",正确"运用人民民主专政的力量","没有什么输理的地方"③。在四项基本原则中,人民民主专政"这一条不低于其他三条",必须"在理论上讲清楚这个道理"④。

历史证明,我国仍然处于并将长期处于社会主义初级阶段。在中国特色社会主义发展道路上,我们还将面临来自资本主义世界的长期的攻击和压制,来自国内反动势力和民族分裂势力的长期干扰和滋事,加之形形色色的丑恶和违法犯罪现象,这些都需要运用专政的力量予以坚决抵制和打击。人民民主专政就是在人民内部实行最广泛的民主,对少数敌人和外来敌对分子实行正确的专政手段,保证社会主义发展方向,维护社会稳定团结。

邓小平反复讲,政治局面要安定团结,"没有人民民主专政不行"⑤。2001 年 4

---

① 中共中央文献研究室编:《十九大以来重要文献选编》(中),中央文献出版社 2021 年版,第 283 页。
② 参见《高举中国特色社会主义伟大旗帜 为全面建设社会主义现代化国家而团结奋斗——在中国共产党第二十次全国代表大会上的报告》,人民出版社 2022 年版,第 43 页。
③ 《邓小平文选》第三卷,人民出版社 1993 年版,第 379 页。
④ 《邓小平文选》第三卷,人民出版社 1993 年版,第 365 页。
⑤ 《邓小平文选》第三卷,人民出版社 1993 年版,第 195 页。

月,江泽民在全国社会治安工作会议上强调,在"用人民民主专政来维护人民政权"的问题上,"要理直气壮"①。2003年2月,胡锦涛在中共十六届二中全会上讲话指出,建设社会主义政治文明,"不能削弱和放弃人民民主专政"②。人民民主专政,就现时代来说,既是我们社会主义国家意志的表达,又符合当前全面依法治国的内在要求。③ 在社会主义现代化建设过程中,人民民主专政更多体现在如何更好地发扬人民民主,保证人民群众当家做主地位,切实维护人民群众根本利益,调动亿万人民群众的积极性,为社会主义现代化建设服务。民主是广泛的,专政是针对少数敌视社会主义、破坏社会和平稳定的犯罪分子的。社会主义国家的法律、军队等国家机器保护人民的正当权益,打击非法的犯罪活动。

中华人民共和国成立70多年来,特别是改革开放40多年来,中国共产党带领全体中国人民取得了发达国家上百年才能取得的伟大成就,创造了令世界瞩目的"经济快速发展奇迹和社会长期稳定奇迹"④,一个很重要的原因就是坚持四项基本原则,正确运用人民民主专政,保证了我们国家社会主义的发展方向和长期稳定。

人民民主专政"是在人民内部实行广泛民主同对少数敌对分子和破坏分子实行专政的统一"⑤。只有坚持更广泛的人民民主,才能更好地对敌对势力实施有效的专政,对人民民主和对敌人专政是辩证统一体。党坚持"党的领导、人民当家作主、依法治国有机统一,积极发展全过程人民民主,健全全面、广泛、有机衔接的人民当家作主制度体系"⑥,同时,大力加强法治国家建设,建立健全《中华人民共和国反恐怖主义法》等法律体系,为巩固国家政权,保护人民发展权利,更好打击非法势力奠定坚实的制度基础。

① 《江泽民文选》第三卷,人民出版社2006年版,第223页。
② 中共中央文献研究室编:《十六大以来重要文献选编》(上),中央文献出版社2011年版,第146—147页。
③ 参见鄢一龙:《中国道路辩证法》,浙江人民出版社2017年版,第76页。
④ 中共中央文献研究室编:《十九大以来重要文献选编》(中),中央文献出版社2021年版,第270页。
⑤ 逄先知:《光辉道路:中国特色社会主义》,生活·读书·新知三联书店2019年版(2021年重印),第107页。
⑥ 《中共中央关于党的百年奋斗重大成就和历史经验的决议》,人民出版社2021年版,第39页。

经济多元化带来社会利益多元化,以及人民民主诉求多元化,网络世界里信息瞬间会传播全世界,"灰犀牛"事件和"黑天鹅"事件交互发生,世界不平静不稳定因素增多,这一切都给新时代下的人民民主专政带来极大的困难和挑战。必须坚持总体国家安全观,坚持以人民为中心的理念,坚持底线思维、系统思维、法治思维,正确运用专政的手段和方法,确保社会主义国家制度"不变色",人民生活和社会安全稳定。

三、既要防"左",又要反右

在南方谈话中,邓小平尖锐地提出,"中国要警惕右,但主要是防止'左'"①。这是邓小平从当时的国内国际局势和思想上出现的波折的现实出发而提出的必须在思想上重视的两条战线斗争战略方针。"左"和右都会偏离社会主义方向,最终都会"葬送社会主义"②。

在邓小平看来,有"左"的出现就及时反"左",有右出现就要及时反右,两者两手抓,两手都不能松懈,这是邓小平"两手抓、两手都要硬"方针的具体表现。社会存在决定社会意识,对"左"和右两者都保持警觉和提防,是实事求是精神的体现。时代发展不同,"左"和右的表现也各有变化,甚至不易分辨,需要我们加强马克思主义理论修养,提高政治敏锐性和政治辨别力。

从哲学意义上讲,"左"和右都属于"唯心论和机械唯物论,机会主义和冒险主义"③,都过于靠主体感觉和主观判断,属于"非历史、非辩证的抽象的观点"④。邓小平早就认识到,思想战线随着改革开放的深入迟早会产生一些混乱和误导。开放的大门一旦打开,资本主义世界的糟粕就会顺势倾泻而进,而且思想领域的"精神污染"会产生更大的破坏性。从 1983 年提出"不能低估思想战线混乱造成的影响"⑤,到 1989 年指出反对资产阶级自由化不成功导致必然出现的政治风波,他清

---

① 《邓小平文选》第三卷,人民出版社 1993 年版,第 375 页。
② 《邓小平文选》第三卷,人民出版社 1993 年版,第 375 页。
③ 《毛泽东选集》第一卷,人民出版社 1991 年版,第 295 页。
④ 黄楠森主编:《邓小平理论的哲学基础研究》,中国人民大学出版社 2004 年版,第 366 页。
⑤ 《邓小平文选》第三卷,人民出版社 1993 年版,第 45 页。

醒地认识到资产阶级自由化的危害性"核心就是反对党的领导"①,因此强调"坚持四项基本原则",这一点"任何时候都没有让过步"②,"这个斗争将贯穿在实现四化的整个过程中"③。

无论是"左"的思想,还是右的思想,都是在一定的阶级、阶层基础上,反映一部分人的政治利益和诉求,其思想往往带有长期性、继承性和反复性,是一种习惯势力,在人工智能的新时代还往往带有一定的国际背景。这两种都违背了实事求是的思想路线,因此都要反对,而且要有长期的斗争准备。随着改革开放的深入发展,国内敌对势力对社会各阶层的思想渗透也日益凸显出隐蔽性、长期性和复杂性,一些所谓的"网络大咖""网红",所谓的"资深学者"往往披着正当、合法的外衣,以哗众取宠的语言和行为诱惑着青年群体的思想,干着毒害不明真相的人们的各种勾当,却成为他们所羡慕、追随的对象。此种情况更要引起重视。还有一种情况,就是极左。极左,貌似是"左",但实质是脱离实际,走激进冒险的道路。极左并不是真的"左",极左过了头,就会与右派势力一起,来破坏中国特色社会主义事业。对于极左,必须加以抵制。

在马克思主义看来,任何一个国家政权,都必须有自己的意识形态为自己服务。东欧剧变的教训警示着人们,必须牢固树立马克思主义在意识形态和思想战线的指导和主导地位,只有这样,才能确保社会主义航向不走偏,旗帜不变色。解决思想战线上的问题和错误的东西,在具体的解决办法上,邓小平提出"马克思主义者要出来说话"④的著名论断,强调加强理论的争鸣,采取批评与自我批评的做法,防止"抓辫子""扣帽子""打棍子"⑤现象发生。对错误思想要进行具体问题具体分析,不随意上纲上线,但面对底线问题,要旗帜鲜明地抵制和反对。坚定的马

---

① 《邓小平文选》第二卷,人民出版社1994年版,第391页。
② 《邓小平文选》第三卷,人民出版社1993年版,第299页。
③ 《邓小平文选》第三卷,人民出版社1993年版,第204页。
④ 中共中央文献研究室编:《邓小平年谱》第五卷,中央文献出版社2020年版,第228页。
⑤ 这里是对邓小平的讲话的反用。原文是"我们要创造民主的条件,要重申'三不主义':不抓辫子,不扣帽子,不打棍子"。参见《解放思想,实事求是,团结一致向前看》,见《邓小平文选》第二卷,人民出版社1994年版,第144页。

克思主义者要敢于亮剑,要用最新的理论引导人,努力在教材上"现身";要敢于同错误的思想和舆论做斗争,敢于在论坛上"发声";要充分注重课程思政建设,在学科教学中"现形"。

四、用中国的历史教育青年

邓小平同志在南方谈话中,在培养接班人的问题上,提出要"把共产党员教育好,把人民和青年教育好"①,要选德才兼备的具有坚定改革开放信念并有政绩的人,要用中国改革开放历史教育好接班人。用中国的历史、用党的历史教育青年,是确保党后继有人的重要条件。

"历史、现实、未来是相通的。历史是过去的现实,现实是未来的历史。"②过去是不会改变的历史,未来是不可预设的历史,只有现在才是可以掌握的、可以塑造的历史。在面对历史的问题上,邓小平同志认为,青年人是国家的脊梁和未来,青年人"了解自己的历史很重要",要"用历史教育青年,教育人民"③,而不是否定中国历史。南方谈话中,邓小平讲帝国主义要搞"和平演变",把目标对准了年轻人,用资本主义的那一套思想来腐蚀中国青年,党的基本路线怎么能坚持得下去,中国特色社会主义如何继续得下去? 青年"是标志时代的最灵敏的晴雨表"④,代表着中国和中华民族的未来。因此,社会主义国家能否"长治久安","关键在人"⑤,要教育好青年,确保党后继有人。

中国共产党的百余年历史雄辩地向世人证明,选择一条契合历史发展规律的社会主义道路是多么艰难,而坚持这条道路又是极其重要和必要的。古语讲,欲灭其国,先灭其史。一个没有历史的民族是不可能长久存在的。同样,一个国家没有历史,国家的人民不能正视历史,传承历史精神,坚守初心使命,坚持守正创新,国家就不可能得到永续健康发展。

① 《邓小平文选》第三卷,人民出版社1993年版,第380页。
② 《习近平谈治国理政》第一卷,外文出版社2018年版,第67页。
③ 《邓小平文选》第三卷,人民出版社1993年版,第206页。
④ 中共中央文献研究室编:《十八大以来重要文献选编》(中),中央文献出版社2016年版,第2页。
⑤ 中共中央文献研究室编:《邓小平年谱》第五卷,中央文献出版社2020年版,第642页。

早在抗日战争时期,毛泽东同志就指出,政党如果没有革命的理论指导,没有深邃的历史知识积淀,没有对革命运动的实际了解,"要取得胜利是不可能的",对于历史遗产,要做批判的历史唯物主义者,"不应当割断历史"①。1983 年 10 月 12 日,邓小平同志谈到,精神污染问题从长远来看,关系到"党和国家的命运和前途"②,党要加强思想理论战线的领导,教育和引导人民"正确地对待历史"③,促进社会主义文化的繁荣昌盛。1987 年 1 月 13 日,邓小平讲,思想上没有真正引导好青年,是"一个重大失误",要通过用"自己的历史来教育青年"④,改变引导不力的状况。中国共产党要用历史教育青年,就是让青年认识到,中国走资本主义道路行不通,选择中国特色社会主义道路是唯一正确的道路。青年人要"懂得些中国历史,这是中国发展的一个精神动力"⑤,对待党和国家的历史,要用"客观的实事求是的态度来分析和总结"⑥,只有客观认真总结过去,才能开辟未来。

江泽民在"领导干部要切实加强学习"的讲话中指出,认真学习中国近现代史和党史,既要发扬中华民族的优良传统,又要发扬党的光辉传统,有五个"极为重要"⑦。胡锦涛强调学习历史的重要性,认为要更加重视中外历史知识的学习和运用,更加注重用历史来"教育党员干部和人民",拥有历史眼光和世界眼光,善于总结历史成败规律,把握时代大势,"增强历史主动性",更好投身社会主义现代化建设事业。⑧

党的十八大以来,习近平总书记更是高度重视历史学习教育,在多个场合多次强调学习历史的重要性。习近平总书记讲,"一切向前走,都不能忘记走过的路;走

---

① 《毛泽东选集》第二卷,人民出版社 1991 年版,第 533—534 页。
② 《邓小平文选》第三卷,人民出版社 1993 年版,第 45 页。
③ 《邓小平文选》第三卷,人民出版社 1993 年版,第 40 页。
④ 《邓小平文选》第三卷,人民出版社 1993 年版,第 198 页。
⑤ 《邓小平文选》第三卷,人民出版社 1993 年版,第 358 页。
⑥ 《邓小平文选》第三卷,人民出版社 1993 年版,第 272 页。
⑦ 江泽民:《论党的建设》,中央文献出版社 2001 年版,第 93—94 页。
⑧ 参见中共中央文献研究室编:《毛泽东邓小平江泽民胡锦涛关于中国共产党历史论述摘编》,中央文献出版社 2021 年版,第 145 页。

得再远、走到再光辉的未来,也不能忘记走过的过去,不能忘记为什么出发"①。忘记过去意味着失去本真,意味着背叛历史。习近平总书记指出,"历史是最好的教科书",要"知史爱党、知史爱国",要从党史、国史的学习教育中,增强为人民服务的宗旨,增强对党的领导的信念②。在对历史的连续性认识上,习近平总书记强调,历史不容许割裂来看,更不允许相互否定,改革开放前后两个时期"相互联系又有重大区别"③,统一于中国特色社会主义伟大实践中。学习我们国家的历史、党史,是一门"必修课",而且一定要修好。

青年"是祖国的未来、民族的希望,也是我们党的未来和希望"④。青年的能力和素质是"一个国家核心竞争力的重要因素"⑤,赢得青年就赢得未来。党的成熟的理论、执政方针和治国方略,都是从党的历史中总结出来的,没有正确的党史认知,就不可能有正确的理论指导,就会丧失已经来之不易的社会主义道路。牢记历史才能负重前行,牢记历史才能不骄不躁。青年的价值取向,决定了未来社会的价值取向。只有让广大青年学习党史、了解党史、铭记党史,才能让广大青年在和平的年代不忘血与泪的过去,经受住物质上的诱惑和精神上的考验,让他们将信仰扛在肩上,定位好精神坐标,把握好人生方向。

综上所述,我们从四个方面论述了坚持四项基本原则的重要性和特殊性,而其核心就是坚持共产党的领导。在邓小平的话语体系里,四项基本原则是他最看重的重要内容之一,而且"任何时候都没有让过步"⑥。自 1979 年 3 月 30 日提出"坚持四项基本原则"以来,在《邓小平文选》第二卷、第三卷文本中共有 82 次提及四项基木原则。⑦ 四项基本原则是我们国家的立国之本,是我们党和国家赖以生存和发展的牢固的政治基石,是区别于中国旧的封建专制社会和西方资本主义国家

---

① 习近平:《论中国共产党历史》,中央文献出版社 2021 年版,第 121 页。
② 参见习近平:《论中国共产党历史》,中央文献出版社 2021 年版,第 7 页。
③ 习近平:《论中国共产党历史》,中央文献出版社 2021 年版,第 3 页。
④ 习近平:《论中国共产党历史》,中央文献出版社 2021 年版,第 137 页。
⑤ 《习近平在中国政法大学考察时的讲话》,2017 年 5 月 4 日《人民日报》。
⑥ 《邓小平文选》第三卷,人民出版社 1993 年版,第 299 页。
⑦ 依据《邓小平文选》第二、第三卷文本进行的统计,重复的标题不累计计算。

的重要标志。放在一百余年的共产党历史长河里看,放在40多年的改革开放史中看,没有四项基本原则,就没有共产党领导的社会主义中国,坚持四项基本原则无疑是正确的。面对世界百年未有之大变局,新冠疫情肆虐全球,危及人类生存安全,国际局势波谲云诡,瞬息万变,世界不确定不稳定因素在增加,稍有不慎就有系统性风险,中国必须加强专政力量,时刻警惕来自国内外的破坏和颠覆。因此从这个意义上,加强四项基本原则显得尤为必要,必须长期坚持。

本章从六个方面对南方谈话体现中国特色社会主义理论体系基石进行了阐述,这几个方面无一不在表明南方谈话的重要地位和作用。诚然,一篇不足万字的谈话要点并不能囊括所有的理论,但其都是"从大局讲的"①,都有较强的针对性和宏观的指导意义。也正因为如此,这篇文献才在马克思主义史上占据重要的历史地位,具有重要的历史意义,这将在第五章中重点加以论述。

---

① 中共中央文献研究室编:《邓小平年谱》第五卷,中央文献出版社2020年版,第660页。

第五章

南方谈话在马克思主义中国化时代化史上的地位和意义

实践是理论之源。经过前文分析和论述,我们有足够的理由认为,邓小平的南方谈话,业已成为邓小平传奇一生的政治生涯中最辉煌的标记。放到百余年党史和理论史中看,南方谈话既是对毛泽东思想的继承,又是邓小平理论的集大成,是邓小平给继任者擘画的中国特色社会主义发展的蓝图,对中国特色社会主义建设事业的历史进程提出了预期,是改革开放以来中国共产党理论建设史上一篇重要的马克思主义文献。它深刻回应了时代的主题,是建设有中国特色的社会主义、独立自主走向现代化的宣言书。

第一节　南方谈话在马克思主义中国化时代化史上的地位

石仲泉曾经提到,"如果不是邓小平以他过人的胆识和魄力开创中国特色社会主义道路",如果没有他在南方谈话中提出"社会主义可以搞市场经济",那么,我们国家在短短几十年能够赶超西方主要资本主义国家,经济总量成为世界第二是"绝对不可能的"。① 历史地看,邓小平领导着当代中国实现"三大历史转折",深刻改变了"中国的历史进程"。凭着这"三大历史转折",邓小平足以在中国当代史上彪炳千秋。② 可以明确地说,没有邓小平和南方谈话,就没有社会主义市场经济体制的建立,也就不能有现在日益强大的中国。南方谈话凝聚着邓小平理论的核心要点,对中国改革开放和中国特色社会主义道路做了科学的宏观的框架设计,在中国化时代化马克思主义史上具有举足轻重的历史地位。

一、南方谈话蕴含的思想是邓小平留给后人最重要的精神财富

邓小平是一代伟人,一代伟大的思想家。正是他,在时代最需要的时候,提出

---

① 参见石仲泉:《我观邓小平(增订本)》(上),上海人民出版社 2014 年版,增订本序第 2 页。
② "三大历史转折",即"从以阶级斗争为纲转向以经济建设为中心,从传统的计划经济体制转向社会主义市场经济体制,从封闭半封闭型社会转向开放型社会,从而深刻地改变了中国的历史进程"。参见杨耕:《东方的崛起——关于中国式现代化的哲学反思》,北京师范大学出版社 2009 年版,第 117 页。

了顺应时代、引领社会发展的时代最强音。南方谈话改变了那个时代人们的"基本政治思维"①，从而推动了中华民族的发展进步。

研究文本，不可避免地要多读文本，句读式地进行分析解读。南方谈话没有佶屈聱牙的复杂难句，却有着永久的精神穿透力。在邓小平看来，南方谈话不是"从小角度讲的，而是从大局讲的"②，有着深邃的道理。带着崇敬的情感去阅读，总能感觉到他的话语字字珠玑，"含金量"很重，每句话都有深刻含义，每个论断都是一篇大文章，是一种中国式的科学社会主义理论表达，是他为党、为国家呕心沥血思考几十年的理论浓缩版，是留给后世的最厚重的精神财富。

（一）警示和提醒

基本路线不能丢，改革开放不止步。这是邓小平在南方谈话中最为核心的警示。针对当时国际国内背景，针对当时国内舆论对改革的性质争论，对某些官员对改革是否还能继续的暧昧态度，邓小平给了了严厉的批评，当头棒喝：谁不改革、不坚持社会主义，"谁就会被打倒"③，"谁就要下台"④！历史充分证明，没有当时邓小平对社会主义的坚持和主导，我们国家是不可能取得世界第二大经济体的辉煌成就的。历史不会重写，历史已经证明并将继续证明，中国特色社会主义道路不能丢，改革开放的步伐不能停！

反对形式主义。提倡写文章、讲话都要精简、精练，字少而精，有新语言，以理服人，以情感人。针对某些所谓的"理论家"长篇大论、套话连篇却没有新意，邓小平在武昌火车站时说："五千字，不是也很管用吗？"⑤还说了一句气话，说那些人"尽讲屁话"⑥！

高度重视意识形态工作，"反对资产阶级自由化"不止步。在南方谈话中，邓

---

① 杨胜群：《邓小平对中国特色社会主义理论与实践的开创性贡献》，《党的文献》2021 年第 4 期，第 89—98 页。
② 中共中央文献研究室编：《邓小平年谱》第五卷，中央文献出版社 2020 年版，第 660 页。
③ 《邓小平文选》第三卷，人民出版社 1993 年版，第 371 页。
④ 吴松营：《邓小平南方谈话真情实录——记录人的记述》，人民出版社 2012 年版，第 137 页。
⑤ 《邓小平文选》第三卷，人民出版社 1993 年版，第 382 页。
⑥ 吴松营：《邓小平南方谈话真情实录——记录人的记述》，人民出版社 2012 年版，第 63 页。

小平对东欧剧变的惨痛教训做出了深刻的警醒。他对资产阶级自由化思想极为敏感和关注,警示特区一定不能走资本主义道路,在建设过程中时刻坚持社会主义的前进方向,出现苗头时要注意,否则"就会出事"。①

(二)论断和构想

评价一个人,不能超越他所处的历史阶段。我们不能苛求邓小平给我们设计非常具体、细致的改革发展路线图,但在南方谈话中,他提出的一些论断和建设思路却一直在影响着后世。关于基本路线管一百年,关于社会主义的本质论,关于计划和市场关系的论述,关于社会主义发展阶段的"台阶论",关于共同富裕的发展路径构想(共同富裕论),关于"科技是第一生产力"的论断,关于两个文明一起抓的论述,关于办好中国的事情关键在党的论述,关于四项基本原则的论述,关于反对形式主义的论述,关于马克思主义的精髓的论述,等等,都是我们在工作中必须始终不渝坚持的。这些论断和构想,共同构成了邓小平理论的核心内容,至今都在发挥理论的指导作用。

(三)信心和希望

邓小平的一生,是坚定马克思主义信仰的一生,给我们树立了永恒的榜样。有着坚定的信念,是邓小平同志一生中"最鲜明的政治品格"②。他坚定认为,社会主义必将代替资本主义,符合人类社会发展的历史潮流。因为"马克思主义是科学","真理颠扑不破"③。人类社会是在曲折中前进的,但有了马克思主义的指导,就会有光明的发展前景。改革开放十几年的成功实践,让邓小平更加坚信"实事求是是马克思主义的精髓",作为"朴实的道理",一定要在社会主义实践中充分运用并结合实际创造性地发展。④ 他始终认为,中国特色社会主义能够在马克思主义的科学指引下,展现出越来越独特的国家优势和制度优势,能够在 21 世纪中叶将

---

① 参见《邓小平文选》第三卷,人民出版社 1993 年版,第 379 页。
② 中共中央文献研究室编:《十八大以来重要文献选编》(中),中央文献出版社 2016 年版,第 40 页。
③ 《邓小平文选》第三卷,人民出版社 1993 年版,第 382 页。
④ 参见中共中央文献研究室编:《邓小平年谱》第五卷,中央文献出版社 2020 年版,第 643 页。

中国建设成为强大的社会主义现代化国家,"就是要有这个雄心壮志"①!

邓小平给我们擘画了中国特色社会主义的发展道路,而实现社会主义现代化的目标,"担子重,责任大"②。在这条康庄大道上,历届中央领导集体在邓小平理论的指引下,抓住一切有利于发展的时机,不断实现中国化时代化的马克思主义理论的创新发展,指引中国实现了从富起来到强起来的伟大飞跃! 南方谈话发表30多年来,历届中央领导集体都在不同场合引用过南方谈话文本最后一句话③,这种政治叮嘱永远激励着一代又一代共产党人,在实现中华民族伟大复兴的征途上奋勇前进。

二、南方谈话是中国共产党百年文献史上一篇光辉文献

南方谈话,从其"理论价值和历史作用"上讲,它是"将马克思主义中国化理论发展到新阶段的标识性著作和中国特色社会主义理论体系的伟大代表性文献"④;从现实意义上讲,它有"五大指针"⑤方面的作用,因此,值得国人反复研读,学习传承其中深邃的思想。南方谈话正是创新发展了马克思主义理论,穿越了历史时空,为中国特色社会主义理论体系的发展奠定了坚实的基础,是一篇中国共产党百年

---

① 《邓小平文选》第三卷,人民出版社1993年版,第377页。

② 《邓小平文选》第三卷,人民出版社1993年版,第383页。

③ 据不完全统计,在党的重要文献中,提及邓小平南方谈话最后一段相关内容的有以下六处。李瑞环:《在全国政协八届五次会议闭幕会上的讲话》,参见中共中央文献研究室编:《十四大以来重要文献选编》(下),中央文献出版社2001年版,第451页。胡锦涛:《奋力开拓中华民族伟大复兴的美好未来》,参见《胡锦涛文选》第一卷,人民出版社2016年版,第463页。胡锦涛:《在邓小平同志诞辰一百周年纪念大会上的讲话》,参见中共中央文献研究室编:《十六大以来重要文献选编》(中),中央文献出版社2011年版,第162页。胡锦涛:《加强领导干部党性修养,大力树立和弘扬良好作风》,参见中共中央文献研究室编:《十七大以来重要文献选编》(上),中央文献出版社2009年版,第852页。胡锦涛:《在庆祝中国共产党成立九十周年大会上的讲话》,参见中共中央文献研究室编:《十七大以来重要文献选编》(下),中央文献出版社2013年版,第452页。习近平:《在纪念邓小平同志诞辰一百一十周年座谈会上的讲话》,参见中共中央文献研究室编:《十八大以来重要文献选编》(中),中央文献出版社2016年版,第49页。

④ 石仲泉:《我观邓小平(增订本)》(上),上海人民出版社2014年版,增订本序第5页。

⑤ 五大指针:一是消除顾虑、解放思想的指针;二是深化改革特别是政治体制改革的指针;三是深入推进党风廉政建设和反腐败斗争的指针;四是建设社会主义核心价值体系的指针;五是反对形式主义、整顿文风的指针。参见石仲泉:《我观邓小平(增订本)》(上),上海人民出版社2014年版,增订本序第6页。

文献史上的"伟大代表性文献"①,其中的"金砖四论"②是邓小平理论的核心部分,成为马克思主义中国化时代化的新的飞跃。

　　南方谈话科学地回答了"什么是社会主义,怎样建设社会主义",体现了马克思主义与时俱进的理论品质,牢牢地把握了实事求是这个马克思主义的精髓,把社会主义现实任务与社会主义最终价值有机结合在一起,把人们对社会主义的认识提高到一个新水平和新境界。此后,我们党在邓小平南方谈话精神的指引下,不断深化对社会主义建设规律、共产党执政规律、人类社会发展规律的认识,先后产生了"三个代表"重要思想、科学发展观等重要的党的指导思想。党的十八大以来,以习近平同志为核心的党中央,继续坚持实事求是的辩证唯物主义的世界观和方法论,面对世界百年未有之大变局,提出了一系列治国理政的新论断,创立了习近平新时代中国特色社会主义思想。习近平总书记指出,"坚持和发展中国特色社会主义是一篇大文章,邓小平同志为它确定了基本思路和基本原则……我们这一代共产党人的任务,就是继续把这篇大文章写下去"③,这句话既凸显了邓小平同志的历史地位,又凸显出中国共产党人在坚持中国特色社会主义道路上的努力和决心。

　　中国共产党成立 100 多年来,在不同时期、不同历史发展阶段形成的具有中国特色的中国化时代化马克思主义理论,是中国共产党将马克思主义同中国革命和建设实际相结合的结果。纵观党的百余年历史,在新民主主义革命时期,毛泽东同志的《实践论》《矛盾论》是马克思主义哲学中国化的历史文献,也是毛泽东思想的哲学基础。站在百余年党史的历史角度看,正因为有了南方谈话,才有了改革开放的新一轮,而且是越来越光明正确的一轮发展,使我们党领导人民实现了中国经济

---

　　①　石仲泉:《"南方谈话"是马克思主义中国化发展到新阶段的伟大代表性文献》,《中国延安干部学院学报》2012 年第 2 期,第 5—11 页。
　　②　"金砖四论"是石仲泉先生对邓小平理论中"社会主义初级阶段论、社会主义市场经济论、社会主义主体论、社会主义本质论"的形象称谓。参见石仲泉:《我观邓小平(增订本)》(上),上海人民出版社 2014 年版,增订本序第 6 页。
　　③　《习近平谈治国理政》第一卷,外文出版社 2018 年版,第 23 页。

的腾飞,正在向实现第二个百年奋斗目标奋勇前进。从这一伟大目标上看,邓小平南方谈话无疑是党的百余年历史上一篇闪耀着马克思主义理论光辉的历史文献。

第二节　南方谈话为中国特色社会主义发展提供理论指导

南方谈话,是"把改革开放和现代化建设推进到新阶段的又一个解放思想、实事求是的宣言书"①。在南方谈话和党的十四大之后,中国特色社会主义建设走向了快速发展时期,实现了世所罕见的经济快速发展和社会长期稳定两大奇迹。正是以南方谈话精神为核心的邓小平理论,为"坚持和发展中国特色社会主义"提供了理论指导,指引历届中央领导集体不断开拓创新,接续奋斗,领导中国人民"在中国特色社会主义道路上不可逆转地走向中华民族伟大复兴"②。

一、坚定不移推进马克思主义中国化时代化和理论创新

时代呼唤理论,理论回应时代。时代问题需要理论解决,解决后形成的新理论继续指引时代发展。一部百余年党史,就是中国共产党不断把马克思主义基本原理同中国具体的革命、建设和发展相结合,不断推进马克思主义中国化时代化的历史。一个时代的理论需要程度,总是和这个时代的问题需要解决的程度密切相关。中国共产党为什么能够不断成功,中国特色社会主义为什么能够得到最广大人民拥护和支持,最关键的是中国共产党坚持全心全意为人民服务的宗旨和使命,能够把党的理论创新和赓续发展紧密结合,从而代表了人民的意志,成为中国人民的主心骨。

以南方谈话为核心内容的邓小平理论,是在马克思主义理论中国化时代化第一次飞跃产生的毛泽东思想的基础上继承和发展的。在探索社会主义建设规律的

---

① 中共中央文献研究室编:《十五大以来重要文献选编》(上),中央文献出版社 2011 年版,第 296 页。
② 《中共中央关于党的百年奋斗重大成就和历史经验的决议》,人民出版社 2021 年版,第 2、第 65 页。

问题上,邓小平解决了什么是社会主义、怎样建设社会主义的根本问题,他辩证地继承和发展了以毛泽东同志为主要代表的中国共产党人进行社会主义探索的经验和教训,提出了社会主义本质,弄清市场和计划的关系,提出共同富裕的目标和实现路径,提出改革开放决定中国命运的伟大论断,对一系列重大现实问题做出了科学回答,为形成科学的中国特色社会主义理论体系起到了奠基作用。

以江泽民同志为主要代表的中国共产党人,积极探索在改革开放新形势下"建设一个什么样的党,怎样建设党",形成了"三个代表"重要思想,拓展了党的阶级基础和群众基础,深化了对共产党的执政规律的认识,把邓小平关于社会主义市场经济的理论变成了现实,确立了"社会主义市场经济体制的改革目标和基本框架"①,以及与之相适应的基本经济制度和分配制度,深化和拓展了邓小平开辟的中国特色社会主义道路。以胡锦涛同志为主要代表的中国共产党人,在社会主义和市场经济有机结合、快速发展的过程中,面对发展的不平衡、不和谐,以及发展中存在的诸多问题,在建设中国式的小康社会中,提出了一系列重大战略思想,形成了科学发展观,实现了新形势下"什么样的发展,怎样发展"的重大课题。邓小平理论、"三个代表"重要思想和科学发展观前后衔接、相互联系,内在地统一于中国特色社会主义理论体系中,解决了社会主义建设过程中的一系列重大问题,成为一个开放的、发展着的、科学的理论体系。这一时期,中国共产党带领全体人民实现了经济的高速发展,战胜了一个个前进路上的艰难险阻,使中国成为世界第二大经济体,实现了从站起来到富起来的伟大历史飞跃。

历史的接力棒传到了新时代以习近平同志为核心的党中央手中。以习近平同志为核心的党中央,深刻洞察世界大势,坚持把马克思主义基本原理同中国具体实际相结合、同中华优秀传统文化相结合,注重总结历史经验,继承和发扬光辉传统,创立了习近平新时代中国特色社会主义思想。这是中国化时代化马克思主义理论

---

① 《中共中央关于党的百年奋斗重大成就和历史经验的决议》,人民出版社 2021 年版,第 16 页。

在新时代的新飞跃,被理论界称为"第三次飞跃"①。

《中共中央关于党的百年奋斗重大成就和历史经验的决议》对习近平新时代中国特色社会主义思想进行了进一步的凝练和概括,形成了"十个明确"②的完整表述。这"十个明确"在继承和发展毛泽东思想和中国特色社会主义理论体系的基础上,体现了很多具有原创性的理论创新。一是在党的核心领导和全面领导上,强调"中国共产党领导"是"中国特色社会主义最本质的特征"和"中国特色社会主义制度的最大优势",党是"最高政治领导力量"③;强调"党的领导是全面的、系统的、整体的"④,党的领导是历史的选择、人民的选择、时代的选择,党的地位得到空前提升。进一步加强了党中央抓"关键少数"的思想,压实政治责任,强调中央领导集体必须在全党全社会树立表率,以上率下,形成良好党风、政风、文风、学风。二是在"定型的制度"上,经过30年的发展,党的十九届四中全会通过的决定⑤明确了要制定的一系列制度体系框架,为国家实现社会主义现代化起到了"四梁八柱"的作用,实现了邓小平关于国家制度体系建设的构想。三是在推动共同富裕上,中国共产党带领全体人民经过接续努力,终于实现了全面建成小康社会的阶段性目标,使中国成为全世界第一个消除了绝对贫困的国家,重新审视了时代发展的历史定位,制定了社会主义现代化强国的新"两个阶段"⑥战略,正在实施乡村振兴战略,在实现第二个百年奋斗目标的征程上阔步前进。四是在发展观念上,习近平

---

① 理论界认为,在中国共产党百年奋斗史中,一代代中国共产党人不断把马克思主义同中国实际相结合,相继产生了三大理论飞跃,第一次是毛泽东思想,第二次是中国特色社会主义理论体系,第三次就是习近平新时代中国特色社会主义思想。

② 《中共中央关于党的百年奋斗重大成就和历史经验的决议》,人民出版社2021年版,第24—25页。

③ 《中共中央关于党的百年奋斗重大成就和历史经验的决议》,人民出版社2021年版,第24页。

④ 《中共中央关于党的百年奋斗重大成就和历史经验的决议》,人民出版社2021年版,第28页。

⑤ 该决定是指《中共中央关于坚持和完善中国特色社会主义制度 推进国家治理体系和治理能力现代化若干重大问题的决定》,2019年10月31日中国共产党第十九届中央委员会第四次全体会议通过。

⑥ 第一个阶段,从2020年到2035年,在全面建成小康社会的基础上,再奋斗十五年,基本实现社会主义现代化。第二个阶段,从2035年到本世纪中叶,在基本实现现代化的基础上,再奋斗十五年,把我国建成富强民主文明和谐美丽的社会主义现代化强国。参见中共中央文献研究室编:《十九大以来重要文献选编》(上),中央文献出版社2019年版,第20页。

总书记强调要贯彻"五大新发展理念"①，提出新发展阶段的新发展理念，重新定位政府和市场的关系，明确市场的决定作用和更好发挥政府作用，推动构建国内国际"双循环"②的格局，实现国家在新的阶段的高质量发展。五是在改革开放途径和外部环境上，强调对外开放"大门不会关闭，只会越开越大"③，推动更大范围、更深层次的开放，提出共建"一带一路"倡议，积极构建"新型国际关系"和"人类命运共同体"，在世界舞台上发挥越来越重要的作用④，等等。习近平新时代中国特色社会主义思想是"当代中国马克思主义，二十一世纪马克思主义，是中华文化和中国精神的时代精华"⑤，当之无愧是中国共产党百年理论建设史上的第三次历史飞跃。

人类社会发展不会停歇，人类社会实践不会停止，理论探索思考和总结创新的步伐也不会停止。在社会主义现代化建设的道路上，一代代共产党人会在业已成熟的中国化时代化马克思主义理论的指引下，坚持实事求是的思想路线，深入推进理论创新，为推动社会主义伟大事业源源不断提供强大理论指导、精神动力和智力支持。

二、坚定不移继续推动改革开放

在对待改革开放上，邓小平同志态度最坚决。在南方谈话中，他语气坚定，强调基本路线一百年不动摇，强调"不改革开放，不发展经济，不改善人民生活，只能是死路一条"⑥。在一个不均衡的全球化中，光强调开放是不够的。开放有两种，一种是自主开放，另一种是非自主开放。只有自主开放才能带来繁荣，万邦精华皆为我所用；非自主开放会使得国家沦为跟班、附庸、殖民地，甚至解体，人为刀俎、我

---

① "五大新发展理念"是指创新、协调、绿色、开放、共享的发展理念，是习近平总书记对新时代下社会主义发展观的创新和发展。

② "双循环"是指习近平总书记提出的新发展格局，即以国内大循环为主体、国内国际双循环相互促进的新发展格局。

③ 中共中央文献研究室编：《十九大以来重要文献选编》（上），中央文献出版社 2019 年版，第 24 页。

④ 参见《中共中央关于党的百年奋斗重大成就和历史经验的决议》，人民出版社 2021 年版，第 25 页。

⑤ 《中共中央关于党的百年奋斗重大成就和历史经验的决议》，人民出版社 2021 年版，第 26 页。

⑥ 《邓小平文选》第三卷，人民出版社 1993 年版，第 370 页。

为鱼肉。

改革开放以来,中国在短短几十年里迅速融入了经济全球化,从经济全球化的边缘化者转变为积极参与者与领导者,通过对外贸易,利用外资,学习西方的先进技术和经验、理念,带动了中国的高速发展。中国是全球化的大赢家,在于中国在邓小平同志的推动下实行的独立自主的改革开放政策,能够在利用全球化促进自身发展的同时,避免造成对西方资本强国的单向依附关系,成功跳出被拉入西方资本主义体系的"魔圈",实现了自主增长与产业的持续升级转型,中国成为引领世界经济发展潮流的排头兵。尤其是南方谈话之后的 30 多年的时间里,中国保持着长期的经济快速发展和社会安全稳定。未来的中国,发展永无止境,开放也必将永无止境。中国必将在改革开放的深入推进中实现更伟大的成就。

历史雄辩地证明,改革开放是中国共产党领导人民进行社会主义现代化建设探索的"一次伟大觉醒","孕育了我们党从理论到实践的伟大创造"[1],是中国人民和中华民族发展史上的一次伟大革命,是近代以来实现中华民族伟大复兴的里程碑。正是在这个意义上,党的十一届三中全会实现了党和国家历史上具有深远意义和影响的伟大转折,成为中国进入社会主义事业发展新时期的标志,揭开了中国特色社会主义事业的新篇章。南方谈话之后,在中国特色社会主义理论体系的指导下,改革开放遵循着历史的逻辑,从根本上践行了党领导人民"实现社会主义现代化、实现中华民族伟大复兴的逻辑",是改革开放的"本真底色"[2]。

改革开放 40 多年的历史征程上,有三个里程碑式的关键节点值得我们铭记。一个是党的十一届三中全会,是改革开放和社会主义现代化建设的开启点,具有划时代意义;另一个是 1992 年的南方谈话,拨正了改革开放的航向,是"把改革开放和现代化建设推进到新阶段的又一个解放思想、实事求是的宣言书"[3],使中国保持了 30 多年的经济社会稳定发展;还有一个是党的十八届三中全会,是新时代推

---

① 习近平:《论坚持全面深化改革》,中央文献出版社 2018 年版,第 502 页。
② 韩庆祥:《中国道路及其本源意义》,中国社会科学出版社 2019 年版(2021 年重印),第 46 页。
③ 中共中央文献研究室编:《十五大以来重要文献选编》(上),中央文献出版社 2011 年版,第 9 页。

进全面深化改革的新起点,也具有划时代的意义。① 这三个历史关键节点,折射了中国共产党领导的改革开放的伟大历史进程,也彰显了改革开放在中国迈向现代化建设中的决定作用。改革开放给中国带来了"四种面貌"的极大改变,形成了三个历史性的"伟大飞跃",是决定中国命运、实现中华民族伟大复兴的决定性一招。②

回顾中国近代历史,自1840年起,中国被动地卷入了世界经济一体化之中,被动地开放国门,但换来的是西方列强肆意践踏中国,把中国变成为半殖民地半封建社会。中国共产党成立以后,在马克思主义先进理论的指引下,经过新民主主义革命和社会主义建设探索,中国实现了站起来的伟大飞跃。1978年,中国在邓小平的倡导下主动开放国门,开始了独立自主的改革开放的伟大历史进程,经过40多年的接续奋斗,实现了富起来的伟大飞跃。到了2012年,我国改革开放下的经济实现了长期的高速发展,年均9.8%的增长率在世界领先,GDP总量达到人民币519322亿元,约是1978年3645.2亿元的142倍,日益在世界舞台发挥重要作用。③ 党的十八大以来,以习近平同志为核心的党中央稳稳接住历史的接力棒,继续团结带领全党和全国各族人民,开启了深化改革开放的新征程。截至2024年年底,中国经济增速继续领跑世界,全年国内生产总值(GDP)134.9万亿元,比上年增长5%,增速居世界主要经济体前列,对世界经济增长的贡献率保持在30%左右,是世界经济增长的最大引擎。④

2013年11月,党的十八届三中全会通过《中共中央关于全面深化改革若干重大问题的决定》,分为十六个部分、六十条、三百多项改革举措,在理论和实践上实现一系列重大创新,为各方面体制机制改革做出战略部署和安排,制定了各方面工

---

① 参见《中共中央关于党的百年奋斗重大成就和历史经验的决议》,人民出版社2021年版,第37页。
② "四种面貌"是指"中国的面貌、中华民族的面貌、中国人民的面貌、中国共产党的面貌"。三个"伟大飞跃"是指"中华民族迎来了从站起来、富起来到强起来的伟大飞跃! 中国特色社会主义迎来了从创立、发展到完善的伟大飞跃! 中国人民迎来了从温饱不足到小康富裕的伟大飞跃!"参见中共中央文献研究室编:《十九大以来重要文献选编》(上),中央文献出版社2019年版,第728页。
③ 数据转引自慎海雄主编:《习近平改革开放思想研究》,人民出版社2018年版,第7页。
④ 数据来自2025年政府工作报告,2025年3月5日。

作的行程表和路线图。党的十九届四中全会,党中央从十五个方面对坚持和完善中国特色社会主义制度、推进国家治理体系和治理能力现代化做了制度性的重大部署和战略安排。这既是"一篇马克思主义的纲领性文献,也是一篇马克思主义的政治宣言书"①,是党对党的执政规律和社会主义建设规律的深刻认识的重要体现,也是新时代继续推进全面深化改革的制度性总体架构的战略举措,具有全局性、长远性指导意义。2024 年 7 月,党的二十届三中全会通过《中共中央关于进一步全面深化改革、推进中国式现代化的决定》,全文共分为 15 个部分、60 条任务、300 多项重要改革举措,确定了进一步全面深化改革的总目标是"继续完善和发展中国特色社会主义制度,推进国家治理体系和治理能力现代化"②。即到 2035 年,全面建成高水平社会主义市场经济体制,中国特色社会主义制度更加完善,基本实现国家治理体系和治理能力现代化,基本实现社会主义现代化,为到本世纪中叶全面建成社会主义现代化强国奠定坚实基础。应该说,党的二十届三中全会也是划时代的,标志着中国开始走向全面建成社会主义现代化强国的时代。

当今世界,世界百年未有之大变局深刻演变,世界局势动荡不安,单边主义、民粹主义的逆全球化潮流盛行,中美关系的不确定性因素增加,但多极化、全球化趋势不可阻挡。随着中国改革开放的深入,改革带来的深层次矛盾和一些领域的深层次问题呈现多点频发以及相互联动的特点,这些问题必须通过全面深化改革来解决。改革越来越要求系统性、整体性和全局性,世界越来越成为一个命运与共的共同体,中国必须在世界大势中继续推进改革开放。这从另一方面印证了邓小平在南方谈话中强调改革开放"不动摇"的无比正确性。

三、坚定不移走共同富裕道路

共同富裕是马克思主义经典作家在论述社会主义理论中最重要的内容之一,是人类社会追求的价值目标,在整个社会主义和共产主义运动中,共产党人将"始

---

① 中共中央文献研究室编:《十九大以来重要文献选编》(中),中央文献出版社 2021 年版,第 299 页。
② 本书编写组:《党的二十届三中全会〈决定〉辅导百问》,学习出版社、党建读物出版社 2024 年版,第 13 页。

终代表整个运动的利益"①。共同富裕也是邓小平一直关心的重要问题,在南方谈话中他还提到了具体的实践路径。扎实推进全社会共同富裕,是中国共产党人带领人民为之不懈奋斗的理想追求。恩格斯也指出未来的社会(是指社会主义和共产主义)能够保证所有成员"充裕的物质生活",而且能使其体力和智力得到"充分的自由的发展和运用"②。

邓小平作为一位战略家,其特有的思想风格和思维特点,使他能够善于站在战略的高度,把握历史发展的契机,结合中国具体国情和广大人民群众渴望提高生活水平的实际,从实践的角度,提出富有创见性的构思,强调未来几十年一定要注重解决共同富裕问题。

历史地看,自从邓小平在南方谈话中完整提出社会主义本质论和共同富裕论以来,党的历届中央领导集体无不是在不断推进全社会共同富裕的道路上努力前进着。以邓小平同志为主要代表的中国共产党人明确提出社会主义的本质和最大优越性就是共同富裕。江泽民指出,实现共同富裕是"历史唯物主义的真谛"③,在具体实施上采取了东北老工业基地振兴、西部大开发、调节收入分配制度等。胡锦涛强调"坚定不移走共同富裕道路"④,把共同富裕和中华民族伟大复兴作为现代化的同步目标,通过构建社会主义和谐社会,促进发展成果让人民共享来缩小地区收入差距,实现人民共同富裕。

新时代社会主要矛盾的变化,决定我们国家的政策需要随之进行调整和变动,在全面建成小康社会的基础上,进一步扎实推动全社会朝着共同富裕的目标努力就成为工作的重中之重,这不仅是重大经济问题,更是关系"党的执政基础的重大政治问题"⑤。新时代,以习近平同志为核心的党中央给予明确的定位就是"逐步

---

① 《马克思恩格斯文集》第四卷,人民出版社 2009 年版,第 3 页。
② 《马克思恩格斯文集》第九卷,人民出版社 2009 年版,第 299 页。
③ 《江泽民文选》第三卷,人民出版社 2006 年版,第 132 页。
④ 《胡锦涛文选》第三卷,人民出版社 2016 年版,第 540 页。
⑤ 习近平在省部级主要领导干部学习贯彻党的十九届五中全会精神专题研讨班开班式上发表重要讲话,中共中央党校网站,2021 年 1 月 11 日。

实现全体人民共同富裕的时代"①。"共同富裕"在党的十九大报告中至少被6次提及,并且把"走共同富裕道路"作为"十四条显著优势"之一,足以显示党中央的重视②。党的十九届五中全会通过的《中共中央关于制定国民经济和社会发展第十四个五年规划和二○三五年远景目标的建议》,把"全体人民共同富裕取得更为明显的实质性进展"③庄严写进发展目标。党的二十大报告明确提出"共同富裕"是中国式现代化的重要特征之一。

中国实现共同富裕,有着独特的先决条件:一是中国共产党领导的社会主义制度的独特优势,能够实现经济发展、社会稳定、制度支撑上的三个可持续发展;二是改革开放以来国家已经是世界最大贸易国、第二大经济体,有着世界上最为齐全的完整的工业经济体系,形成的巨大的财富优势和创新体制机制优势,能够集中力量办任何想办能办的大事;三是国家全方位开放,已经形成一个拥有14亿多人口的巨大的市场,并且拥有开放的潜力。实现共同富裕,必须在中国共产党的坚强领导下,注重"系统性""辩证性""战略性"的基本原则,实现"三步走",最终达到全社会共同富裕。④ 这必将为人类社会的文明进步、世界社会主义发展做出更大贡献,在党史、新中国史、改革开放史、社会主义发展史和人类文明发展史上都具有重大意义。

(一)大力实施区域优先发展战略,以高质量发展推动共同富裕

习近平总书记指出,共同富裕是社会主义现代化的一个重要目标,既是一项长期任务,也是一项现实任务,必须在国家顶层设计的统筹安排下,坚持区域优先发展战略,以高质量发展带动和推动全社会共同富裕。

---

① 中共中央文献研究室编:《十九大以来重要文献选编》(上),中央文献出版社2019年版,第8页。
② 参见中共中央文献研究室编:《十九大以来重要文献选编》(中),中央文献出版社2021年版,第271页。
③ 中共中央文献研究室编:《十九大以来重要文献选编》(中),中央文献出版社2021年版,第820页。
④ 中国社会科学院马克思主义研究院党委书记辛向阳研究员认为,实现全体人民共同富裕,从总体上看,是分三步走的:到"十四五"时期末,全体人民共同富裕迈出坚实步伐,居民收入和实际消费水平差距逐步缩小;到2035年,全体人民共同富裕取得更为明显的实质性进展,基本公共服务实现均等化;到本世纪中叶,全体人民共同富裕基本实现,居民收入和实际消费水平差距缩小到合理区间。参见辛向阳:《习近平的共同富裕观》,《新疆社会科学》2022年第1期,第1—7页。

改革开放以来，历届党中央先后提出了国家扶贫计划、西部大开发、东北振兴、中部崛起、京津冀协同发展、长江经济带、粤港澳大湾区建设等重大区域发展战略，其目的就是打破局部地区管理界限，逐步形成国内统一大市场，促进经济贸易一体化建设。国家支持的"深圳的先行示范区、浦东的现代化建设引领区、浙江的共同富裕示范区、山东新旧动能转换综合试验区建设"①，将为全国其他地方实现共同富裕做出示范引领作用。新时代、新阶段，国家加快人工智能、物联网、大数据等信息化建设，坚持以"五大理念"为主的新发展理念，积极构建国内国际双循环的经济发展新格局，为实现共同富裕创造良好条件。要努力形成"以有效市场"（第一次分配）、"有为政府"（第二次分配）、"有爱社会"（第三次分配）的分配主体，将"市场机制这只'看不见的手'、政府这只'看得见的手'和社会这只'仁慈之手'有机结合"②，促进全社会一切发展因素积极涌流，共同汇聚成推进共同富裕的强大力量。

2021年5月20日，党中央把浙江作为"高质量发展建设共同富裕示范区"③来支持建设，这是新时代进一步发挥一部分地区为推进共同富裕做好示范引领作用的重大战略决策。这是国家坚持顶层设计原则下，进一步鼓励有条件的地方开展试点，"摸着石头过河"，推动全社会共同富裕，实现社会主义现代化强国提供可复制、可推广的经验和样板。2021年8月17日，习近平在中央财经委员会第十次会议上强调，要积极防范化解重大金融风险，努力实现经济社会高质量发展，推进全社会共同富裕。④ 2021年12月8日，国家发展改革委推出沪苏浙结对帮扶皖北方

---

① 辛向阳：《习近平的共同富裕观》，《新疆社会科学》2022年第1期，第1—7页。
② 唐任伍、李楚翘：《共同富裕的实现逻辑：基于市场、政府与社会"三轮驱动"的考察》，《新疆师范大学学报（哲学社会科学版）》2022年第1期，第41—58页。
③ 《中共中央 国务院关于支持浙江高质量发展建设共同富裕示范区的意见》，中华人民共和国中央人民政府网站，2021年6月10日。
④ 习近平主持召开中央财经委员会第十次会议强调，在高质量发展中促进共同富裕，统筹做好重大金融风险防范化解工作，中国政府网，2021年8月17日。

案①,开展新一轮城市结对合作帮扶,推进长三角一体化发展。帮扶工作契合两个阶段发展的第一个阶段时间,即 2021—2030 年,这是继支持浙江率先建设共同富裕示范区之后的又一个可操作的实施方案。

(二)高度重视精神生活共同富裕

我们党在百余年历史征程上,从来都是高度重视精神建设的。毛泽东曾讲过,"只有积极口号积极精神才能领导群众"②,不断恢复和增强党的战斗力。邓小平同志也指出精神动力的作用,"没有革命精神就没有革命行动",他还强调两个文明一起抓,最根本的是要造就大量"有理想,有道德,有文化,守纪律"的人才,为社会主义现代化建设服务。江泽民强调要"努力提高全民族的思想道德素质和科学文化素质,实现人们思想和精神生活的全面发展"③。胡锦涛强调要更加注重人的精神生活,努力促进建立社会主义和谐社会。

全面建成小康社会之后,人们在满足自身物质生活需要的同时,会更加注重精神生活的需求。在推进共同富裕道路上,实现精神生活的共同富裕既是解决新时代主要矛盾的重要内容,也是实现"社会主义现代化强国的应有之义",还是"提高国家文化软实力的重要支撑"④。社会主义社会共同富裕的精神生活应该具有如下特征:人民的素质和整个社会文明达到一个新高度;人民群众有较高的文化满足感、获得感;整个社会的文化自信大幅度提升;全社会向心力和凝聚力显著提升。在实现精神生活共同富裕的途径上:一要牢牢坚持马克思主义在意识形态领域的核心领导地位;二要秉持人民立场,坚持全方位提供高质量精神文化产品与服务;三要坚持以社会主义核心价值观为统领;四是努力推动物质生活和精神生活共同富裕均衡发展,甚至更注重精神生活上的富足感和获得感。

---

① 为贯彻落实《长三角一体化发展规划"十四五"实施方案》《推动长三角一体化发展 2021 年工作安排》有关部署,扎实推进沪苏浙城市结对合作帮扶皖北城市工作,国家发展改革委印发《沪苏浙城市结对合作帮扶皖北城市实施方案》。见国家发展改革委网站,2021 年 12 月 8 日。
② 《毛泽东文集》第一卷,人民出版社 1993 年版,第 54 页。
③ 《江泽民文选》第三卷,人民出版社 2006 年版,第 295 页。
④ 刘东超:《精神生活共同富裕是共同富裕的重要内容》,《党建》2022 年第 2 期,第 35—37 页。

　　2013年8月，习近平总书记指出，"只有物质文明建设和精神文明建设都搞好，国家物质力量和精神力量都增强，全国各族人民物质生活和精神生活都改善，中国特色社会主义事业才能顺利向前推进"①。在这里，习近平把推进共同富裕过程中的"物质力量和精神力量""物质生活和精神生活"放在同等重要的地位来要求、来部署。2015年2月，习近平总书记强调，"实现中华民族伟大复兴的中国梦，物质财富要极大丰富，精神财富也要极大丰富"②，在实现中国梦的道路上，物质和精神两者是同步的，相互促进的。可以说，习近平总书记关于"精神生活共同富裕"的论述是推进马克思主义中国化理论新飞跃的重要思考维度之一。③

　　中国共产党人领导的共同富裕的实践，传承着传统大同世界的朴素理念，反映了全世界人类共同的生活追求。中国实践的一步步成功，必将为世界人民贡献中国的智慧和方案，也为世界和谐治理提供可借鉴的公共产品。同时，在推动新时代共同富裕的道路上，我们应该注意社会上一些别有用心的人散布蛊惑人心的言论，坚持马克思主义的人民立场，坚决维护党中央的正确决策部署，对其做出科学分析和辩证判断，予以严正反驳和批判。诸如：在国有经济和民营经济的关系上，社会上散布"国进民退"的言论；在把浙江设立为共同富裕示范区的问题上，有人提出浙江是以私有经济起家的，以此为示范区是不是改变了社会主义的本质问题；在推进共同富裕措施上，有人认为是平均富裕、同步富裕、同等富裕、杀富济贫等。对于这些言论，我们应辩证分析，做出科学回答。

　　习近平总书记讲，共同富裕是"动态中向前发展的过程"④，是长期而艰巨的历史任务，必须"摆在更加重要的位置，脚踏实地，久久为功"⑤。这是实事求是的科学表述，体现了中国共产党人对"推动共同富裕辩证看、务实办"⑥的辩证认识。

①　《习近平谈治国理政》第一卷，外文出版社2018年版，第153页。
②　《习近平谈治国理政》第二卷，外文出版社2017年版，第323页。
③　参见王淑芹：《深化对精神生活共同富裕的认识》，《思想理论教育导刊》2022年3月3日微信公众号。
④　习近平：《扎实推动共同富裕》，《求是》2021年第20期，第4—8页。
⑤　中共中央文献研究室编：《十九大以来重要文献选编》（中），中央文献出版社2021年版，第784页。
⑥　林建华：《实现共同富裕是一个在动态中向前发展的过程》，2022年3月15日《湖北日报》。

四、坚定不移推进马克思主义先进政党建设

在南方谈话中,邓小平强调只要党的内部搞好,不出问题,就可以"放心睡大觉"①。这是一个具有高超政治智慧的伟人说的"大白话",但提出了一个极为重要的命题,即共产党如何搞好自身建设,实现长期执政、"长治久安"②的命题。历史是人民书写的,党的事业也需要一大批有梯队的、有着坚定信仰、堪当大任的人来继承和发展。说到底,这是中国共产党的先进性政党建设问题。南方谈话发表30多年来,中国共产党在以邓小平、江泽民、胡锦涛、习近平同志等为主要代表的一代代中国共产党人的努力奋斗下,勠力同心、与时俱进,不断在领导人民进行社会主义现代化建设中锻造自己,成为世界上带领十几亿人民实现经济快速发展和社会长期稳定"两大奇迹"的最大党。其根源在于,中国共产党始终是一个在马克思主义思想指导下的坚持人民立场、不断进行自我革命、始终保持先进性的政党。

(一)初心使命笃定不移

中国共产党是一个使命性政党,在建党之初就怀着为中国人民谋幸福、为中华民族谋复兴的伟大使命。从中国历史来看,"人亡政息"的教训大多和统治阶级的阶级局限以及是否一直为人民服务有密切关系。而自从俄国十月革命给中国送来了马克思主义,中国共产党应运而生之日起,中国共产党就具有了最广泛的代表性,为了全体中国人民的根本利益而奋斗。党的"三个不代表"③决定了它与世界上其他资本主义政党有着根本的区别。党的初心和使命都是为了人民,党的奋斗指向就是最广大人民群众的愿望诉求,就是为全体人民谋幸福、为中华民族谋复兴。党员是人民群众中普通的一员,因为没有私心,所以没有特别,也没有特权,既来自人民,同时又肩负使命,发挥先进性,重任在肩、矢志不移。

对共产党人来说,"人民性是马克思主义最鲜明的品格",共产党的使命就是

---

① 《邓小平文选》第三卷,人民出版社1993年版,第381页。

② 《邓小平文选》第三卷,人民出版社1993年版,第380页。邓小平连续3次提到"长治久安",意在强调接班人的重要性。

③ "三个不代表"是指"党没有任何自己特殊的利益,从来不代表任何利益集团、任何权势团体、任何特权阶层的利益"。参见中共中央宣传部:《中国共产党的历史使命与行动价值》,人民出版社2021年版,第8页。

让人民获得最终的解放,实现人的自由全面的发展,而坚守人民立场是共产党人"不忘初心、牢记使命的自觉担当"①。时代在变,为民服务、为民代言、为民舍生取义的责任不变。人民,永远是流淌在党的血脉中"永不磨灭的精神基因"②。江山是党领导人民打下来的,还要靠人民守住,"打江山、守江山,守的是人民的心"③。牢固树立人民立场是中国共产党永远保持先进性的最大执政底气。

（二）科学理论与时俱进

人类在前进中不能没有先进的理论指导,没有革命的理论就没有革命的行动。恩格斯指出,"一个民族要想站在科学的最高峰,就一刻也不能没有理论思维"④。马克思主义是科学的真理,在人们认识世界和改造世界、改造自身的过程中始终起着引导和指导作用。同时,马克思主义又是一个不断发展、不断创新的理论体系,不断指导实践,经受检验,在实践中发现真理,发展真理。中国共产党能就在于马克思主义指导的行,在于马克思主义和中国实际相结合。

肩负神圣使命的中国共产党,自成立之日起就没有停止过对马克思主义的信仰和追求。坚持思想建党、理论强党是中国共产党的优良传统和政治优势。从毛泽东与黄炎培的"窑洞对"到习近平提出的"自我革命",中国共产党人70多年的执政历史征程,对如何更好执政、如何实现长期执政的规律进行了艰辛探索,找出了一条具有坚定信念、永葆青春活力的强党之路。

邓小平坚持认为,实事求是就是马克思主义的精髓,也是毛泽东思想的精髓。实事求是的哲学观点内在地要求我们在实践中必须坚持与时俱进的理论品质。一个政党不能坚持实事求是,做不到与时俱进,那就没有了生机和活力,就会犯下"刻舟求剑"的可笑错误。中国共产党在百余年的理论探索史、发展史中,先后形成的三大理论体系,就是党在不同历史时期与马克思主义基本原理相结合并进行创造性发展的中国化时代化的马克思主义理论。进入新时代以来,以习近平同志为核

① 《十九大以来重要文献选编》(上),中央文献出版社2019年版,第429页。
② 中共中央宣传部:《中国共产党的历史使命与行动价值》,人民出版社2021年版,第9页。
③ 习近平:《在庆祝中国共产党成立100周年大会上的讲话》,《党建研究》2021年第7期,第3—10页。
④ 《马克思恩格斯文集》第九卷,人民出版社2009年版,第437页。

心的党中央,始终准确把握世界大势,科学分析国内发展形势,在继承毛泽东思想、中国特色社会主义理论的基础上,创造性地提出一系列治国理政的战略思维、战略决策和行动纲领,使之成为一整套科学严密的理论体系,创立了习近平新时代中国特色社会主义思想,即当代中国马克思主义、21 世纪马克思主义。

面向新的百年目标和历史任务,我们党提出了思想建党和理论强党的重大论断。① 思想建党、理论强党的根本途径是坚持用与时俱进的马克思主义理论武装头脑,继续"保持与时俱进的理论品格",锲而不舍"推进马克思主义中国化、时代化、大众化,使马克思主义放射出更加灿烂的真理光芒"②。

(三)政党制度规范高效

制度建设是长远的根本性的建设。邓小平同志指出,一个好的制度能让"坏人无法任意横行",一个坏的制度却"使好人无法充分做好事",制度的好坏要看人民的需要和现实的要求。③ 同时,邓小平也坚信,中国共产党领导下的制度建设将逐步吸收世界所有国家的进步因素,"一天天完善起来","成为世界上最好的制度"。④ 一百多年的党史中,中国共产党是有过制度不好、执行不力带来的深刻教训的。客观地讲,正是由于邓小平带领中国共产党人开始了党和国家各方面制度的改革,开启了现代先进性政党制度建设的新征程,中国共产党才在不断探索马克思主义先进政党的路上走得愈加坚实,才一步步成为令世界瞩目的社会主义先进政党。

改革开放以来,党的几代领导集体在领导社会主义现代化建设基础上不断探索共产党执政规律,先后把"依法治国""依法执政"作为党治国理政的基本方略和基本方式,使我们党逐渐成为一个愈加成熟的马克思主义政党,带领全体人民爬坡过坎,经历一场场风雨,克服一切艰难险阻,实现了从富起来到强起来的伟大历史飞跃。新时代,党中央深刻认识到党在坚持人民立场、实现现代化建设中的历史责

① 参见《习近平谈治国理政》第二卷,外文出版社 2017 年版,第 67 页。
② 《习近平谈治国理政》第二卷,外文出版社 2017 年版,第 65 页。
③ 参见《邓小平文选》第二卷,人民出版社 1994 年版,第 333 页。
④ 参见《邓小平文选》第二卷,人民出版社 1994 年版,第 337 页。

任,始终把先进性政党建设作为党建的重中之重,呼应人民所求,把全面从严治党、更加注重制度治党作为党建的基本要求,党的制度建设实现了革命性重塑,党的执政基础更加坚实稳固。

党的制度的制定只是党建的基础,具体执行有力与否才是检验制度好坏的根本。党在进行制度建设的同时,从党中央做起,以抓铁有痕、钉钉子的精神带头执行党的各项制度,形成了上行下效、示范带动、震慑有力的制度执行体系,在全党、全社会范围内树立了光辉的榜样,在全世界树立了清廉政党的光辉典范。

党的十八大以来,习近平总书记高度重视党的制度建设,开启了党的制度建设的新局面。党的十九大提出新时代的党建总体布局和要求,明确要求把制度建设贯穿"五大建设"①始终。党坚持全面从严治党,把思想建党和制度治党有机结合;不断完善各方面制度体系,立破并举,筑牢制度的笼子;进一步强化制度的执行力,从中央到地方,抓住"关键少数"领导干部,用好"警示教育",形成"示范效应","三不一体"制度体系逐步完善,政治生态得到系统性重塑。党的十八大以来,全党进一步加大党内法规体系建设力度,蹄疾步稳,环环相扣,取得了"四梁八柱"的基础性作用。有关党内法规体系建设发展时间脉络,如表5-1所示。

表5-1　党的十八大以来党内法规体系建设脉络

时间	会议	简要内容
2013年11月	党的十八届三中全会	提出紧紧围绕提高科学执政、民主执政、依法执政水平深化党的建设制度改革
2014年10月	党的十八届四中全会	把形成完善的党内法规体系确立为建设中国特色社会主义法治体系的重要内容,对加强党内法规制度建设作出明确部署

---

① 五大建设是指"政治建设、思想建设、组织建设、作风建设、纪律建设"。新时代党的建设总要求:坚持和加强党的全面领导,坚持党要管党、全面从严治党,以加强党的长期执政能力建设、先进性和纯洁性建设为主线,以党的政治建设为统领,以坚定理想信念宗旨为根基,以调动全党积极性、主动性、创造性为着力点,全面推进党的政治建设、思想建设、组织建设、作风建设、纪律建设,把制度建设贯穿其中,深入推进反腐败斗争,不断提高党的建设质量,把党建设成为始终走在时代前列、人民衷心拥护、勇于自我革命、经得起各种风浪考验、朝气蓬勃的马克思主义执政党。参见中共中央文献研究室编:《十九大以来重要文献选编》(上),中央文献出版社2019年版,第43—44页。

时间	会议	简要内容
2015 年 10 月	党的十八届五中全会	运用法治思维和法治方式推动发展,全面提高党依据宪法法律治国理政、依据党内法规管党治党的能力和水平
2016 年 12 月	全国党内法规工作会议	召开党的历史上第一次全国党内法规工作会议,认真贯彻落实《中共中央关于加强党内法规制度建设的意见》,以改革创新精神加快补齐党建方面的法规制度短板,力争到建党 100 周年时形成比较完善的党内法规制度体系
2017 年 10 月	党的十九大	坚持依法治国和依规治党有机统一,加快形成覆盖党的领导和党的建设各方面的党内法规体系
2019 年 10 月	党的十九届四中全会	强调健全总揽全局、协调各方的党的领导制度体系,加快形成完善的党内法规体系
2020 年 11 月	中央全面依法治国工作会议	强调坚持党对全面依法治国的领导,健全党领导全面依法治国的制度和工作机制,建设中国特色社会主义法治体系,形成完善的党内法规体系
2021 年 12 月	全国党内法规工作会议	强调要增强依规治党的自觉性和坚定性,把牢政治方向,提高政治站位,扛起政治责任,紧紧围绕党和国家工作大局继续推进党内法规制度建设
2022 年 10 月	党的二十大	提出坚持制度治党、依规治党,以党章为根本,以民主集中制为核心,完善党内法规制度体系,增强党内法规权威性和执行力;把"不断健全党内法规体系"写进党章
2024 年 7 月	党的二十届三中全会	强调"深化党的建设制度改革。完善党内法规,增强党内法规权威性和执行力""健全党内法规同国家法律法规衔接协调机制"

党的十八大以来,党中央紧密结合党和国家发展需要,坚持宏观微观相结合,梯次推进,全方位推进党内法规制度建设,其力度之大、执纪之严,建党百余年以来前所未有,彰显出依法依规治党的信心和决心,在全社会树立了党勇于自我规制的良好形象。

(四)自我革命凤凰涅槃

马克思主义经典作家认为,共产党"没有任何同整个无产阶级的利益不同的利益",正因为无私利,才能够正确对待自身建设。《中共中央关于党的百年奋斗重大成就和历史经验的决议》旗帜鲜明地提出,"坚持自我革命",是中国共产党百年奋斗的十条历史经验之一,也是党"区别于其他政党的显著标志"①。

党的百余年建设史以及70多年的执政史,也是一部自我革命的奋斗史。每当我们党走到了历史的重大抉择关头,都有党的一批坚定的具有历史担当的革命家、政治家通过经验总结、科学决断等,妥善解决党自身理论短缺、制度短板、消极腐败、精神懈怠等问题,对党进行一次革命性重塑,从而使党迈过一个又一个革命和建设道路上的"腊子口"和"娄山关",一步步把我们党锻造成领导人民进行社会主义现代化建设的坚强领导核心。党在一次次自我革命中实现了凤凰涅槃、浴火重生,逐渐变为更加成熟、更加强大的领导社会主义建设的现代化意义上的马克思主义大党。世界上百年大党为数不少,但能够一直执政且领导本国发展日益强大的,只有中国共产党。百年大党,其实还很年轻,在自我革命的建设中愈发显示其伟力,永葆革命青春。

政党能够自我革命还来自政党自知,是"政党自信、政党自觉、政党自省、政党自律的综合体现"②。一个政党,有了自知之明,才能坚守初心和使命,才能明确发展方向,才能洞察自身优势和劣势,才能反省自身缺陷和不足,也才能实现自我的革命性修复。有了政党自知,才能有自我革命的理论基础和指导方向;有了自我革命,才能更加保持党的先进性和纯洁性,才能够进一步提升政党自知的境界。两者良性互动,共同推进先进性政党建设。

邓小平在南方谈话中提出,"恐怕再有三十年的时间",中国才有"一整套更加成熟、更加定型的制度"③。党的十八大以来,习近平总书记继承和发扬了邓小平南方谈话思想和精神,面对新的历史方位和新的历史使命,创立了习近平新时代中国特色社会主义思想,无疑是指导中国共产党领导中国人民胜利前行的当代中国马克思主义、21世纪马克思主义。

---

① 《中共中央关于党的百年奋斗重大成就和历史经验的决议》,人民出版社2021年版,第70页。
② 虞崇胜:《政党自知:百年大党长期保持先进性的奥秘》,《江汉论坛》2021年第6期,第5—12页。
③ 《邓小平文选》第三卷,人民出版社1993年版,第372页。

第六章

南方谈话与世界社会主义运动

党的十四大高度评价了邓小平的历史地位,认为邓小平"对建设有中国特色社会主义理论的创立做出了历史性的重大贡献"①。这个评价,既充分认可了邓小平在马克思主义思想史上的理论贡献,也充分肯定了他在世界社会主义运动史上的理论贡献,意义十分深远。邓小平同志作为在世界上享有盛誉的伟大政治家,"对党和人民的贡献,是历史性的,也是世界性的","不仅改变了中国人民的历史命运,而且改变了世界的历史进程"②。

33 年前,南方谈话的发表正值东欧剧变、世界社会主义运动的低潮时期。33年后,与东欧剧变形成鲜明对比的是,随着中国特色社会主义建设取得巨大成功,世界社会主义运动"浴火重生",进入了一个从低谷开始攀升复苏的新时期。恩格斯指出:"我们只能在我们时代的条件下去认识,而且这些条件到达什么程度,我们就认识到什么程度。"③邓小平指出,"只要中国社会主义不倒,社会主义在世界将始终站得住"④,历史证明确实如此。当前,拥有 14 亿多人口的中国正走在实现社会主义现代化的康庄大道上,中国大地上高高飘扬起中国特色社会主义大旗,是世界社会主义运动走向复兴的标志。邓小平南方谈话深刻影响了世界社会主义运动的发展方向。

第一节　曲折中发展的世界社会主义运动

从国际背景来看,南方谈话的发表,是使中国共产党"避免重蹈苏联东欧剧变的覆辙,实现中华民族伟大复兴的政治宣言"⑤。邓小平认为苏联的解体"垮起来

---

① 中共中央文献研究室编:《十四大以来重要文献选编》(上),中央文献出版社 2001 年版,第 12 页。
② 中共中央文献研究室编:《十八大以来重要文献选编》(中),中央文献出版社 2016 年版,第 38—39 页。
③ 《马克思恩格斯选集》第三卷,人民出版社 2012 年版,第 933 页。
④ 《邓小平文选》第三卷,人民出版社 1993 年版,第 346 页。
⑤ 丁晋清:《邓小平南方谈话:世界社会主义运动的反思》,《理论学刊》2002 年第 2 期,第 5—8 页。

可是一夜之间"，世界社会主义运动"出现严重曲折"。① 恩格斯曾经提出人类历史的辩证发展问题，认为是"经过一切迂回曲折和暂时退步而由低级到高级的前进运动的因果联系"②。人类历史的发展是迂回的、曲折的，而曲折性是必然性经常的伴随物，世界社会主义运动史也是如此。

一、世界社会主义运动陷入低潮

苏联解体、东欧剧变是 20 世纪的重大历史事件，也是世界社会主义运动遭受严重挫折的一次大事件，改变了世界政坛和世界格局。世界上第一个社会主义国家存在不足 70 年而政权旁落，深受苏联影响的其他社会主义国家纷纷在西方资本主义国家渗透和演变中改弦易辙，不再坚持社会主义制度，全世界社会主义运动陷入低潮。东欧剧变后，世界上共产党组织的数量锐减，从辉煌时期的 180 多个降至 130 多个，共产党执政的国家迅速减少，由原来的 15 个减少到个位数，仅存 5 个，并持续至今。③ 剧变之后的各国共产党人因政权易手而遭受不同程度的打击、迫害甚至死亡；各国共产党有的被解散，有的被迫转入地下，有的改旗易帜，蜕变为社会民主主义性质的政党。

不可否认，20 世纪初，苏联建立华约国家、经互会，与以美国为首的北约国家竞争对抗，的确使世界处于一种平衡的状态。但东欧剧变后，冷战结束，雅尔塔体系瓦解，美苏争霸、两大阵营对立的格局和平衡被打破，美国独霸世界，新自由主义思潮在全球开始泛滥。以美国为首的西方资本主义国家趁机收割东欧剧变后的红利，扩展其在东欧和中亚地区的势力，加快欧洲大陆一体化和北约向东扩展进程；同时，对社会主义国家继续采取霸权主义和强权政治，企图改变其社会主义制度性质，逼迫其加入资本主义世界体系，实现他们所谓的"历史终结"，妄图建立以美国为首的单极世界。

东欧剧变的影响是深远的。以美国为首的资本主义国家在到处排挤打压共产

---

① 参见《邓小平文选》第三卷，人民出版社 1993 年版，第 379、第 383 页。
② 《马克思恩格斯选集》第四卷，人民出版社 2012 年版，第 249 页。
③ 参见本书编写组：《国际共产主义运动史》，人民出版社 2020 年版，第 345 页。

党的同时,也在到处宣扬马克思主义的失败、破产、终结。西方反共势力除不断加大对包括中国在内的一些共产党执政的国家进行思想渗透的力度,丑化马克思主义和社会主义外,还通过"宗教及文化交流、非政府组织活动等多种途径,侵蚀社会主义国家的思想阵地",马克思主义意识形态受到严重挑战。历史的曲折性促使人们反思,正如恩格斯指出的,每一次"巨大的历史灾难"都会以"历史的进步为补偿",只是采取不同的活动方式。① 马克思主义被质疑,世界社会主义运动遭受严重挫折,很多共产党解散和消退,但也有许多国家的共产党开始反思最初以苏联为首建立的世界社会主义阵营的成功与失败的教训。思考现实社会主义实践的途径,根据本国实际情况来本土化地理解和运用马克思主义是许多国家共产党人的"共同任务和必然选择"②。

二、部分共产党执政国家对社会主义的反思和艰难探索

东欧剧变给中国带来了深刻的教训和启示。1992 年邓小平南方谈话之后,中国共产党人强调坚持社会主义道路不变,坚持改革开放的政策方针不变,坚定马克思主义信仰不变,保持了经济长期稳定发展,取得了令世界瞩目的伟大成就,为世界其他社会主义国家关注和效仿。这里,笔者简要介绍几个共产党执政的国家在东欧剧变和邓小平南方谈话之后对本国社会主义的适度调整和探索。

东欧剧变之后,世界上由共产党执政的国家除中国外仅存 4 个,分别是越南、朝鲜、老挝和古巴。这 4 个国家都顶住了东欧剧变的不利影响,坚持共产党领导,坚持社会主义制度不变,并根据本国的实际进行了不同程度的革新,发展了本国的社会主义。越南经过认真总结苏联模式下高度集中的政治经济体制带来的教训,结合本国的实际和中国发展的经验,做出越南仍处在"社会主义过渡时期的初级阶段"的论断,提出了"过渡时期初级阶段"的理论,为下一步革新事业的开展奠定了基础。

1991 年 6 月,越南共产党第七次代表大会第一次提出了"胡志明思想",提出

① 参见《马克思恩格斯文集》第十卷,人民出版社 2009 年版,第 665 页。
② 本书编写组:《国际共产主义运动史》,人民出版社 2020 年版,第 349 页。

必须坚持的"五项基本原则"①,明确提出坚持社会主义目标不变,坚持马列主义指导思想不变。2001 年 4 月,越南共产党第九次代表大会提出"社会主义定向的市场经济"②,是一种过渡时期的经济模式,类似于中国的市场经济运行模式。越南共产党是越南唯一的执政力量,对国家的领导方式是"分层次的统一领导"③形式,与中国共产党一样,通过中央、地方和基层组织 3 个层级来体现。在革新开放的指导思想下,越共以"党内民主和基层组织建设为重点",通过改变党的领导方式提升党的执政能力,加强党内民主建设和基层组织建设,惩治和反对党内腐败行为,巩固执政地位,赢得了民众的信任。④ 越南经过 30 多年的革新改革,成功实现了"从高度集中的计划经济体制向社会主义定向的市场经济转变"⑤,取得了经济的快速发展,2018 年的经济增长达到 7.08%,成为世界上经济增长最快的国家之一。⑥

朝鲜是中国的友好邻邦,也实行朝鲜劳动党领导的社会主义制度。东欧剧变后,1992 年 4 月,朝鲜修改了 1972 年宪法,把金日成创建的"主体思想"作为党和国家的指导方针,逐步建立起以"主体思想"为核心的"主体社会主义模式"⑦。金正日执政以后,朝鲜提出建立"朝鲜式的社会主义",这和金日成提出的"主体社会主义"本质上是一致的。在军队建设上,朝鲜提出"先军政治"的思想,核心是"抓军治国"。⑧ 朝鲜的发展一直受到以美国为首的西方资本主义国家的封锁和制裁,

---

① "五项基本原则":坚持社会主义目标和理想;坚持把马克思主义、胡志明思想作为党和国家的思想基础和行动指南;坚持无产阶级专政和党的领导;实行有集中的社会主义民主;坚持将爱国主义与无产阶级国际主义相结合及民族力量与时代力量相结合。这与中国四项基本原则有相似之处,总体上都是坚持马列主义、社会主义道路。参见本书编写组:《国际共产主义运动史》,人民出版社 2020 年版,第 414 页。
② 社会主义定向的市场经济,就是建立社会主义定向的、由国家管理的、按市场经济机制运行的商品经济。参见本书编写组:《国际共产主义运动史》,人民出版社 2020 年版,第 414—415 页。
③ 本书编写组:《国际共产主义运动史》,人民出版社 2020 年版,第 417 页。
④ 参见本书编写组:《国际共产主义运动史》,人民出版社 2020 年版,第 417 页。
⑤ 本书编写组:《国际共产主义运动史》,人民出版社 2020 年版,第 415 页。
⑥ 参见本书编写组:《国际共产主义运动史》,人民出版社 2020 年版,第 417 页。
⑦ 朝鲜主体社会主义:思想上树立主体、政治上自主、经济上自立、国防上自卫。参见本书编写组:《国际共产主义运动史》,人民出版社 2020 年版,第 419—420 页。
⑧ 参见本书编写组:《国际共产主义运动史》,人民出版社 2020 年版,第 420 页。

甚至是战争威胁。因此,在国内经济发展上,朝鲜坚持发展核武器和经济建设并进的发展路线,把发展核武器作为"先军路线"的重要支撑,提高在国际势力封锁下的自卫和建设能力。①

老挝作为一个内陆国家,经济发展缓慢,坚持社会主义制度,老挝人民革命党是唯一执政党。东欧剧变后,老挝虚心学习越南和中国改革开放的先进经验,坚持社会主义道路,通过革新,把党的建设和经济建设同步推进,取得可喜变化。1989年,老挝四届八中全会明确提出革新开放的"六项基本原则"②,强调"始终坚持社会主义方向不变"③,发展本国经济和进行党的建设。从1986年老挝人民革命党四大到2016年的十大,坚持党建上不断加强党的领导能力和执政能力建设,始终坚定"革新开放"的战略方针,经济上加快结构调整,发展社会主义下的市场经济,其经济社会发展取得重大成就。④

古巴是美洲唯一的共产党执政的社会主义国家,长期遭受美国等国家的制裁,古巴共产党是唯一执政党。东欧剧变之后,古巴共产党明确表示不能采取苏联和东欧的发展模式,提出坚持社会主义建设的"三不放弃原则"⑤,强调经济改革和结构调整要和本国实际情况相适应,在坚持社会主义道路的前提下有步骤、有计划地展开。⑥ 古巴共产党坚决反对西方民主和多党制,积极抵制来自西方势力的"和平演变",加强社会主义民主政治建设,保证了本国国家政治和社会长期稳定。

从以上4个共产党执政的国家来看,总体的共同点,是都吸取了东欧剧变教训和中国改革开放的先进经验,坚持社会主义制度不变,坚持党的一元化领导和马克思主义的指导地位,不同程度地实行适合本国实际的社会主义改革,促进本国生产

---

① 参见本书编写组:《国际共产主义运动史》,人民出版社2020年版,第420—422页。
② 老挝革新开放六项原则:坚持社会主义,坚持马列主义是党的思想基础,坚持党的领导是一切胜利的决定因素,坚持在集中原则基础上发扬民主,坚持增强人民民主专政的力量和效率,坚持真正的爱国主义和纯洁的国际主义相结合。参见本书编写组:《国际共产主义运动史》,人民出版社2020年版,第423页。
③ 本书编写组:《国际共产主义运动史》,人民出版社2020年版,第423页。
④ 参见本书编写组:《国际共产主义运动史》,人民出版社2020年版,第423—428页。
⑤ "三不放弃"原则:不放弃革命、不放弃人民政权、不放弃为人民造福。参见本书编写组:《国际共产主义运动史》,人民出版社2020年版,第429页。
⑥ 参见本书编写组:《国际共产主义运动史》,人民出版社2020年版,第430页。

力发展和人民生活水平提高。各国虽然国情不同，但都把马克思主义基本原理本土化，把坚持社会主义方向、积极探索符合本国发展的道路、促进本国经济社会稳定发展作为本国执政党的正确选择。

三、世界社会主义运动在中国

纵观 20 世纪以来的世界社会主义运动，先后经历了高潮、低潮、再高潮、再低潮、又一次高潮的过程。1917 年 10 月 25 日（俄历）涅瓦河畔的一声炮响，带来了十月革命的伟大胜利。这是马克思主义经典作家科学设想的共产主义由理论变成现实的成功实践，由十月革命引起的世界无产阶级革命形成了第一次世界社会主义运动。第二次高潮即第二次世界大战以后，苏联成为能和美国抗衡的强大的社会主义国家，中国共产党经过 28 年的革命斗争建立了社会主义国家，加入了以苏联为首的社会主义阵营，世界形成了美苏争霸的两个强大的阵营对垒局面。20 世纪 80 年代以来，两大阵营的力量对比发生变化，资本主义加紧对社会主义的"和平演变"和各种渗透，东欧发生剧变，苏联也在 1991 年年底彻底被瓦解，世界社会主义国家由辉煌时期的 15 个国家降至 5 个国家，遭受难以挽回的沉重打击，第二次运动高潮陷入低谷，世界格局成为美国一超独霸，缓慢向多极化方向发展。2012年以来，中国因改革开放而获得经济长期快速发展和政治长期稳定，作为世界第二大经济体，日益在国际舞台上发挥重要作用。反观世界主要资本主义国家，因 2008年以来的经济危机始终没能复苏而呈现出经济衰退迹象。中国的迅速发展使得世界社会主义力量在逐渐上升，给第三次世界社会主义运动带来逐渐复苏和勃兴的迹象。

南方谈话发表 30 多年来，中国通过不断改革开放，释放经济活力，经济取得了长期较高速度的增长，一步步超越了世界主要发达资本主义国家，一跃成为世界第二大经济体量的国家。中国共产党在把马克思主义一般原理同中国革命和建设具体实际相结合的过程中，不断深化对社会主义发展规律的认识，产生出中国化时代化的马克思主义理论，使世界社会主义在中国呈现出独特的发展实力和发展魅力。在世界社会主义运动陷入低潮的情况下，正是邓小平力挽狂澜，拨正了前进的方向。

中国特色社会主义是世界社会主义运动重要的一部分。中国是世界上最大的社会主义国家,以9918.5万名(中国共产党内统计公报2023年年底数据)共产党员的体量,在中国共产党的坚强领导下取得了举世瞩目的成就,是世界社会主义运动的旗帜引领者和中流砥柱。中国的影响举足轻重,社会主义中国的实践意义必然会超越中国国界,具有世界意义。改革开放40多年来的成功实践证明,中国道路的发展"避免了社会主义被撤出历史舞台的危险"[1],使人们"产生了对社会主义前景的希望"[2],证明"社会主义运动仍有远大而光明的前景"[3],其社会主义实践模式是"唯一可以挽救和建设社会主义的模式"[4]。

面对百年未有之大变局,中国共产党深刻洞察世界多极化发展大势,树立全球观念,积极参与全球治理,倡导构建人类命运共同体,努力构建合作共赢、和谐共生的新型国际关系,在力所能及的范围内发挥更多更大的社会主义大国的责任。2008年以来,国际金融危机导致世界资本主义经济遭受严重打击,世界多极化趋势在逆流中缓慢发展。资本主义世界的基本矛盾因经济发展缓慢而不断激化,西方多党制、议会制等所谓"民主制度"发挥失灵,导致整个资本主义世界发展无力、治理无效、社会无序,社会矛盾频发,社会阶层撕裂,贫富分化加剧,资本主义"找不到拯救自己体制性困境的灵丹妙药,其制度和体制正面临越来越大的危机和变革压力"[5]。社会主义中国则在继续积极参与全球化进程中高歌猛进,共建"一带一路"倡议赢得世界大多数国家积极参与,"人类命运共同体"思想蕴含人类追求的共同价值,深受世界各国人民欢迎和支持。社会主义中国从"站起来""富起来"到"强起来"的伟大飞跃,彰显了科学社会主义在中国的强大生机与活力,成为世界

①　转引自徐崇温:《中国特色社会主义道路的世界意义》,《中国特色社会主义研究》2009年第4期,第4—11页。

②　转引自陈宝:《中国特色社会主义道路在世界社会主义运动中的地位论析》,《学习与实践》2011年第4期,第51—59页。

③　赵智奎:《什么是"中国特色社会主义"?——兼论其在世界社会主义运动中的历史地位》,《中国社会科学院研究生院学报》2003年第3期,第7—11页。

④　刘洪潮等主编:《外国要人名人看中国》,中共中央党校出版社1993年版,第111页。

⑤　本书编写组:《国际共产主义运动史》,人民出版社2020年版,第386页。

社会主义发展史上的"耀眼明珠"和"里程碑"①。社会主义中国以其独特的现代化道路开辟了人类社会和平发展、稳定发展的新时代,为其他发展中国家走现代化道路提供了全新的经验,为整个人类社会发展做出了中国独有的贡献。

第二节　世界社会主义运动从中国得到的主要启示

世界社会主义运动从科学理论到现实实践已经走过了 170 多年的历史,也经历了多次的高低潮发展阶段。当今世界,共产党执政的社会主义国家只有以中国为代表的 5 个国家。现实地看,世界资本主义和社会主义长期并存,在斗争中发展,社会主义国家要获得比资本主义更大的发展优势,就必须结合本国发展实际,坚持开放政策,相互交流,取长补短,创造性地运用和发展马克思主义,实现马克思主义本土化,推动本国经济社会快速发展。中国作为世界上最大的发展中的社会主义国家,其发展经验和成功模式为世界其他社会主义国家提供有益借鉴。

一、坚持无产阶级政党的领导地位

马克思主义认为,无产阶级政党的使命就是为大多数人的幸福和发展谋利益,最终实现人的自由而全面的发展。纵观当今世界绝大多数国家,政党领导仍是国家领导的主要方式。从无产阶级登上历史舞台到现在,近 200 年的世界社会主义历史,一直印证着马克思主义经典作家的那句话,共产党人就是要"使无产阶级形成为阶级,推翻资产阶级的统治,由无产阶级夺取政权"②,从而成为执政者、领导者,才能发展社会主义。

历史的血的教训是必须坚持无产阶级政党的领导地位。前文论述过苏联解体

---

① 本书编写组:《国际共产主义运动史》,人民出版社 2020 年版,第 395 页。
② 《马克思恩格斯选集》第一卷,人民出版社 2012 年版,第 413 页。

的教训,东欧发生剧变的经历,这些都在阐释一个现实的道理,即列宁所说的帝国主义时代远未过时,资本主义和社会主义的斗争将是长期的、残酷的。历史证明,没有以马克思主义为指导的无产阶级政党领导,就不可能实现无产阶级革命成功、建立无产阶级专政的国家政权、实现经济社会发展和国家长治久安,世界社会主义运动就不可能实现长久发展。中国共产党坚持走中国特色社会主义道路,坚持改革开放,实现了经济长期快速发展和社会政治长期稳定的两大奇迹,使中国成为世界第二大经济体,展现出比资本主义更优越的制度优势和政党优势,在古老的东方大国高高举起了社会主义大旗,当之无愧地成为世界社会主义运动的引领者。

百余年来,中国共产党总是在党生死存亡的重要关头,显示出巨大的纠错勇气和集中领导能力,从而在马克思主义的指导下一次次化险为夷,总结经验教训,提升党领导革命和建设的能力。历史雄辩地证明,中国共产党是百年大党取得革命胜利和社会主义建设发展的主心骨,"中国共产党领导是中国特色社会主义最本质的特征,是中国特色社会主义制度的最大优势"①,无产阶级政党的核心领导是世界社会主义国家取得成功的根本经验。马克思主义认为,无产阶级政党是代表多数人的、为多数人谋福利的政党。中国共产党在百余年历史发展经验中总结出"江山就是人民,人民就是江山"②的理论,是凸显新时代人民观的政治话语,是"马克思主义唯物史观的中国阐释和中国表达"③。

除了坚持无产阶级政党的领导,国家和执政党还需要一代又一代杰出的领袖,使得这个国家的社会主义事业赓续不绝。马克思主义认为,"每一个社会时代都需要有自己的大人物,如果没有这样的人物,它就要把他们创造出来"④,历史真正地由人民创造,但历史也丝毫不否认杰出人物的伟大作用。杰出的历史人物和杰出的党的领袖,都是顺应人民意愿、带领人民做出符合历史潮流的伟大事业的,从

---

① 中共中央文献研究室编:《十九大以来重要文献选编》(上),中央文献出版社 2019 年版,第 729 页。

② 《中共中央关于党的百年奋斗重大成就和历史经验的决议》,人民出版社 2021 年版,第 66 页。

③ 张文龙、李建军:《"江山就是人民,人民就是江山"的理论渊源及价值指向》,《理论视野》2021 年第 11 期,第 36—42 页。

④ 《马克思恩格斯选集》第一卷,人民出版社 2012 年版,第 502 页。

而推动社会向前发展。俄国十月革命时期的列宁，领导苏联取得反法西斯战争胜利的斯大林，朝鲜的金日成，古巴的卡斯特罗，中国共产党百余年历史发展中涌现出的毛泽东、邓小平、江泽民、胡锦涛，以及引领当代中国现代化建设的习近平，都称得上杰出领袖。中国共产党和中国特色社会主义伟大事业充分证明，没有纯洁先进的无产阶级政党和杰出领袖的坚强正确领导，要取得有利于人民幸福、有利于社会进步事业的发展是不可想象的。缺少这一项，这些事业可能会遭遇极大损失，甚至遭受灭顶之灾；而有了杰出领袖的坚强正确领导和纯洁先进的无产阶级政党，就一定会不断从胜利走向胜利。这既是中国共产党百余年历史带给我们的启示，也是世界社会主义运动史带给我们的启示。

二、坚持走独立自主、符合本国国情的开放发展道路

独立自主，坚持走自己的路，是世界上多数国家取得成功的关键。世界历史从正反两方面都雄辩地证明，从来没有"依赖外部力量、照搬外国模式、跟在他人后面"①的国家能够富强。中国特色社会主义道路，既不是延续中国的"历史文化的母版"，也不是任意"简单套用马克思主义经典作家设想的模板"，更不是其他国家进行"社会主义实践的再版"和"国外现代化发展的翻版"，而是中国共产党自己的"独创版"。② 中国共产党坚持"一个根本""两个结合""三大规律""四个自信""五大理念"的中国特色社会主义道路探索原则，在全世界闯出了一条社会主义的康庄大道。③

和平与发展是当今时代主题。邓小平在 20 世纪 80 年代对世界形势的判断至今仍未过时。中国共产党正是依据这种判断确定了社会主义和资本主义的关系，以改革开放为动力，同世界资本主义国家友好相处，融入全球经济一体化，发展一

---

① 《中共中央关于党的百年奋斗重大成就和历史经验的决议》，人民出版社 2021 年版，第 67 页。
② 参见姜辉：《中国特色社会主义新时代的世界意义》，江西人民出版社 2021 年版，第 136 页。
③ "一个根本"原则是指走自己的路必须坚持中国共产党的根本领导。"两个结合"原则是指走自己的路必须坚持马克思主义基本原理同中国具体实际、同中华优秀传统文化相结合。"三大规律"原则是指走自己的路必须坚持共产党执政规律、社会主义建设规律、人类社会发展规律。"四个自信"原则是指走自己的路必须坚定道路自信、理论自信、制度自信、文化自信。"五大理念"原则是指新发展阶段走自己的路必须坚持创新、协调、绿色、开放、共享的新发展理念。参见项久雨：《"走自己的路"的理论深蕴》，《江苏社会科学》2021 年第 6 期，第 1—8 页。

切正常友好往来,为本国发展服务。中国这样做是由于本国的生产力发展不均衡,内因决定外因,生产力发展不均衡的中国仍处在不发达的社会主义初级阶段,必须通过长期的生产力发展和提高,才能获得更好的发展。而发展不是带有人身依附的,应是独立自主、合乎本国国情的,这就需要在马克思主义指导下坚持独立自主、平等发展的原则与世界经济接轨,逐渐使国家进入现代化发展行列。

"方向决定道路,道路决定命运"①,这是一切国家获得长久发展、长治久安的真理。正是由于 40 多年的改革开放,尤其是邓小平南方谈话以后的 30 多年来,中国经济在稳定的政治和社会环境中获得快速发展,从时间和空间上都大大缩短了与资本主义发达国家的距离。改革开放是在和平共处五项原则之下的开放发展,也是决定当代中国命运的关键一招。"道路问题是关系党的事业兴衰成败第一位的问题,道路就是党的生命。"②中国共产党领导的独立自主的中国式现代化道路,是世界社会主义运动的一部分,"让科学社会主义在二十一世纪焕发出新的蓬勃生机"③,"成为 21 世纪世界社会主义的新的生长点"④,给世界上有着相同或相近的发展经历的国家提供了走向现代化之路的全新选择。中国提出构建人类命运共同体、建立新型国际关系的理论与实践,是对人类社会文明发展、和谐发展的重要贡献,对推动世界社会主义的发展有着重大而深远的意义。

三、发展社会主义市场经济

20 世纪八九十年代,东欧发生剧变,苏联随之解体,固然有国际势力"和平演变"的重要因素,但唯物辩证法表明,事物的发展最终是内因起着决定性作用的。这些国家在以苏联为首的传统的社会主义观念指导下,国内经济长期实行高度集中的计划经济体制,导致生产力受到严重阻碍,人民生活水平难以提高,社会矛盾激化,民众看不到在极权政治和高度集中的计划经济体制下获得幸福生活的出路,

---

① 《中共中央关于党的百年奋斗重大成就和历史经验的决议》,人民出版社 2021 年版,第 68 页。
② 习近平:《关于坚持和发展中国特色社会主义的几个问题》,《思想政治工作研究》2019 年第 5 期,第 15—19 页。
③ 中共中央文献研究室编:《十八大以来重要文献选编》(下),中央文献出版社 2018 年版,第 343 页。
④ 姜辉:《中国特色社会主义新时代的世界意义》,江西人民出版社 2021 年版,第 259 页。

社会主义没有体现比资本主义强的优越性,那么,社会主义被抛弃就是必然的结果。"计划和市场都是经济手段"①,关键在于是否能够促进生产力的发展,每个国家国情不同,发展环境不同,社会生产力发展水平不同,需要结合实际进行合理解决。在这方面,中国提供了示范性解决方案。

早在 1985 年 8 月,邓小平同志回应国际社会对经济改革的评价时就提出,国内经济改革是一种试验,"而且在国际范围内也是一种试验……对世界上的社会主义事业和不发达国家的发展提供某些经验"②,而不是原封不动地复制到别国去。1992 年年初,改革开放总设计师邓小平在南方谈话中"语出惊人",他认为中国改革开放 10 多年的实践,尤其是深圳特区的发展,就是依靠社会主义市场经济。党的十四大确定了中国经济体制改革的目标就是建立社会主义市场经济体制,从此开启了市场经济和中国特色社会主义经济制度下的伟大实践。从党的十四大至今,历届党中央的改革都围绕不断完善社会主义市场经济体制而展开,不断理顺政府和市场的关系,解放生产力,发展生产力,推动社会主义现代化建设。

中国特色社会主义市场经济实现了人类历史上第一次社会主义和市场经济的有机结合,深化了对社会主义经济建设规律的认识,适应了生产力的发展,是对原来高度集中的计划经济体制的一种纠正,是社会主义国家经济发展模式的一次伟大创举,是"党和人民的伟大创造"③。改革开放 40 多年来,中国特色社会主义市场经济日臻成熟,中国建立了世界上相对完整的工业体系,实现几十年来经济社会的长期发展,有力维护了世界的和平与稳定,为世界社会主义事业做出了伟大贡献。

---

① 《邓小平文选》第三卷,人民出版社 1993 年版,第 373 页。
② 《邓小平年谱》第五卷,中央文献出版社 2020 年版,第 365 页。
③ 中共中央文献研究室编:《十九大以来重要文献选编》(中),中央文献出版社 2020 年版,第 281 页。

第三节 中国是 21 世纪世界社会主义运动的中流砥柱

当前世界正经历百年未有之大变局,但整体来看,多极化发展趋势不会改变,中国、印度、巴西等"新兴市场国家和发展中国家崛起已经成为不可阻挡的历史潮流"①,尤其是中国,占世界经济的比重将持续增加,从根本上改变着当前的世界格局。这给世界社会主义国家的发展带来了良好的发展机遇。

21 世纪世界社会主义因中国的发展而呈现逐步振兴,其主要表现就是中国特色社会主义现代化建设实践改变了社会主义和资本主义之间的力量对比,展示了社会主义相较资本主义的独特优势。世界大势因新时代的中国而从根本上得到了改变,中国将引领社会主义新的时代潮流。党的十九大报告指出,新时代有着"三个意味着"②,其中后两个意味着不正是中国特色社会主义对世界的贡献和对世界社会主义的影响吗! 30 多年前,邓小平同志在南方谈话中斩钉截铁的讲话,现在读起来仍感觉到有很大的气势,社会主义没有被削弱,马克思主义并没有消失,说什么社会主义和马克思主义"没用了,失败了。哪有这回事"③! 只有对人类发展和世界文明做出贡献的理论和实践,才能有如此强烈的感召力和引领力,才能引领世界发展航向,代表人类社会的发展趋势。中国特色社会主义以无所畏惧的理论勇气和实践担当,将始终代表世界社会主义运动的主流方向,高举 21 世纪科学社会主义的大旗,不断重振人们对社会主义的信心,成为振兴世界社会主义的中坚

---

① 中共中央文献研究室编:《十八大以来重要文献选编》(中),中央文献出版社 2016 年版,第 695 页。
② "三个意味着":意味着近代以来久经磨难的中华民族迎来了从站起来、富起来到强起来的伟大飞跃,迎来了实现中华民族伟大复兴的光明前景;意味着科学社会主义在 21 世纪的中国焕发出强大生机活力,在世界上高高举起了中国特色社会主义伟大旗帜;意味着中国特色社会主义道路、理论、制度、文化不断发展,拓展了发展中国家走向现代化的途径,给世界上那些既希望加快发展又希望保持自身独立性的国家和民族提供了全新选择,为解决人类问题贡献了中国智慧和中国方案。参见中共中央文献研究室编:《十九大以来重要文献选编》(上),中央文献出版社 2019 年版,第 7—8 页。
③ 《邓小平文选》第三卷,人民出版社 1993 年版,第 383 页。

力量。

一、中国共产党的治国之道为其他国家提供有益借鉴

一个国家科学、成熟的理论怎样在其他国家适用,取决于这个国家相应条件的相似性和契合性。南方谈话发表以来,历届中国共产党人守正创新,逐一解决中国走向现代化进程中遇到的艰难险阻和严峻挑战,在推动中国获得较好较快的发展中形成了一系列理论和治国之道。这些理论对于世界上那些和中国处于相同发展时期的发展中或者转型中的国家来说,必然要比那些已经处于发达阶段的国家创造出来的理论更具有学习借鉴意义。①

邓小平在南方谈话中擘画了中国特色社会主义基本框架,体现出卓越的治国之道。作为发展中的社会主义国家,中国在世界处于和平与发展的时代主题,社会主义将和资本主义长期共存发展的背景下,实行改革开放,强调和资本主义世界各国平等交往,“引进来”和“走出去”相结合,积极吸收世界各国的先进经验,为实现本国生产力快速发展提供服务。南方谈话中,邓小平提出的四项基本原则是治理国家的首要原则,“金砖四论”②是建设社会主义的基本路径选择。党的十八大以来,习近平同志以宏观的历史视野和高瞻远瞩的历史眼光,科学判断国家发展的现实处境和核心问题,提出了一系列治国理政的新思想、新论断,创立了习近平新时代中国特色社会主义思想,为中国成功完成全面建成小康社会的任务、开启迈向第二个百年奋斗目标提供了根本遵循和行动指南,也为一些国家政党政治的发展完善和治国治党能力的提升提供了参考和借鉴。《习近平谈治国理政》四卷本,在海外发行了数千万册,已经成为改革开放以来中国国家领导人发行量最高的著作。《习近平谈治国理政》四卷本以及其他系列书、讲话单行本已经成为世界上许多国家的政党和政治家的资政参考书和学习用书。

---

① 参见韩庆祥:《中国道路及其本源意义》,中国社会科学出版社 2019 年版(2021 年重印),第 66 页。转引自玛雅:《道路自信:中国为什么能》,中信出版社 2014 年版,第 36 页。

② “金砖四论”是石仲泉先生对邓小平理论中“社会主义初级阶段论、社会主义市场经济论、社会主义主体论、社会主义本质论”的形象称谓。参见石仲泉:《我观邓小平(增订本)》(上),上海人民出版社 2014 年版,增订本序第 6 页。

中国是社会主义国家,同时,又是发展中的大国,与世界上多数发展中国家具有发展的相似性和共同性。毫无疑问,中国特色社会主义取得的巨大成功,鼓舞了世界上的共产党和各种进步力量,为发展中国家提供了许多成功的经验,不仅对社会主义国家,甚至对多数发展中国家也具有重要的启示作用。中国的发展经验会使这些发展中国家在国家建设中避免或少走弯路,中国正在为世界和平与发展做出自己独特的贡献。①

二、中国向世界展示独特的制度优势和吸引力

早在改革开放初期,邓小平同志就对中国的制度充满期望:"我们的制度将一天天完善起来,它将吸收我们可以从世界各国吸收的进步因素,成为世界上最好的制度。"②邓小平在南方谈话中讲,"再有三十年的时间,我们才会在各方面形成一整套更加成熟、更加定型的制度"③,而且,"我们就是要有这个雄心壮志"④!南方谈话发表30多年来,中国共产党不断通过各方面体制机制的深层次、全方位改革来发展和完善中国特色社会主义制度,推进国家治理体系和治理能力现代化,形成了关于政治、经济、文化、社会、生态等方面一整套的制度体系。⑤

当今世界,有"西方之乱"——国家治理低效、政党制度衰败、贫富差距加大、社会情感撕裂;有"中国之治"——国家日益富强、社会安全稳定、人民日渐幸福、民族复兴有望。两者相比较的话,党的十九届四中全会提出的要构建的中国特色社会主义制度和国家治理体系具有根本不同于西方极权政治的"十三个显著优势"⑥,这些显著优势,对国外社会主义和左翼力量形成巨大吸引力,在世界社会主

---

① 参见郭春生:《社会主义革新 从地区到全球的拓展(1978—2016)》,北京师范大学出版社2018年版,第57—60页。
② 《三中全会以来重要文献选编》(上),中央文献出版社2011年版,第458页。
③ 《邓小平文选》第三卷,人民出版社1993年版,第372页。
④ 《邓小平文选》第三卷,人民出版社1993年版,第377页。
⑤ 具体讲,中国的经济制度有效促进效率与公平的统一,政治制度充分保障人民当家做主,文化制度不断推动社会主义文化繁荣兴盛,社会制度全面保障和改善民生,生态制度有效实现人与自然和谐共生和可持续发展。参见姜辉:《中国特色社会主义新时代的世界意义》,江西人民出版社2021年版,第137—138页。
⑥ 中共中央文献研究室编:《十九大以来重要文献选编》(中),中央文献出版社2020年版,第270—271页。

义发展史上书写出华彩篇章。邓小平在 1989 年 11 月提出的"只要中国社会主义不倒,社会主义在世界将始终站得住"①论断,至今仍显示其无比的正确性。

中国风景这边独好。在新冠疫情肆虐世界各国的时候,中国共产党坚持人民生命至上,站稳人民立场,全国一盘棋,奋力战疫情,发挥社会主义集中力量办大事的制度优势,赢得了疫情防控的决定性胜利,取得了世界上独一无二的疫情期间经济发展正增长的世界奇迹。这就是中国特色社会主义制度的力量和优势,具有强大的组织和动员能力,根源在于把人民的根本利益始终放在党执政为民的首位。

中国发展模式、中国制度优势促使世界上追求经济发展、社会安定、人民幸福的其他国家和人民进行反思,他们开始重新认识"马克思"、认识"社会主义"和"社会主义中国",中国的制度优势给这些国家提供了有益的借鉴和可持续发展的方案。新时代的中国特色社会主义,"在中华人民共和国发展史上、中华民族发展史上具有重大意义,在世界社会主义发展史上、人类社会发展史上也具有重大意义"②。

三、中国道路为世界社会主义运动做出重要探索和创新

中国共产党的"三个先锋队"性质决定了其历史地要承担"三大使命",而新时代的"三个意味着"所对应着的正是党的"三个先锋队"的"三大使命"③。中国共产党始终"把为人类作出新的更大的贡献作为自己的使命"④,一以贯之坚持发展中国式现代化道路,"有力提振了各国左翼力量对世界社会主义运动的信心"⑤,为世界社会主义运动提供了一种可资借鉴的重要探索和创新。

当前,随着中国的强大,中国在世界上日益发挥着举足轻重的作用,世界越来越离不开中国。世界希望听到中国声音,看到中国方案,解决世界性难题社会主义

---

① 《邓小平文选》第三卷,人民出版社 1993 年版,第 346 页。
② 中共中央文献研究室编:《十九大以来重要文献选编》(上),中央文献出版社 2019 年版,第 9 页。
③ "三个先锋队":中国工人阶级的先锋队、中国人民和中华民族的先锋队。"三大使命":为人民谋幸福,为民族谋复兴,为世界谋大同。参见马拥军:《新时代世界社会主义运动的生机与活力》,《人民论坛·学术前沿》2019 年第 17 期,第 36—53 页。
④ 中共中央文献研究室编:《十九大以来重要文献选编》(上),中央文献出版社 2019 年版,第 41 页。
⑤ 郭业洲:《习近平新时代中国特色社会主义思想的国际贡献和世界意义》,《世界社会主义研究》2020 年第 12 期,第 10—14 页。

中国不能缺席,也不会缺席。在新时代,面对世界百年未有之大变局,中国勇敢担负起大国责任,倡导构建人类命运共同体,力所能及地为世界和平与发展、人类社会的进步做出应有的贡献。中国的体量大、发展潜力大,中国能把自己的事情办好,就是对世界的最大贡献,就是在为世界社会主义运动的发展做出属于中国的探索和创新,提供深刻把握共产党执政规律、社会主义建设规律、人类社会发展规律的重要经验和启迪,探索出中国式现代化的道路,"创造了人类文明新形态"①。中国已经成为世界社会主义发展的最大、最稳固的阵地和根据地。②

拥有 9918.5 万名共产党党员的中国共产党,是世界上最大的共产党。我们有足够理由相信,"科学社会主义在中国的成功,对马克思主义、科学社会主义的意义,对世界社会主义的意义,是十分重大的"③。中国特色社会主义只要发展壮大起来,就具有了引领世界社会主义的强大力量,世界社会主义的发展和振兴就一定能实现。

---

① 孙正聿:《从大历史观看中国式现代化》,《哲学研究》2022 年第 1 期,第 5—11 页。
② 参见本书编写组:《国际共产主义运动史》第 2 版,人民出版社 2020 年版,第 443—444 页。
③ 习近平:《坚持和发展中国特色社会主义要一以贯之》,《求是》2022 年第 18 期,第 4—9 页。

结束语:南方谈话精神是永恒的

在讲到中国共产党历史时,习近平总书记指出,"历史,往往在经过时间沉淀后可以看得更加清晰……一切向前走,都不能忘记走过的路;走得再远、走到再光辉的未来,也不能忘记走过的过去"①。我们伟大、光荣、正确的中国共产党已经走过一百年的光辉历程,正在向新的一百年征程迈进。邓小平发表南方谈话30多年后的今天,我们回顾邓小平南方谈话产生的过程,辨析其内在逻辑,论证文本的哲学意蕴,阐述南方谈话在马克思主义中国化时代化进程中以及世界社会主义运动史中的地位,我们会更加坚守党的初心和使命,更能增强建设中国特色社会主义的"四个自信"。正像邓小平在南方谈话中指出的那样,"马克思主义是科学……将促使社会主义向着更加健康的方向发展"②。当前,邓小平同志擘画和畅想的中国特色社会主义已经进入新时代,展示了21世纪科学社会主义在中国大地上的蓬勃生命力,当代中国特色社会主义已经在世界上树立起引领世界社会主义前进方向的伟大旗帜。

习近平总书记指出,评价历史人物有"六个不能"③,这种说法科学、到位,合乎

---

① 习近平:《论中国共产党历史》,中央文献出版社2021年版,第97页。

② 《邓小平文选》第三卷,人民出版社1993年版,第382—383页。

③ "六个不能"是指:对历史人物的评价,应该放在其所处时代和社会的历史条件下去分析,不能离开对历史条件、历史过程的全面认识和对历史规律的科学把握,不能忽略历史必然性和历史偶然性的关系,不能把历史顺境中的成功简单归功于个人,也不能把历史逆境中的挫折简单归咎于个人,不能用今天的时代条件、发展水平、认识水平去衡量和要求前人,不能苛求前人干出只有后人才能干出的业绩来。参见习近平:《在纪念毛泽东同志诞辰一百二十周年座谈会上的讲话》,见中共中央文献研究室编:《十八大以来重要文献选编》(上),中央文献出版社2014年版,第693页。

历史唯物主义，是评价历史人物的一个标尺。任何一种伟大的科学的理论，"都是时代精神的凝结，都是时代问题的答案"①。正是在生命最后 20 年时间里，邓小平演绎出最辉煌的人生春秋。他的名字，成了一个时代的名字，而南方谈话，成就了他的时代和他的理论。②

邓小平是一位善于将自己的思想纳入现代世界的非凡人物，南方谈话就是邓小平对自己积累几十年的思想的集中阐发。2024 年 8 月 22 日，习近平总书记在纪念邓小平同志 120 周年诞辰座谈会上的讲话中强调指出，在全面推进中国式现代化征程中，我们要"创造性地学习运用邓小平理论，既坚持邓小平同志基于社会主义规律性认识提出的重大结论、基本观点、正确主张……做到坚持真理不动摇、指导实践不偏离"③。在我国改革开放处在爬大坡、涉险滩、闯大关的当下，共产党人尤其需要从邓小平同志那里汲取理论力量、实践力量、精神力量、人格力量，接好改革开放接力棒，用改革开放的新进展、新成果告慰邓小平。是的，没有邓小平，没有邓小平的南方谈话，中国改革开放的进程就要改写，中国人民走向共同富裕的道路就会变得更加崎岖坎坷。如今，历经三四十年的发展，因邓小平和他的南方谈话获得准生和新生的深圳和上海浦东新区，已经成为邓小平所期望的那样，是中国迈向现代化强国的样板城市，而浙江也成为国家重点支持的高质量发展建设共同富裕示范区。在南方谈话的结尾，邓小平同志发出的伟大号召仍然响彻耳边，要在 21 世纪中叶把我国建成社会主义现代化国家，"我们肩膀上的担子重，责任大啊"④！我们坚信，我们将继续继承和发扬南方谈话精神，把邓小平开创的中国特色社会主义伟大事业继续推向前进。南方谈话精神永远闪耀着理论指导的光芒！

---

① 姜辉：《中国特色社会主义新时代的世界意义》，江西人民出版社 2021 年版，第 130 页。
② 参见中央新闻纪录电影制片厂编著：《小平您好》，中华书局 2009 年版，第 29 页。
③ 习近平：《在纪念邓小平同志诞辰 120 周年座谈会上的讲话》，中国政府网，国务院公报，2024 年第 25 号，2024 年 8 月 22 日。
④ 《邓小平文选》第三卷，人民出版社 1993 年版，第 383 页。

主要参考文献

一、经典著作与文献选编

[1]《马克思恩格斯文集》(1—10卷),人民出版社2009年版。

[2]《马克思恩格斯选集》(1—4卷),人民出版社2012年版。

[3]《列宁哲学笔记》,人民出版社1993年版。

[4]《列宁专题文集》(1—5卷),人民出版社2009年版。

[5]《列宁选集》(1—4卷),人民出版社2012年版。

[6]《毛泽东著作选读》(上下),人民出版社1986年版。

[7]《毛泽东选集》(1—4卷),人民出版社1991年版。

[8]《毛泽东文集》(1—8卷),人民出版社1993—1999年版。

[9]《建国以来毛泽东文稿》第6册,中央文献出版社1992年版。

[10]《毛泽东年谱(1893—1949)》(上中下),中央文献出版社1993年版。

[11]《毛泽东年谱(1949—1976)》(1—6卷),中央文献出版社2013年版。

[12]《邓小平文集(一九四九—一九七九)》(上中下),人民出版社2014年版。

[13]《邓小平文选》第3卷,人民出版社1993年版。

[14]《邓小平文选》(1—2卷),人民出版社1994年版。

[15]《邓小平思想年谱(1975—1997)》,中央文献出版社1998年版。

[16]《邓小平思想年编:1975—1997》,中央文献出版社2011年版。

[17]《邓小平年谱》全5卷,第2版,中央文献出版社2020年版。

[18]《江泽民文选》(1—3卷),人民出版社2006年版。

[19]《江泽民思想年编(1989—2008)》,中央文献出版社2010年版。

[20]江泽民:《论党的建设》,中央文献出版社2001年版。

[21]《江泽民同志重要论述研究》,人民出版社2002年版。

[22]《江泽民论有中国特色社会主义(专题摘编)》,中央文献出版社2002年版。

[23]江泽民:《论社会主义市场经济》,中央文献出版社2006年版。

[24]《胡锦涛文选》(第1—3卷),人民出版社2016年版。

[25]《陈云文选》(第1—3卷),第2版,人民出版社1995年版。

[26]《陈云年谱》(修订本,上中下),中央文献出版社2015年版。

[27]《杨尚昆回忆录》,中央文献出版社2001年版。

[28]《建国以来李先念文稿》(第1—4册),中央文献出版社2011年版。

[29]《建国以来重要文献选编》(第1—3册),中央文献出版社1992年版。

[30]《建国以来重要文献选编》第4册,中央文献出版社1993年版。

[31]《三中全会以来重要文献选编》(上下),中央文献出版社2011年版。

[32]《十二大以来重要文献选编》(上中下),人民出版社2011年版。

[33]《十三大以来重要文献选编》(上中下),人民出版社1991年版、1991年版、1993年版。

[34]《十四大以来重要文献选编》(上中下),中央文献出版社2001年版。

[35]《十五大以来重要文献选编》(上中下),中央文献出版社2011年版。

[36]《十六大以来重要文献选编》(上中下),中央文献出版社2011年版。

[37]《十七大以来重要文献选编》(上中下),中央文献出版社2009年版、2011年版、2013年版。

[38]《十八大以来重要文献选编》(上中下),中央文献出版社2014年版、2016年版、2018年版。

[39]《十九大以来重要文献选编》(上),中央文献出版社2019年版。

[40]《十九大以来重要文献选编》(中),中央文献出版社 2021 年版。

[41]《习近平谈治国理政》第一卷,外文出版社 2018 年版。

[42]《习近平谈治国理政》第二卷,外文出版社 2017 年版。

[43]《习近平谈治国理政》第三卷,外文出版社 2020 年版。

[44]《习近平关于全面深化改革论述摘编》,中央文献出版社 2014 年版。

[45]《习近平关于科技创新论述摘编》,中央文献出版社 2016 年版。

[46]《习近平总书记重要讲话文章选编》,中央文献出版社、党建读物出版社 2016 年版。

[47]《习近平关于总体国家安全观论述摘编》,中央文献出版社 2018 年版。

[48]《习近平关于"不忘初心、牢记使命"重要论述摘编》,党建读物出版社、中央文献出版社 2019 年版。

[49]《习近平关于力戒形式主义官僚主义重要论述选编》,中央文献出版社 2020 年版。

[50]《中国共产党简史》,人民出版社、中共党史出版社 2021 年版。

[51]《论中国共产党历史》,中央文献出版社 2021 年版。

[52]《习近平关于全面从严治党论述摘编》,中央文献出版社 2021 年版。

[53]《毛泽东邓小平江泽民胡锦涛关于中国共产党历史论述摘编》,中央文献出版社 2021 年版。

[54]《习近平新时代中国特色社会主义思想基本问题》,中共中央党校出版社、人民出版社 2020 年版。

[55]《论把握新发展阶段、贯彻新发展理念、构建新发展格局》,中央文献出版社 2021 年版。

[56]《中共中央关于党的百年奋斗重大成就和历史经验的决议》,人民出版社 2021 年版。

[57]《中华人民共和国国民经济和社会发展第十四个五年规划和 2035 年远景目标纲要》,人民出版社 2021 年版。

［58］中共中央宣传部:《中国共产党的历史使命与行动价值》,人民出版社2021年版。

［59］《在庆祝中国共产党成立100周年大会上的讲话(2021年7月1日)》,人民出版社2021年版。

［60］本书编写组:《党的二十届三中全会〈决定〉辅导百问》,学习出版社、党建读物出版社2024年版。

二、国内专著

［1］本书编委会:《哲学大辞典·中国哲学史卷》,上海辞书出版社1985年版。

［2］余习广、李良栋等编著:《大潮新起:邓小平南巡前前后后》,中国广播电视出版社1992年版。

［3］中共深圳市委宣传部编:《一九九二春邓小平与深圳》,海天出版社1992年版。

［4］常人编:《邓小平在深圳》,中国人事出版社1992年版。

［5］元上、汉竹:《邓小平南巡后的中国》,改革出版社1992年版。

［6］傅青元、景天魁主编:《改革开放新阶段——对邓小平南巡谈话的哲学思考》,社会科学文献出版社1992年版。

［7］冷溶主编:《海外邓小平研究》,山西经济出版社1993年版。

［8］刘洪潮、蔡光荣主编:《外国要人名人看中国》,中共中央党校出版社1993年版。

［9］俞吾金:《邓小平:在历史的天平上》,上海人民出版社1994年版。

［10］中共中央党校教务部编:《〈邓小平文选〉(第三卷)辅导教材》,人民出版社1994年版。

［11］赵智奎:《邓小平社会发展战略》,云南人民出版社1996年版。

［12］赵智奎:《邓小平理论的范畴体系》,河南人民出版社2001年版。

［13］赵智奎:《精神文明建设论》,江西高校出版社2003年版。

［14］赵智奎:《改革开放三十年思想史》(上下卷),人民出版社2008年版。

[15]赵智奎、金民卿:《马克思主义中国化研究报告》(NO.3—4),社会科学文献出版社 2012 年版。

[16]金民卿、赵智奎:《马克思主义中国化研究报告》(NO.6—7),社会科学文献出版社 2013 年版、2014 年版。

[17]赵智奎:《中国特色社会主义》(中文版),北京时代华文书局 2014 年版。

[18]赵智奎:《Socialism With Distinct Chinese Characteristics》,王国振译,北京时代华文书局 2014 年版。

[19]赵智奎:《永远的丰碑——邓小平理论与中国特色社会主义》,青岛出版社 2014 年版。

[20]赵智奎:《马克思主义中国化的基本经验及规律性研究》,中国社会科学出版社 2015 年版。

[21]赵智奎:《理论自觉与规律探索》,人民日报出版社 2018 年版。

[22]中共中央文献研究室邓小平研究组编:《再道一声:小平您好 深切缅怀敬爱的邓小平同志(珍藏版)》,法律出版社 1997 年版。

[23]中共中央文献研究室编:《回忆邓小平》(上中下),中央文献出版社 1998 年版。

[24]舒以主编:《大旗帜:邓小平理论二十年》(上下卷),改革出版社 1998 年版。

[25]杨继绳:《邓小平时代——中国改革开放二十年纪实》(上下卷),中央编译出版社 1998 年版。

[26]金冲及:《二十世纪中国的崛起》,上海人民出版社 1999 年版。

[27]齐欣等译编:《世界著名政治家、学者论邓小平》,上海人民出版社 1999 年版。

[28]靳辉明:《社会主义:历史、理论与现实》,安徽人民出版社 2000 年版。

[29]王炳林:《邓小平理论与中共党史学》,北京出版社 2000 年版。

[30]郑必坚等:《邓小平理论基本问题》,中共中央党校出版社 2001 年版。

[31]金炳华等编:《哲学大辞典(修订本)》,上海辞书出版社2001年版。

[32]刘德军、陶传平等主编:《邓小平"南方谈话"与当代中国》,济南出版社2002年版。

[33]马启民:《国外邓小平理论研究评析》,高等教育出版社2002年版。

[34]龚育之:《从毛泽东到邓小平》(增订版),中共党史出版社2002年版。

[35]费国良:《巨人的声音 思想的闪电——邓小平两篇宣言书研究》,宁波出版社2002年版。

[36]中国社会科学院民主问题研究中心编:《马克思恩格斯列宁毛泽东邓小平江泽民论民主》,中国社会科学出版社2002年版。

[37]黄宏主编:《硬道理:"南方谈话"回眸》,山东人民出版社2002年版。

[38]童怀平、李成关:《邓小平八次南巡纪实》,解放军文艺出版社2002年版。

[39]吕书正:《南方谈话以后的中国》,中央文献出版社2002年版。

[40]陈锦泉:《春天的故事:1992年邓小平视察南方纪实》,中央文献出版社2002年版。

[41]中共中央文献研究室邓小平研究组编:《从邓小平南方谈话到江泽民"七一"讲话——纪念南方谈话10周年理论研讨会论文集》,中央文献出版社2002年版。

[42]中共中央文献研究室邓小平研究组编著:《邓小平(1904—1997)》,四川人民出版社2009年版。

[43]中共中央文献研究室邓小平研究组编著:《邓小平自述》,国际文化出版公司2009年版。

[44]中共中央文献研究室、新华社编:《邓小平》,中央文献出版社2014年版。

[45]庞松、孙学敏:《与时俱进的中国:从南方谈话到中共十六大》,中共党史出版社2003年版。

[46]龙平平主编:《邓小平研究述评(上下册)》,中央文献出版社2003年版。

[47]中央文献研究室编:《百年小平》,新世界出版社2004年版。

[48]钟文、鹿海啸编著:《百年小平》(上下卷),中央文献出版社2004年版。

[49]易文军、李树全:《邓小平之路》,人民出版社2004年版。

[50]秦宣主编:《邓小平理论精论集:116位专家学者论邓小平及邓小平理论》,中央编译出版社2004年版。

[51]石国亮、张晓峰:《邓小平的理论世界》,四川人民出版社2004年版。

[52]陈开枝:《1992·邓小平南方之行》,中国文史出版社2004年版。

[53]林建公、昝瑞礼:《邓小平的实践辩证法》,人民出版社2004年版。

[54]陈晋总撰稿:《小平您好 中共中央文献研究室 中央电视台 中央新闻纪录电影制片厂联合拍摄大型文献纪录片》,中央文献出版社、四川少年儿童出版社2004年版。

[55]本书编委会:《论邓小平人民民主专政思想》,群众出版社2004年版。

[56]黄楠森主编:《邓小平理论的哲学基础研究》,中国人民大学出版社2004年版。

[57]郭德宏主编:《中华人民共和国专题史稿(卷4:改革风云1976—1990)》,四川人民出版社2004年版。

[58]郭德宏、李朋:《邓小平在历史转折关头》,红旗出版社2015年版。

[59]张国威:《邓小平哲学思想研究》,中央文献出版社2005年版。

[60]张全景主编:《学习邓小平党建理论 加强党的执政能力建设》,党建读物出版社2005年版。

[61]陈锦华:《国事忆述》,中共党史出版社2005年版。

[62]辛鸣:《制度论——关于制度哲学的理论建构》,人民出版社2005年版。

[63]中共中央文献研究室《党的文献》编辑部、科研管理部图书馆编:《党的文献是怎样编辑出版的》,中央文献出版社2006年版。

[64]田克勤:《马克思主义中国化的理论轨迹》,中共党史出版社2006年版。

[65]聂晓民:《邓小平的语言风格》,中央文献出版社2008年版。

[66]马立诚:《交锋三十年——改革开放四次大争论亲历记》,江苏人民出版

社 2008 年版。

[67]中央新闻纪录电影制片厂编著:《小平您好》,中华书局 2009 年版。

[68]田炳信:《决断:邓小平最后一次南行》,新华出版社 2009 年版。

[69]龚育之:《龚育之自述》,中央文献出版社 2009 年版。

[70]本书编辑组:《龚育之访谈录》,中央文献出版社 2009 年版。

[71]周瑞金:《中国改革不可动摇——皇甫平醒世微言》,广东人民出版社 2009 年版。

[72]杨耕:《东方的崛起——关于中国式现代化的哲学反思》,北京师范大学出版社 2009 年版。

[73]甄喜善:《国际共产主义运动与中国发展研究:兼论马克思主义的发展历程》,中国社会科学出版社 2010 年版。

[74]中国共产党中央委员会:《〈关于若干历史问题的决议〉和〈关于建国以来党的若干历史问题的决议〉》,中共党史出版社 2010 年版。

[75]中共中央文献研究室科研管理部编:《邓小平著作是怎样编辑出版的》,中央文献出版社 2010 年版。

[76]《人民日报社论选》编辑组编:《人民日报社论选(1978.12—2009.10)》,人民日报出版社 2010 年版。

[77]范希春主编:《中国高层决策六十年:中国特色社会主义道路的探索与创新》(第1—4卷),京华出版社 2010 年版。

[78]荣开明:《邓小平理论新探》,中国社会科学出版社 2010 年版。

[79]中央文献研究室科研部图书馆编:《邓小平人生纪实》(下),凤凰出版社 2011 年版。

[80]孙红玲、张富泉:《邓小平战略设计:共同发展富裕的中国定律》,中国经济出版社 2011 年版。

[81]顾准:《顾准经济文选》,中国时代经济出版社 2011 年版。

[82]丁晓平、方健康编选:《邓小平印象》,中国青年出版社 2011 年版。

[83]肖枫:《苏联解体我的解读——一个大国的崩溃 如何看怎么办》,中共中央党校出版社 2012 年版。

[84]李慎明主编:《亲历苏联解体:二十年后的回忆与反思》,张树华等译,社会科学文献出版社 2012 年版。

[85]牛正武:《南行纪:1992 年邓小平南方谈话全记录》,广东人民出版社 2012 年版。

[86]夏春涛:《改革开放与中国特色社会主义》,合肥工业大学出版社 2012 年版。

[87]夏春涛:《中国共产党怎样解决作风建设问题》,江西人民出版社 2018 年版。

[88]张文:《现代官僚主义及其防治对策研究》,线装书局 2012 年版。

[89]南方日报社主编:《风起南方:邓小平南方谈话 20 周年名人谈》,广东教育出版社 2012 年版。

[90]毕京京主编:《东方风来 20 年 邓小平南方谈话的理论贡献》,人民日报出版社 2012 年版。

[91]吴松菅:《邓小平南方谈话真情实录——记录人的记述》,人民出版社 2012 年版。

[92]潘世伟、徐觉哉主编:《海外中共研究著作要览》,上海人民出版社 2012 年版。

[93]邓榕、邓林:《我的父亲邓小平(图文版)》(上中下),中央文献出版社 2013 年版。

[94]余玮、吴志菲:《邓小平的最后二十年》,新华出版社 2013 年版。

[95]杨艺:《社会主义本质论》,吉林出版集团有限责任公司 2013 年版。

[96]王敏玉主编:《邓小平生平研究资料 党和国家主要领导人思想生平研究资料选编》,中央文献出版社 2013 年版。

[97]辛向阳:《中国特色社会主义为什么行》,湖南人民出版社 2013 年版。

[98]中共中央宣传部编:《科学发展观学习纲要》,学习出版社、人民出版社2013年版。

[99]石仲泉:《我观邓小平(增订本)》(上下),上海人民出版社2014年版。

[100]陈雷编:《邓小平"南方谈话"前后》,中共党史出版社2014年版。

[101]刘金田:《邓小平的历程》,人民出版社2014年版。

[102]刘金田:《邓小平的政治信仰》,江苏人民出版社2019年版。

[103]刘金田:《邓小平在1992》,江苏人民出版社2022年版。

[104]尹广泰:《邓小平晚年思想研究》,四川人民出版社2014年版。

[105]萧冬连:《筚路维艰:中国社会主义路径的五次选择》,社会科学文献出版社2014年版。

[106]萧冬连:《探路之役:1978—1992年的中国经济改革》,社会科学文献出版社2019年版。

[107]刘建武:《中国特色社会主义理论体系形成的思想渊源和历史条件研究》,学习出版社2014年版。

[108]黄金平、张励主编,中共上海市委党史研究室编著:《邓小平在上海》,上海人民出版社2014年版。

[109]全国纪念邓小平同志诞辰110周年学术研讨会组委会编:《邓小平与中国道路 全国纪念邓小平同志诞辰110周年学术研讨会论文集》(上下),中央文献出版社2015年版。

[110]夏征农、陈至立主编,余源培等著:《大辞海·哲学卷》,上海辞书出版社2015年版。

[111]周瑞金:《皇甫平:改革诤言录》,人民出版社2015年版。

[112]周瑞金:《皇甫平:中国改革何处去》,浙江人民出版社2016年版。

[113]桑东华:《开创:邓小平与改革开放》,中共党史出版社2015年版。

[114]陈学明等:《中国道路的世界意义》,天津人民出版社2015年版。

[115]田改伟主编:《马克思、恩格斯、列宁、斯大林论民主》,中国社会科学出

版社 2015 年版。

[116]许俊达等:《马克思主义哲学范畴史述要》,上海社会科学院出版社 2015 年版。

[117]杨明伟:《晚年陈云》,现代出版社 2015 年版。

[118]肖贵清主编:《马克思主义中国化史(第三卷　1976—1992)》,中国人民大学出版社 2015 年版。

[119]肖贵清主编:《邓小平与当代中国改革开放》,湘潭大学出版社 2018 年版。

[120]王伟光主编:《中国特色社会主义的创建者:纪念邓小平同志诞辰 110 周年》,中国社会科学出版社 2015 年版。

[121]李君如:《邓小平治国论》,中国计划出版社、人民出版社 2016 年版。

[122]李永忠:《论制度反腐》,中央编译出版社 2016 年版。

[123]陈培永:《改革的逻辑——邓小平三篇经典著作如是读》,广东人民出版社 2016 年版。

[124]孙小杰:《改革开放的宣言书:〈在武昌、深圳、珠海、上海等地的谈话要点〉解读》,现代出版社 2016 年版。

[125]本书编委会:《中国共产党历次党章汇编:1921—2017》,中国方正出版社 2017 年版。

[126]徐光春主编:《马克思主义大辞典》,崇文书局 2017 年版。

[127]本书编写组:《邓小平:改革是中国的第二次革命》,台海出版社 2017 年版。

[128]匡洪治:《自信与开拓——邓小平理论探析》,人民出版社 2017 年版。

[129]张荣臣主编:《党的建设经典著作和文献导读》,中共中央党校出版社 2017 年版。

[130]鄢一龙:《中国道路辩证法:社会主义探索四个三十年》,浙江人民出版社 2017 年版。

[131]曲青山:《曲青山党史论集》(上下卷),中国人民大学出版社2017年版。

[132]辛向阳:《新发展理念型变中国:五大发展理念的理论与实践创新》,浙江人民出版社2018年版。

[133]郭春生:《社会主义革新 从地区到全球的拓展(1978—2016)》,北京师范大学出版社2018年版。

[134]慎海雄主编:《习近平改革开放思想研究》,人民出版社2018年版。

[135]陈培永:《中国改革大逻辑》,广东人民出版社2018年版。

[136]中央广播电视总台编著:《见证:我亲历的改革开放》,中国方正出版社2018年版。

[137]汪青松:《邓小平理论与马克思主义中国化》,上海社会科学院出版社2018年版。

[138]郑异凡:《苏联春秋——改建与易帜》,上海人民出版社2018年版。

[139]郑异凡:《苏联春秋——革命与改良》,上海人民出版社2018年版。

[140]郑异凡:《苏联春秋——大转变》;上海人民出版社2018年版。

[141]迟福林主编:《伟大的历程——中国改革开放40年实录》,广东经济出版社2018年版。

[142]董振华等:《中国道路的成功密码》,北京联合出版社2018年版。

[143]张乾元、钟佩君主编:《重读〈实践论〉〈矛盾论〉:新时代下"两论"解读》,长江出版社2018年版。

[144]邓小平思想生平研究会编著:《大决策——邓小平与改革开放》,浙江人民美术出版社2018年版。

[145]张士义:《打铁必须自身硬:改革开放四十年党建史》,天地出版社2018年版。

[146]桂兴华:《邓小平之歌:朗诵版》,上海人民出版社2018年版。

[147]武市红、高屹主编:《邓小平与共和国重大历史事件》,人民出版社2019年版。

[148]余伟、吴志菲:《邓小平的最后岁月》,天地出版社2019年版。

[149]解读中国工作室编著:《读懂中国:海外知名学者谈新时代》,天津人民出版社2019年版。

[150]武力:《中国社会主义政治经济学演变背景研究》,济南出版社2019年版。

[151]邓小平思想生平研究会编著:《精神的力量:改革开放中的邓小平》,商务印书馆2019年版。

[152]韩庆祥:《中国道路及其本源意义》,中国社会科学出版社2019年版(2021年重印)。

[153]王立胜:《新时代中国特色社会主义思想研究》,济南出版社2019年版。

[154]逄先知:《光辉道路:中国特色社会主义》,生活·读书·新知三联书店2019年版。

[155]逄先知:《关键在党:党的建设与党的历史》,生活·读书·新知三联书店2019年版。

[156]沈建波主编:《力戒形式主义官僚主义十二讲》,人民出版社2019年版。

[157]当代中国研究所:《新中国70年》,当代中国出版社2019年版(2020年重印)。

[158]李正华:《新中国政治发展论略》,当代中国出版社2020年版。

[159]袁峰:《人民民主专政是立国之本》,经济科学出版社2020年版。

[160]本书编写组:《国际共产主义运动史》,第2版,人民出版社2020年版。

[161]周锟:《"南方谈话"从何处来:追寻邓小平的思想足迹》,四川人民出版社2020年版。

[162]张曙:《邓小平与中国共产党百年历程》,商务印书馆2021年版。

[163]余玮:《邓小平——现代化中国的擘画者》,天地出版社2021年版。

[164]姜辉:《中国特色社会主义新时代的世界意义》,江西人民出版社2021年版。

[165]周进:《邓小平南方谈话与中国特色社会主义》,北京人民出版社2023年版。

三、期刊论文

[1]陈文清:《论邓小平二十年前"北方谈话"的伟大意义》,《中共党史研究》1999年第2期。

[2]宋士昌、李荣海:《全球化与建设有中国特色社会主义》,《中国社会科学》2001年第6期。

[3]王东:《邓小平南方谈话的十个特点新论》,《新视野》2001年第4期。

[4]丁晋清:《邓小平南方谈话:世界社会主义运动的反思》,《理论学刊》2002年第2期。

[5]娄胜华:《邓小平"北方谈话"与"南方谈话"比较研究》,《长白学刊》2002年第4期。

[6]娄胜华:《连续性与统一性:"南方谈话"与"北方谈话"比较研究》,《当代中国史研究》2004年第2期。

[7]中共辽宁省委党史研究室党史资政课题组:《邓小平北方谈话与南方谈话之比较》,《党史纵横》2004年第8期。

[8]赵智奎:《与时俱进、永无止境的理论创新——从邓小平"南方谈话"到江泽民"七一"讲话》,《当代中国史研究》2002年第2期。

[9]赵智奎:《什么是"中国特色社会主义"?——兼论其在世界社会主义运动中的历史地位》,《中国社会科学院研究生院学报》2003年第3期。

[10]赵凌云:《"南方谈话"在中国改革开放与思想解放进程中的历史地位》,《中南财经政法大学学报》2002年第2期。

[11]徐崇温:《中国特色社会主义道路的世界意义》,《中国特色社会主义研究》2009年第4期。

[12]陈之骅:《苏联剧变历史之再考察》,《中国社会科学》2011年第6期。

[13]陈宝:《中国特色社会主义道路在世界社会主义运动中的地位论析》,《学

习与实践》2011 年第 4 期。

[14] 金民卿:《邓小平"南方谈话"的重要价值和当代思考》,《马克思主义研究》2012 年第 2 期。

[15] 贺新元:《邓小平南方谈话价值刍议——纪念邓小平南方谈话 20 周年》,《新视野》2012 年第 5 期。

[16] 韩喜平:《坚持改革不动摇——纪念邓小平"南方谈话"20 周年》,《思想理论教育》2012 年第 3 期。

[17] 石仲泉:《"南方谈话"与社会主义市场经济的建立和未来发展——纪念邓小平"南方谈话"发表 20 周年》,《毛泽东邓小平理论研究》2012 年第 2 期。

[18] 石仲泉:《"南方谈话"是马克思主义中国化发展到新阶段的伟大代表性文献》,《中国延安干部学院学报》2012 年第 5 期。

[19] 石仲泉:《邓小平的两大历史遗产与习近平的新发展》,《中国浦东干部学院学报》2017 年第 2 期。

[20] 石仲泉:《百年华诞与党对社会主义的艰辛探索》,《毛泽东邓小平理论研究》2021 年第 2 期。

[21] 梁柱:《必须紧紧地全面掌握党的基本路线——纪念邓小平"南方谈话"20 周年》,《思想理论教育导刊》2012 年第 3 期。

[22] 王春玺、张辰:《要全面正确地理解邓小平"南方谈话"精神——读〈朱镕基讲话实录〉几篇讲话的体会》,《北京联合大学学报》2012 年第 4 期。

[23] 肖枫:《"南方谈话"与中国的战略性抉择——纪念邓小平"南方谈话"发表 20 周年》,《当代世界与社会主义》2012 年第 1 期。

[24] 张志芳:《邓小平"南方谈话"的价值内涵与深刻启迪》,《马克思主义研究》2012 年第 2 期。

[25] 汤水清:《"南方谈话"与当代中国的社会变迁》,《江西社会科学》2012 年第 3 期。

[26] 邱乘光:《"南方谈话":邓小平理论形成科学体系的重要标志——纪念邓

小平"南方谈话"20周年》,《学习论坛》2012年第4期。

[27]严书翰:《邓小平南方谈话的魅力》,《科学社会主义》2012年第1期。

[28]严书翰:《南方谈话对改革发展实践提出重大问题的回答和启示》,《红旗文稿》2012年第7期。

[29]王爱云:《20年来国外学术界对"南方谈话"的研究》,《当代中国史研究》2012年第3期。

[30]周瑞金:《中国,是否需要一次新的"南方谈话"》,《同舟共进》2012年第2期。

[31]黄广飞:《"南方谈话"顶层设计的历史意义与启示》,《党政干部学刊》2012年第10期。

[32]檀江林、武晓妹:《"顶层设计"与群众首创精神的有机耦合——邓小平"南方谈话"对当代中国改革的启示》,《理论导刊》2012年第9期。

[33]李捷:《一篇为中国特色社会主义发展奠定乾坤之作——纪念邓小平南方谈话发表20周年》,《科学社会主义》2012年第1期。

[34]秦宣:《邓小平南方谈话对四个基本问题的探索和回答》,《科学社会主义》2012年第1期。

[35]侯且岸:《论邓小平"南方谈话"的思想史意义》,《中国特色社会主义研究》2012年第1期。

[36]陈锡喜:《"南方谈话"在中国特色社会主义理论体系形成中的理论价值》,《思想理论教育》2012年第4期。

[37]岳鹏、屠火明:《邓小平"南方谈话"的历史意蕴》,《毛泽东思想研究》2013年第1期。

[38]周锟:《从"北方谈话"到"南方谈话"——邓小平对社会主义本质的认识历程》,《党的文献》2013第6期。

[39]周锟:《关于经济发展台阶论的再思考——谈邓小平关于经济发展速度的辩证思想》,《邓小平研究》2018年第4期。

[40]郑有贵:《邓小平南方谈话的两个论断不可分割》,《毛泽东邓小平理论研究》2013年第6期。

[41]柳建辉、张静:《邓小平的历史地位和理论贡献研究述评(2003—2013)》,《党的文献》2014年第3期。

[42]王东:《社会主义本质观的三大理论创新——从晚年列宁遗嘱到晚年邓小平"南方谈话"》,《马克思主义哲学论丛》2014年第3辑。

[43]聂立清:《论邓小平南方谈话的哲学意蕴》,《河南师范大学学报》2014年第5期。

[44]王伟光:《解放和发展生产力 最终实现共同富裕——纪念"南方谈话"发表二十周年》,《前线》2012年第6期。

[45]王伟光:《中国近代以来第三次伟大历史变革的发起者和领导者》,《中国社会科学》2014年第9期。

[46]王伟光:《坚持人民民主专政,并不输理》,《红旗文稿》2014年第18期。

[47]龙平平:《论邓小平确定的中国特色社会主义基本思路和基本原则》,《东岳论丛》2014年第6期。

[48]龙平平:《南方谈话:关键时期的关键抉择》,《邓小平研究》2019年第6期。

[49]黄远固:《南方谈话对当今改革的三点启示》,《学习论坛》2014年第9期。

[50]何云峰:《邓小平与党在社会主义初级阶段的基本路线》,《毛泽东研究》2014年第2期。

[51]魏礼群:《邓小平社会主义市场经济理论的丰富内涵及重大贡献》,《国家行政学院学报》2014年第5期。

[52]谢涛:《2003年以来关于邓小平南方谈话研究述评》,《红广角》2014年第8期。

[53]王桂泉、贺长余:《论邓小平改革开放的方法论及其现实意义》,《社会主

义研究》2014 年第 4 期。

[54]黄力之:《实践、文本与马克思主义——从邓小平回溯毛泽东》,《毛泽东邓小平理论研究》2015 年第 5 期。

[55]李弦、王让新:《马克思文本学研究方法的兴起、意蕴及其应用》,《理论月刊》2016 年第 9 期。

[56]马福运:《邓小平反对资产阶级自由化及其启示》,《马克思主义研究》2016 年第 12 期。

[57]马福运:《马克思主义经典文本:概念、特点及功能分析》,《马克思主义理论学科研究》2019 年第 2 期。

[58]马天驰、李安增:《邓小平"南方谈话"与中国特色社会主义话语体系构建》,《齐鲁学刊》2017 年第 5 期。

[59]汪希、刘锋:《邓小平发表"南方谈话"的必然动因——基于 20 世纪八九十年代社会发展的考察》,《毛泽东思想研究》2017 年第 5 期。

[60]萧冬连:《中国改革是如何越过市场化临界点的》,《中共党史研究》2018 年第 10 期。

[61]刘东升:《重大历史转折关头的"北方谈话"——纪念改革开放 40 周年》,《理论研究》2018 年第 5 期。

[62]唐立平、高照立:《从"北方谈话"到"南方谈话"——论邓小平理论精髓"实事求是"思想的形成与发展》,《邓小平研究》2018 年第 1 期。

[63]刘锋:《从回应争论到开拓新局——"南方谈话"对"中国问题"的解答及当代启示》,《毛泽东思想研究》2018 年第 4 期。

[64]胡国胜:《中国共产党"改革开放"概念的历史演变与话语建构》,《教学与研究》2018 年第 12 期。

[65]李慎明:《新时代战略机遇期的相关思考》,《马克思主义研究》2019 年第 10 期。

[66]郑传芳:《对改革开放伟大觉醒的若干思考》,《思想理论教育导刊》2019

年第 3 期。

[67]杨胜群、孔昕:《改革开放是中国共产党的一次伟大觉醒》,《毛泽东邓小平理论研究》2019 年第 2 期。

[68]柴尚金:《百年大变局中的世界社会主义》,《人民论坛·学术前沿》2019年第 8 期。

[69]柴尚金:《世界大变局与资本主义、社会主义两种制度关系重构》,《马克思主义研究》2019 年第 10 期。

[70]程恩富等:《论新帝国主义的五大特征和特性——以列宁的帝国主义理论为基础》,《马克思主义研究》2019 年第 5 期。

[71]韩庆祥:《中国特色社会主义道路的世界意义》,《世界社会主义研究》2019 年第 11 期。

[72]侯惠勤:《运用辩证唯物主义解决世界社会主义运动中的新难题》,《红旗文稿》2019 年第 10 期。

[73]林建华:《世界社会主义共产主义运动的历史进程与未来走势》,《马克思主义研究》2019 年第 9 期。

[74]辛向阳:《科学社会主义视野下百年未有之大变局》,《世界社会主义研究》2019 年第 10 期。

[75]辛向阳:《习近平的共同富裕观》,《新疆社会科学》2022 年第 1 期。

[76]张丹、冯颜利:《从邓小平"三个有利于"到习近平"四个有利于"——纪念改革开放 40 周年》,《辽宁大学学报(哲学社会科学版)》2019 年第 3 期。

[77]张占斌、杜庆昊:《习近平全面建成小康社会重要论述的时代内涵》,《中国浦东干部学院学报》2019 年第 5 期。

[78]马拥军:《新时代世界社会主义运动的生机与活力》,《人民论坛·学术前沿》2019 年第 17 期。

[79]杨新天:《邓小平确立中国特色社会主义现实基础的"三部曲"》,《邓小平研究》2020 年第 1 期。

[80]杨继顺:《南方谈话对新时代坚持和发展中国特色社会主义的启示》,《中学政治教学参考》2020年第5期。

[81]王明波:《邓小平的初心和使命——基于改革开放两个关键历史节点的分析》,《邓小平研究》2020年第5期。

[82]罗清和、张畅:《深圳经济特区四十年"四区叠加"的历史逻辑及经验启示》,《深圳大学学报(人文社会科学版)》2020年第2期。

[83]郭业洲:《习近平新时代中国特色社会主义思想的国际贡献和世界意义》,《世界社会主义研究》2020年第12期。

[84]何伟志:《新时代视域下的邓小平"北方谈话"》,《世纪桥》2020年第9期。

[85]侯远长、常希梅:《改革开放:中国共产党的一次伟大觉醒》,《学习论坛》2020年第1期。

[86]唐旺虎:《邓小平"南方谈话"的当代价值——基于百年未有之大变局的思考》,《重庆社会科学》2021年第1期。

[87]杨明伟:《共同富裕:中国共产党的坚定谋划和不懈追求》,《马克思主义与现实》2021年第3期。

[88]齐鹏飞:《"党史姓党""党史为党""党史党管"——百年党史与党的党史研究工作》,《江海学刊》2021年第6期。

[89]田鹏颖:《全面建成小康社会的世界历史意义》,《马克思主义研究》2021年第4期。

[90]杜先颖:《邓小平批判资产阶级自由化思潮的四个论域》,《邓小平研究》2021年第4期。

[91]杨胜群:《邓小平对中国特色社会主义理论与实践的开创性贡献》,《党的文献》2021年第4期。

[92]张树华:《政治蜕变、制度崩溃与国家分裂——苏共败亡30周年》,《政治学研究》2021年第5期。

[93]杨德山、莫东林:《党的思想路线建设的百年历程和启示》,《中国特色社会主义研究》2021年第5期。

[94]虞崇胜:《政党自知:百年大党长期保持先进性的奥秘》,《江汉论坛》2021年第6期。

[95]项久雨:《"走自己的路"的理论深蕴》,《江苏社会科学》2021年第6期。

[96]张文龙、李建军:《"江山就是人民,人民就是江山"的理论渊源及价值指向》,《理论视野》2021年第11期。

[97]姜辉、林建华:《当代中国历史方位和发展阶段的科学判断及其演进逻辑》,《中国社会科学》2022年第1期。

[98]唐任伍、孟娜、叶天希:《共同富裕思想演进、现实价值与实现路径》,《改革》2022年第1期。

[99]唐任伍、李楚翘:《共同富裕的实现逻辑:基于市场、政府与社会"三轮驱动"的考察》,《新疆师范大学学报(哲学社会科学版)》2022年第1期。

[100]刘东超:《精神生活共同富裕是共同富裕的重要内容》,《党建》2022年第2期。

[101]章忠民、郭玉琦:《百年进程中马克思主义中国化三次飞跃的逻辑与意蕴》,《思想理论教育》2022年第2期。

[102]方世南:《中国共产党百年自我革命的重大成就和主要经验》,《新疆师范大学学报(哲学社会科学版)》2022年第3期。

[103]张爱茹:《邓小平南方谈话的深远意义》,《世界社会主义研究》2022年第2期。

[104]刘贵军、张云珊:《从"四史"角度看邓小平南方谈话的重大意义》,《世界社会主义研究》2022年第2期。

[104]曲青山:《胆识、智慧和远见——邓小平同志对制定党的第二个历史决议的重大贡献》,《中共党史研究》2024年第4期。

四、报刊、会议论文

[1]李慎明:《完整准确理解邓小平关于党在社会主义初级阶段基本路线的阐述》,邓小平执政党建设理论研讨会会议论文,2014年9月12日。

[2]姚力:《历史从这里走来——读邓小平的"北方谈话"与"南方谈话"》,见《中国特色社会主义:道路与制度——第十四届国史学术年会论文集》,当代中国研究所会议论文集,2014年9月22日。

[3]《习近平在中国政法大学考察时的讲话》,2017年5月4日《人民日报》。

[4]中共中央办公厅法规局:《开辟新时代依规治党新境界——党的十八大以来党内法规制度建设成就综述》,2021年6月17日《人民日报》。

[5]曲青山:《改革开放是党的一次伟大觉醒》,2021年12月9日《人民日报》。

[6]曲青山:《中国共产党百年辉煌》,2021年2月3日《光明日报》。

五、相关学位论文

[1]李孟一:《道路与理论:邓小平为中国特色社会主义奠基》,武汉大学博士学位论文,2010年。

[2]梁艳华:《邓小平"南方谈话"文本研究》,浙江理工大学硕士学位论文,2014年。

[3]李晓寒:《当代中国改革的历史进程与基本经验》,中共中央党校博士学位论文,2016年。

[4]陈开菊:《邓小平政治体制改革思想研究》,中共中央党校博士学位论文,2018年。

[5]赵聪聪:《中国特色社会主义的发展逻辑研究》,中共中央党校博士学位论文,2019年。

[6]丰俊功:《中国政治体制改革的时间逻辑研究(1978—2007)——基于历史制度主义的视角》,中共中央党校博士学位论文,2019年。

六、国外参考文献

[1][法]阿兰·佩雷菲特:《官僚主义的弊害》,孟鞠如等译,商务印书馆1981

年版。

[2][苏]米·谢·戈尔巴乔夫:《改革与新思维》,苏群译,新华出版社1987年版。

[3][匈牙利]巴拉奇·代内什:《邓小平》,阚思静、季叶译,解放军出版社1988年版。

[4][美]戴维·W·张:《邓小平领导下的中国》,喻晓译,法律出版社1991年版。

[5][德]阿·科辛编:《马克思列宁主义哲学辞典》,郭官义等译,东方出版社1991年版。

[6][日]竹内实等:《当代中国的掌舵人邓小平》,张慧才编译,中央文献出版社1993年版。

[7][日]竹内实:《中国改革开放进程追踪 竹内实文集 第七卷》,程麻译,中国文联出版社2006年版。

[8][美]塞缪尔·P.亨廷顿:《变化社会中的政治秩序》,王冠华、刘为译,沈宗美校,上海人民出版社2021年版。

[9][美]弗朗西斯·福山:《历史的终结及最后之人》,黄胜强等译,中国社会科学出版社2003年版。

[10][德]康拉德·赛茨:《中国——一个世界强国的复兴》,许文敏、李卡宁译,国际文化出版公司2007年版。

[11][美]罗伯特·劳伦斯·库恩:《中国30年:人类社会的一次伟大变迁》,吕鹏等译,上海人民出版社2008年版。

[12][美]道格拉斯·C.诺思:《制度、制度变迁与经济绩效》,杭行译,格致出版社2008年版。

[13][英]马丁·雅克:《当中国统治世界:中国的崛起和西方世界的衰落》,张莉等译,中信出版社2010年版。

[14][美]李侃如:《治理中国:从革命到改革》,胡国成,赵梅译,中国社会科学

出版社 2010 年版。

[15][美]傅高义:《邓小平时代》,冯克利译,生活·读书·新知三联书店 2013 年版。

[16][英]理查德·伊文思:《邓小平传》,田山译,国际文化出版公司 2014 年版。

[17][美]约翰·米尔斯海默:《大国政治的悲剧》,上海人民出版社 2014 年版。

[18][美]魏德安:《双重悖论》,蒋宗强译,中信出版社 2014 年版。

[19][英]阿克顿:《自由与权力》,侯建、范亚峰译,译林出版社 2014 年版。

[20][美]基辛格:《世界秩序》,胡利平等译,中信出版社 2015 年版。

[21][美]约瑟夫·奈:《软实力》,马娟娟译,中信出版社 2015 年版。

[22][美]巴里·诺顿:《中国经济:转型与增长》,安佳译,上海人民出版社 2016 年版。

[23][美]凡勃伦:《有闲阶级论 关于制度的经济研究》,蔡受百译,商务印书馆 2017 年版。

[24][古希腊]亚里士多德:《范畴篇 解释篇》,聂敏丽译注,商务印书馆 2017 年版。

[25]Sheryl WuDunn,"Some Chinese See Return to Reform",New York Times, February 12,1992; Nicholas D. Kristof,"China is Softening Its Economic Line",New York Times,February 24,1992;Nicholas D. Kristof,"China´s New Turn:Easing of E-conomic Hard Line Aims At Providing Not Liberty,but Money",New York Times,February 25, 1992;"China´s Somewhat Capitalist Road",New York Times,February 29,1992.

[26]Martin, Albers, Zhong, Zhong, & Chen. (2017). Socialism capitalism and sino—european relations in the deng xiaoping era, 1978—1992 *. Cold War History, 17(2).

［27］Brown K. (2008). Berkshire Encyclopedia of China:Deng Xiaoping's Southern Tour(comprehensive index starts in volume 5):2667.

［28］Zheng Yongnian,"Ideological Decline,the Rise of an Interest-based Social Order,and the Demise of Communism in China",John Wong and Zheng Yongnian eds, The Nanxun Legacy and China's Development in the Post-Deng Era.

［29］John Gittings,Changing Face of China: From Mao to Market,Oxford University Press,2006.

［30］Joseph Fewsmith,China Since Tiananmen: The Politics of Transition,Cambridge University,2001.

［31］Robert Lawrence Kuhn,How China's Leaders Think: The Inside Story of China's Past,Current and Future Leaders. John Wiley & Sons,2009.

［32］Gregory Rohlf . Deng Xiaoping and the Transformation of China, Asian Studies Review, 38:4.

［33］The Political Economy of Deng's Nanxun : breakthrough in China's reform and development. Word Scientific, 2014.

［34］Cummings B. The Deng Xiaoping Era: An Inquiry into the Fate of Chinese Socialism. 1997.

［35］Wong J, Zheng Y. The Political Economy of China's Post—Nanxun Development. The Nanxun Legacy And China's Development In The Post—Deng Era. 2015.

［36］Gregory Rohlf. Deng Xiaoping and the Transformation of China, Asian Studies Review, 38:4, 696—698.

［37］Martin, Albers, Zhong, Zhong, & Chen. Socialism capitalism and Sino—European relations in the Deng Xiaoping era, 1978—1992. Cold War History, 17(2), 2017.

［38］Chris Patten. The Rise of China, The RUSI Journal, 155:3, 2010.

［39］Lucian W. Pye. An Introductory Profile: Deng Xiaoping and China's Political Culture, The China Quarterly, 135, 1993.

[40] Nirmal Kumar Chandra. Legacy of Deng Xiaoping, Economic and Political Weekly, 32:13, 1997.

[41] Alexander V. Pantsov with Steven I. Levine. Deng Xiaoping: A revolutionary life, Oxford University Press, 2015.

[42] David S. G. Goodman. Deng Xiaoping and the Chinese revolution: a political biography, Routledge,1994.

[43] Maya X. Guo, Trust in the System: The success of China's "Alternative" Development Mode, Foreign Language Press, 2015.

[44] Ezra F. Vogel , Deng Xiaoping and the Transformation of China, Cambridge and London: the belknap press of harvard university press, 2011.

[45] LanceL. P. Gore,"Dream on: Communists of the Dengist Brand in Capitalistic China",John Wong and Zheng Yongnian eds,The Nanxun Legacy and China's Development in the Post-Deng Era.

后　记

历史终将滚滚向前，一切历史中的人物和事件终将随风而过，但伟大的历史人物和重要的历史文献将永远照亮历史星河。邓小平就是这样一位伟人，其伟人的故事、伟人的语言和伟人的精神永远被人铭记。南方谈话作为邓小平标志性的理论贡献，在改革开放的历史长河中永远闪耀着理论的光辉。作为晚辈，在南方谈话发表33年之后再次尝试解读，深悟其中伟大历史意义，也是一种荣幸。

文本研究是相对枯燥却又有意义的研究，尤其是探究文本的形成以及不同版本之间的联系与区别，从中探究作者的思想发展脉络和精神境界，是痛苦且快乐的过程。怀揣着对邓小平的无限崇敬之情，我对南方谈话文本形成过程及内在逻辑关系进行深入研习探索，在通过各种渠道获取到手的相对权威的资料里，进行逐字逐句地分析、辨别并列出详细的对比表格，过程艰辛、繁琐却是做研究所必需的工作，研究过程中内心充盈且更能感受到伟人的语言力量和哲学思辨。文本研究工作虽有了些许成绩，但还远远不够，在研究方法和内在分析上还需要继续深入。文本中哲学意蕴的发掘与探讨还有很多问题没有涉及，今后还将努力去"寻宝"，去揭示更多内在价值。

本书的如愿出版离不开尊师赵智奎先生的关怀与指导，离不开家人的幕后支持，更离不开出版社和编辑的鼎力合作与指导，还有工作单位的关心帮助与资金支持。在此一并致谢。

张心亮

2025 年 5 月